Susanne Aernecke
Irgendwas muss dran sein …

Susanne Aernecke

Irgendwas muss dran sein ...

Wahre Geschichten
über Begegnungen mit Gott

adeo

Mix
Produktgruppe aus vorbildlich bewirtschafteten
Wäldern und anderen kontrollierten Herkünften
www.fsc.org Zert.-Nr. SGS-COC-001940
© 1996 Forest Stewardship Council

Verlagsgruppe Random House FSC-DEU-0100
Das FSC-zertifizierte Papier *Munken Premium Cream* für dieses Buch
liefert Arctic Paper Munkedals AB, Schweden.

© 2010 by adeo Verlag
in der Gerth Medien GmbH, Asslar,
Verlagsgruppe Random House GmbH, München

Die Bibelzitate wurden der folgenden Bibelübersetzung entnommen:
Lutherbibel, revidierter Text 1984, durchgesehene Ausgabe
in neuer Rechtschreibung, © 1999 Deutsche Bibelgesellschaft, Stuttgart

1. Auflage 2010
Bestell-Nr. 814 219
ISBN 978-3-942208-19-2

Umschlaggestaltung: Buttgereit & Heidenreich, Haltern am See
Satz: Marcellini Media GmbH, Wetzlar
Druck und Bindung: GGP Media GmbH, Pößneck
Printed in Germany

Inhalt

Wie es zu diesem Buch kam

„Glauben Sie eigentlich selbst an Gott?", wurde ich immer wieder bei den Lesungen meines letzten, sehr persönlichen Buches „Komm mit, ich liebe dich" gefragt, das ich im Rahmen einer Dokumentarfilmreihe über die großen christlichen Orden geschrieben habe.

Meine Antwort kam meist erst nach einigem Zögern und fast immer brachte mir dieses Zögern ein verständnisvolles Nicken ein. Und wenn ich dann schließlich „Ja" sagte und: „Irgendwas muss dran sein", war der Fragende zumindest einigermaßen beruhigt. Mir selbst kam diese Antwort immer recht ausweichend vor – irgendwie unehrlich. Beinahe so, als würde ich zwar blind an „irgendetwas" glauben – aber an was?

Klar wurde ich, wie viele, im abendländischen christlichen Glauben erzogen. Und nach Jahren der Suche bei allen möglichen spirituellen Weisheiten, Stippvisiten bei anderen Weltreligionen und Ausflügen in diverse „Wellness-Religionen" haben mich die vielen guten Gespräche mit Mönchen und Nonnen diesem Glauben auch wieder näher gebracht, sehr viel näher sogar. Aber die Frage nach meinem persönlichen Glauben an Gott ganz frei mit Ja zu beantworten, ohne rot zu werden oder heimlich die Finger hinter dem Rücken zu kreuzen, fällt mir noch immer nicht so leicht.

Schließlich geht es ja nicht nur um irgendein Lippenbekenntnis. Es geht darum, ob ich bereit und in der Lage wäre, diesem Gott, der seinen Sohn in die Welt geschickt hat, um mich zu retten, in meinem Leben tatsächlich Raum zu geben ... ob ich darauf vertrauen könnte, dass er mich trägt und dass alles, was mir widerfährt, in seiner Hand liegt. Und da ich leider ohne meinen biologischen Erzeuger aufgewachsen bin, ist mein Vertrauen in Vaterfiguren ohnehin etwas angeknackst. Eigentlich habe ich es doch bisher ganz gut ohne Vater hingekriegt.

Da meine Mutter den lieben langen Tag arbeitete, damit etwas auf den Tisch kam, war ich schon früh auf mich allein gestellt. Und was ich dabei lernte, war nicht: „Hilf dir selbst, dann hilft dir Gott", sondern: „Hilf dir selbst, sonst hilft dir keiner."

Natürlich habe ich auch in der Schule vor Prüfungsarbeiten Gott um Hilfe angefleht, aber eigentlich kam die Hilfe dann eher von meiner Banknachbarin – oder hatte das vielleicht auch der „liebe Gott" arrangiert?

Laut einer Statistik glauben 65 Prozent der Deutschen an Gott, 33 Prozent nicht. Bei den Ostdeutschen sagen 77 Prozent: „Nein, es gibt ihn nicht." Dasselbe behaupten in den alten Bundesländern nur 22 Prozent. Doch wer an Gott glaubt, glaubt nicht unbedingt an einen *persönlichen* Gott. Für 83 Prozent der Gläubigen existiert Gott vielmehr in allen Dingen, vor allem natürlich in der Natur. Und 70 Prozent bezeichnen ihn immerhin als eine „allgegenwärtige Kraft" in ihrem Leben.

Nietzsche, Kant, Marx und viele andere haben Gott für tot erklärt, und noch immer kann man mit einem Buch, in dem der Glaube an seine Existenz als Hirngespinst deklariert wird, ganz vorn auf den Bestsellerlisten landen. Andererseits beharren noch immer Millionen von Menschen auf diesem sogenannten Hirngespinst – sie glauben einfach. Und spätestens bei den Recherchen zu meinem letzten Buch habe ich erlebt, dass dieser Glaube tatsächlich Berge versetzen kann. Es gab Momente, in denen ich mich selbst getragen fühlte – obwohl ich gar nicht geglaubt hatte, ich müsse getragen werden.

Ich beschloss, ein neues Projekt zu starten: Ich will mit Menschen sprechen, denen Gott tatsächlich begegnet ist. Menschen, die sich daraufhin mit Haut und Haaren, mit all ihren Talenten, all ihrer Fantasie und ihrem ganzen Leben Gott anvertraut haben. Die abenteuerlich, kreativ und mutig leben können, weil sie wissen, dass jemand sie trägt, auffängt, festhält, was auch immer gelingen oder scheitern mag.

Oft stockte mir der Atem, und es liefen mir sogar die Tränen übers Gesicht, wenn ich die Geschichten der Menschen hörte, die meist in höchst brenzligen Situationen zu Gott gefunden haben.

Gott sei Dank! Hätte er nicht eingegriffen, was dann?

Was, wenn das Gewehr funktioniert hätte, dessen Lauf sich Lorenz Schwarz schon unters Kinn gesetzt hatte, damit es ihm den Schädel wegbliese? Was, wenn der *Jesuspunk* sich den goldenen Schuss in die Vene gesetzt hätte statt daneben?

Schwein gehabt?

Was, wenn Heidi vor 17 Jahren keine Herz-Lungen-Transplantation bekommen hätte? Immerhin hatte man damals in Deutschland so gut wie keine Erfahrungen damit. Was, wenn Jamila Kaufmann im Libanon geblieben wäre und sich selbst plus möglichst viele Israelis mit einem Sprengstoffgürtel ins Jenseits befördert hätte?

Zufall?

Die meisten von uns würden sogenannte Gottesbegegnungen rational zu erklären versuchen oder dem Bereich der Autosuggestion beziehungsweise dem Wunschdenken zuordnen. Doch die Menschen, die solche Dinge erlebt haben, sind bis heute fest davon überzeugt, dass es tatsächlich Gott war, der sie gerettet und ihnen den richtigen Weg gewiesen hat.

In der Bibel finden sich zahllose Beispiele dafür, dass Gott eingegriffen hat, wenn der Mensch wieder einmal nicht weiterwusste. Und das tut er offensichtlich noch heute.

Göttliche Erscheinungen gibt es, seit es Menschen gibt. Von der Antike, als Götter und Menschen noch wesentlich öfter miteinander sprachen, bis zum Hinduismus oder Buddhismus, wo bis heute verstorbene erleuchtete Meister den Lebenden mit Rat und Tat zur Seite stehen. Im Christentum gehörten, zumindest bis ins späte Mittelalter, Marien- und Engelerscheinungen, Jesusbegegnungen und direkte Gotteserfahrungen zum Alltag.

Heute werden Menschen, die von so etwas berichten, oft belächelt oder für uncool gehalten. Und wenn man die Geschichte zu sehr ausschmückt, könnte es gar passieren, dass man in der Psychiatrie landet.

Da alle Berichte über Gotteserfahrungen lediglich auf persönlichen Wahrnehmungen beruhen, sind sie nach den derzeit gültigen wissenschaftlichen Parametern natürlich unbeweisbar. Aber hat ein Erlebnis nur dann Gültigkeit, wenn andere genau das Gleiche erlebt haben? Ist eine Erscheinung nur dann echt, wenn sie sich in fester Form manifestiert und andere sie auch gesehen oder zumindest gehört haben? Schließlich ist auch die Liebe nicht greifbar oder messbar und trotzdem ist sie unbestreitbar da.

Vielleicht ist das Göttliche, das Übernatürliche ja in Wirklichkeit etwas ganz Natürliches? Vielleicht haben wir tatsächlich einen „eingebauten" direkten Draht zu Gott und wissen es nur nicht! Vielleicht verfügt unser Gehirn über Funktionen, die im Notfall ein Rettungsprogramm aktivieren, mit dem wir uns auf diese Weise selbst helfen können. Und vielleicht heißt dieses Rettungsprogramm ja „Gott"?

Die meisten würden natürlich sagen, der oder die Betroffene hat eben einfach „Schwein gehabt"; wir sprechen von Schicksal, von außergewöhnlichen Umständen. Kaum jemand ist ernsthaft überzeugt, dass Gott im Spiel war.

Und außerdem bleibt immer noch die Frage: Warum wird der eine gerettet und der andere nicht? Zigtausend Menschen sterben an Krebs, während einer auf wundersame Weise geheilt wird. Hat derjenige nun mehr geglaubt als die anderen? Handelt Gott willkürlich oder launenhaft? Oder liegt im Leid ein Sinn, im Unglück ein geistlicher Zweck? Der Weg zum Himmel soll ja oft genug durch die Hölle führen.

Dieses Buch möchte eine Brücke bauen zwischen dem Glauben und dem, was wir Verstand nennen. Ich habe mich nach bestem Wissen und Gewissen auf die Menschen eingelassen, denen Gott begegnet ist, und versucht, mich liebevoll, gleichzeitig humorvoll, aber auch kritisch an das „Unbeweisbare" heranzutasten.

Göttliche Fügungen wirken außerhalb unseres persönlichen Willens und Strebens. Das heißt aber noch lange nicht, dass es sie nicht gibt. Im Gegenteil, vielleicht erinnern gerade sie uns immer wieder an das Geheimnis, das unserer Welt und unserem Leben zugrunde liegt. Wir werden dieses Geheimnis bestimmt nicht so schnell lüften. Aber wir können teilhaben an den kreativen und spirituellen Kräften, die Begegnungen mit Gott bei all denen freigesetzt haben, die sie erlebt haben.

Und das wäre doch schon viel!

Jesuspunk
Stark wie zwei

Ich habe sie im Internet gefunden. Und dort will sie auch gefunden werden, denn sie hat eine Botschaft zu verkünden, wie sie eindringlicher und authentischer nicht sein kann.

„Ich werde nicht sterben, sondern leben und des Herrn Werke verkünden" (Psalm 118,17).

So steht es da unter einem wilden, graffitigesprühten „JESUS". Ihr Blog heißt *gekreuzsiegt.blogspot.de.* Und irgendwie hat sie auch gesiegt: das Kreuz besiegt, das Böse, die Sucht, den Tumor in ihrem Hirn, die Angst ...

Die Deutsche Bundesbahn bringt mich nach Mannheim, wo meine erste Gesprächspartnerin mit ihrem Mann und zwei Ratten in einer gemütlichen Zweizimmerwohnung lebt. Im Schlafzimmer hat sie für die beiden Nacktschwänze das reinste Kletterparadies eingerichtet: mehrere Käfige, die durch kleine Hängebrücken miteinander verbunden sind, von denen aus die possierlichen Tierchen durch Tunnel aus Plastikrohren oder auch über freischwingende Seile verschiedene Plattformen erreichen können.

Als langjährige Hundebesitzerin habe ich keine Berührungsängste mit Tieren und halte den beiden Ratten meine Schulter hin, die auch gleich als neue Plattform angenommen wird, von der aus sie weitere Erkundigungsreisen quer über meinen Körper unternehmen.

Jesuspunk, wie sie hier genannt werden möchte, ist überzeugt, dass Jesus nach heutigen Vorstellungen ein echter Punker war. Mir ist bisher zwar keine Abbildung von ihm mit Piercing oder Ratte auf der Schulter untergekommen, aber ich fände das eine reizvolle Vorstellung. Aber vielleicht wäre so etwas mehr als Plattencover und weniger als Altarbild geeignet.

Punks gehören für mich der Vergangenheit an, nach London in den Underground oder vielleicht noch nach Berlin.

Jesuspunk machte in Dresden „auf Platte", will sagen, sie hing mit anderen Punkern den ganzen Tag in der Fußgängerzone rum. Sie soffen, bettelten und verliehen ihrem Gefühl Ausdruck, die normale arbeitende Bevölkerung bestünde nur aus Vollidioten. Aber sie hielten zusammen und respektierten sich gegenseitig, zumindest tagsüber. Wenigstens das. In ihrer eigenen Familie gab es keinen Respekt. Weder tagsüber noch nachts.

Immer wieder habe ich dieses zarte, schmale Geschöpf von knapp 26 Jahren mit wilder Strubbelfrisur, mehreren Piercings im Gesicht und drei unterschiedlich großen Stern-Tattoos auf dem Hals ungläubig angestarrt. Immer wieder hätte ich sie am liebsten in den Arm genommen und wie ein kleines Kind gewiegt. Aber das hätte sie wahrscheinlich „voll uncool" gefunden und mich aus der Wohnung gekickt. Also habe ich es nicht getan.

Jesuspunk kam als Frühchen mit gravierenden Suchterscheinungen zur Welt und verbrachte die ersten Monate ihres Lebens im Brutkasten. Dort bekam sie weder Besuch von ihrer alkoholkranken Mutter noch von sonst irgendjemandem. Kein guter Start.

Ihre ältere Schwester wurde zur Oma ausquartiert, mit der Begründung, es gäbe jetzt ein neues Kind. Aber vielleicht hat sie es auf diese Weise gar nicht so schlecht getroffen, denn das, was ich über die Kindheit meines Gegenübers erfahre, klingt wahrlich nicht gerade nach „Ponyhof".

Jesuspunk war eigentlich ständig krank. Hatte mit drei Jahren eine schwere Hirnhautentzündung und musste danach neu laufen, neu sprechen, eigentlich alles noch einmal von vorne lernen.

Ihre Mutter, die meist den ganzen Tag vor der Glotze verbrachte, kam damit noch weniger klar als sie selbst. Der Vater stand gänzlich unter ihrer Fuchtel, musste sogar fragen, wenn er aufs Klo gehen wollte. Wenn *Jesuspunk* abends im Bett lag, hörte sie die beiden oft streiten. Manchmal bekam sie dann Besuch von ihrer Mutter, die sie aus dem Bett zerrte und mit einem Gürtel blutig schlug, wohl um ihren Zorn abzureagieren. Ihr Vater versuchte zwar einzugreifen, doch die Mutter schubste ihn nur zur Seite, da sie ihm körperlich eindeutig überlegen war, und brüllte unflätiges Zeug.

Jesuspunk hatte panische Angst, wehrte sich jedoch nie, sondern ließ alles stocksteif und mit geschlossenen Augen über sich ergehen. Ihr Herz schlug bis zum Hals. Jedes Mal. Und jedes Mal rührte sie sich nicht, bis es vorbei war. Das Zuschlagen ihrer Zimmertür war immer das Finale, das befreiende Geräusch.

Während sie mir das erzählt, spüre ich selbst fast körperlich, wie weh ihr das Ganze noch immer tut.

Zeit heilt eben nicht alle Wunden. Sie verändert sie nur. Doch vielleicht kann Gott ja mit seiner Liebe die Mängel ihrer Kindheit ausfüllen?

Ein schöner Gedanke.

Ihre Eltern fragten nie, wie es ihr ging. Es gab keine Gespräche über Gefühle oder Probleme. Doch das war für sie normal; sie kannte es nicht anders. Und was man nicht kennt, das vermisst man auch nicht. Ihre Eltern haben ihr auch nie von Gott erzählt, doch heute weiß sie, dass er trotzdem da war. Immer, in jeder noch so schlimmen Situation.

Sie führte damals oft Selbstgespräche. Hatte das Bedürfnis, den ganzen Mist, der zu Hause abging, irgendwie loszuwerden. Das ging dann etwa so: „Weißt du, ich hab heut wieder einen Scheißtag gehabt …", und dann erzählte sie, was sich abgespielt hatte. Sie stellte aber auch Fragen: „Kannst du mir sagen, was ich da machen soll?"

Das Abgefahrene an der Sache war, dass sie Antworten bekam, und zwar in Form von Gedanken: „Ich denke, du solltest dieses oder jenes tun. Du schaffst das, und du wirst sehen, es klappt!"

Da war jemand, der ihr Tipps gab und ihr Mut machte.

Bis weit ins Teenageralter hinein, war sie überzeugt, dass sie nur mit sich selbst redete, doch je weniger ihr manche dieser Antworten in den Kram passten, desto klarer wurde: Da war noch jemand anderes im Spiel.

Diese Zwiegespräche waren ihr heilig und sie suchte sich immer einen stillen Ort dafür aus. Es blieben die einzigen Momente ihrer Kindheit, in denen sie sich wirklich geborgen fühlte. Heute glaubt sie: Gott war schon damals immer bei ihr, und ihre „Selbstgespräche" waren eigentlich Gebete, Gespräche mit ihm.

Ganz schön krass! Gott ist bei Kindern, die eigentlich gar keinen Plan von ihm haben?

Zu Hause wurde es täglich schlimmer. Ihre Mutter kümmerte sich um nichts mehr; es sah aus wie im Schweinestall, und sie stank, weil sie oft tagelang nicht duschte. Fast täglich schickte sie *Jesuspunk* zum Altglascontainer, um tütenweise Wein- und Schnapsflaschen zu entsorgen. Manchmal war noch ein kleiner Schluck in der Flasche, den die Kleine austrank, auch wenn sie das eigentlich eklig fand.

Ihre paranoide Mutter erlaubte ihr weder vom Kindergarten noch von der Schule Freunde mit nach Hause zu bringen. Aber sie hatte sowieso wenig Kontakte, weil sie schon in der Grundschule lieber Bänke umschmiss und ihre Mitschülerinnen verprügelte, als mit ihnen Gummitwist zu spielen. Sie lebte in ihrer eigenen kleinen Welt. Da sollte keiner reinkommen und nerven!

Die Schule war für *Jesuspunk* das reinste Foltercamp. Eltern, Lehrer und erst recht der „Schulpsycho" waren die Folterknechte. Trotz allem hatte sie gute Noten und kam aufs Gymnasium.

Andreas – der einzige Freund, den sie damals hatte – kam auch mit. Das war prima, denn so konnten sie gemeinsam schwänzen.

Als ihre Mutter das zum ersten Mal mitbekam, krachte es richtig, und es setzte wieder Prügel. Beschimpfungen wie: „Du bist das Letzte, asozial und dumm" waren noch die harmlosesten.

Im Abstand von 10 Tagen kam regelmäßig eine Psychologin vom Jugendamt vorbei, verordnete *Jesuspunk* „Ritalin" (ein Psychopharmakon) und versuchte, irgendwie ein Gespräch zwischen *Jesuspunk* und ihren Eltern zu vermitteln. Dazu mussten sie gemeinsam an einem Tisch sitzen. Eine Qual für das Mädchen, das mittlerweile sämtliche Mahlzeiten allein in ihrem Zimmer einnahm, da sie die Gegenwart ihrer Eltern nicht mehr ertrug. Sie sagte keinen Ton, nickte oder schüttelte nur ab und zu den Kopf. Was wusste diese Tante schon? Nichts! Rein gar nichts!

Fast täglich rief die Klassenlehrerin bei ihren Eltern an und beklagte sich über *Jesuspunk*. Die Eltern dachten, sie hocke brav in der Schule und lerne fürs Leben. Tat sie auch, nur eben anders: Sie soff mit ihren neuen Freunden, hörte Musik, rotzte riesige Seen und rauchte wie ein Schlot.

Ihre beste Freundin war Simone, deren Eltern jede Menge Zaster hatten und sie enorm unter Druck setzten von wegen Zukunftsplanung. Doch das war ihr egal.

Gemeinsam mit Andreas zogen sie zu dritt nachts um die Häuser, während die Eltern schliefen. Vom Deck eines Parkhauses konnten sie über die ganze Stadt auf Tausende von Lichtern schauen und dabei Trips einwerfen. Das war zum ersten Mal ein Geschmack von Freiheit! Raus aus dem Knast, in dem ihre Mutter Wärterin und Richterin zugleich war ...

Inzwischen hatte *Jesuspunk* rote und grüne Haare, trug ein Hundehalsband um den Hals und Sicherheitsnadeln in den Ohren. An ihren Klamotten hingen Ketten und Sticker mit Sprüchen wie: „Schule ist scheiße!", „Ich bin dagegen!" oder: „Fick dich ins Knie!"

In der 7. Klasse flogen alle drei von der Schule – natürlich total unschuldig. Ihre Mutter rastete nun endgültig aus. Diesmal wehrte sich *Jesuspunk*, schrie ihren ganzen Hass heraus und schlug alles kurz und klein. Geschirr, Stühle und ein Radio flogen durch die Gegend. Sie nahm ihren Rucksack, packte rein, was reinging, und haute endgültig von zu Hause ab.

Noch am gleichen Tag traf sie eine Gruppe Punks, hockte sich dazu und redete sich alles von der Seele. Die hatten Verständnis für sie, weil sie Ähnliches erlebt hatten, und trösteten sie mit Worten und mit Bier. Die Gang wurde ihre Ersatzfamilie, gab ihr, was sie zu Hause nicht finden konnte.

Simone und Andreas stießen auch bald dazu. Als „Aufnahmeritual" rasierten sie sich gegenseitig einen Iro (Irokesenschnitt), den sie mit Bier und Zucker nach oben stylten. Sie soffen Tequila und kifften sich die Birne weg, bis sie nicht mehr sitzen konnten.

Es gab nur ein Problem: *Jesuspunk* war erst 13. Laut Gesetz gehört man da in die Obhut der Eltern oder ins Heim. Prompt tauchte auch eine Frau vom Jugendamt auf und schwärmte ihr von einer betreuten Jugendwohngruppe in einem Heim vor. Sie schmückte die Sache aus, als ginge es direkt in die Karibik. Wenn *Jesuspunk* allerdings nicht freiwillig mitkommen würde, müsse sie die Bullen rufen.

Sie landete im Kinder- und Jugendheim für „Schwererziehbare" in Dresden-Striesen. „Schwererziehbar" ist eins von *Jesuspunks* meistgehassten Wörtern! Wer bestimmte das eigentlich?

Ihr Aufenthalt dort währte jedoch nur kurz. Sie haute immer wieder ab, insgesamt vier- oder fünfmal, bis man es aufgab, sie immer wieder einzufangen. Die Nächte draußen waren kalt, aber das war immer noch weitaus besser, als ohne ihre „Familie" eingesperrt zu sein.

Die meiste Zeit verbrachte sie mit den Punks in einer leer stehenden Fabrik, in der früher Teppiche produziert worden waren. Dort konnten sie die besten Graffiti der Stadt entwerfen, skaten und vor allem ihre Aggressionen herauslassen. Sie grölten lautstark herum und schlugen mit den bloßen Fäusten Scheiben ein, um sich immer wieder den Kick zu geben. Eine richtige Parallelwelt. Wenn sie Geld für Drogen brauchten, raubten sie einen Kiosk aus oder klauten es sich sonstwo zusammen.

Die Polizei lieferte *Jesuspunk* immer brav beim Jugendnotdienst ab. Der rief dann ihre Eltern an, damit diese sie abholten. Doch da Mutter und Vater fast nie erschienen, war sie am nächsten Tag wieder frei.

Auf Dauer nervte das aber alles und sie gingen zu dritt nach Berlin. Alle hatten damals das Buch „Wir Kinder vom Bahnhof Zoo" gelesen und wussten um die Gefahren. Doch sie konnten nicht anders: Sie hingen schon zu tief drin.

Eines Morgens wachte *Jesuspunk* auf und fand ihre Freundin Simone wie tot neben sich liegend vor. Das war ein echter Schock. Ihr wurde schlagartig bewusst, dass jetzt der Spaß endgültig vorbei war, und sie verlor jeglichen Lebensmut. Simone überlebte zwar, doch inzwischen hatten sich andere „Familienmitglieder" totgespritzt.

Im März 1999 beschloss *Jesuspunk,* sich selbst den goldenen Schuss zu setzen. Sie hatte bisher noch kein Heroin genommen, würde also nicht viel brauchen. Sie besorgte sich Stoff und Spritzbesteck und beschloss, klassisch auf dem Fußboden eines Klos zu sterben.

Als sie sich die Spritze setzte, zitterte sie. Sie hatte den „Affen" (Entzugserscheinungen), aber vor allem hatte sie große Angst.

In diesem Moment hörte sie plötzlich himmlische Musik und glockenhellen Gesang, als seien im Klo nebenan ein paar Engel gelandet. Ihre Angst war wie weggeblasen, sie wurde ganz ruhig und fühlte sich vollständig beschützt. In ihrem Inneren wusste sie: Irgendjemand sang hier für sie, ganz allein nur für sie. Sie konnte sogar den Text verstehen:

Wo ich auch stehe, du warst schon da.
Wenn ich auch fliehe, du bist mir nah.
Was ich auch denke, du weißt es schon.
Was ich auch fühle, du wirst verstehen.

Und ich danke dir, dass du mich kennst und trotzdem liebst.
Und dass du mich beim Namen nennst und mir vergibst.
Herr, du richtest mich wieder auf
und du hebst mich zu dir hinauf.
Ja, ich danke dir, dass du mich kennst und trotzdem liebst.

Wo ich auch stehe
Text und Musik: Albert Frey · © SCM Hänssler, Holzgerlingen

Sie hatte dieses Lied noch nie gehört. War das eine Art Halluzination? Total krass! Was ging da ab? Was musste das für extrem guter Stoff sein? Oder war sie schon im Himmel angekommen?

Doch dann stellte sie fest, dass ihr das Heroin den Arm runterlief und eine kleine Beule unter der Haut sichtbar wurde. Sie hatte die Vene nicht getroffen!

Ein zweiter Versuch kam nicht infrage. Stattdessen entschloss sie sich gemeinsam mit Andreas zu einem „kalten Entzug" nur mit „Paracetamol" und „Valium". Sie hatte irrsinnige Halluzinationen. Sah Jäger mit Gewehren, die sie erschießen wollten. Die Schmerzen waren schier unerträglich; sie lag in ihrer eigenen Kotze und Pisse. Aber am schlimmsten war die Angst vor dem Tod. Denn jetzt wollte sie nicht mehr sterben!

Sie schafften es beide. Nach fünf endlosen Tagen ging es ihnen besser. Aber was nun? Zurück zur Clique? Da würden sie im Nu wieder in dem ganzen Mist drinhängen. Das Einzige, was ihnen einfiel, war die Jugendamt-Tante. Vielleicht konnte die ihnen helfen.

Sie konnte.

Noch am gleichen Tag landete *Jesuspunk* in einer Klinik in Bad Gottleuba an der tschechischen Grenze. Allerdings ohne

Andreas. Der wollte Simone nicht im Stich lassen. Er war in sie verliebt. Ein Scheißgefühl. *Jesuspunk* fühlte sich allein. Von aller Welt verlassen. Trotzdem machte sie keinen Rückzieher.

Nach der Klinik bot man ihr an, eine Familientherapie zu machen, doch ihre Eltern erschienen mal wieder nicht. Trotzdem zog sie für ein paar Wochen zu Hause ein ... bis sie Alex kennenlernte.

Alex war etwas ganz Besonderes für sie. Ein Mann aus einer völlig anderen Welt. Er war älter als sie, hatte einen Beruf, eine coole Wohnung, und er zeigte ihr liebevoll den Weg in ein normales Leben. Trotzdem blieb sie Punkerin. Außen und innen. Hatte Rastazöpfe, rot und grün, trug Springerstiefel und Nietenarmbänder.

Alex nahm sie an, wie sie war, versuchte nicht, sie zu ändern, und stellte sie auch seinen Freunden und Eltern vor. Alex' Vater half ihr sogar dabei, einen Job zu finden.

Mit 17 wurde sie schwanger. Damals sprach sie wieder mit Gott, ohne sich darüber wirklich im Klaren zu sein. Sie dachte immer noch, sie führe Selbstgespräche. Doch nun dankte sie ihm zum ersten Mal dafür, dass er sie von der Straße geholt hatte, und bat ihn um Hilfe, da sie sich völlig überfordert fühlte.

Und tatsächlich, ihr gesamtes Umfeld reagierte positiv auf den Familienzuwachs. Alex' Vater erfüllte ihr sogar noch einen Herzenswunsch und spendierte einen Fernlehrgang in Psychologie. Sie hatte sich schon immer dafür interessiert, was in den Köpfen der Menschen vor sich ging, vor allem aber in ihrem eigenen.

Zum ersten Mal in ihrem Leben lief alles super. Sie freute sich auf das Baby und plante mit Alex ein gemeinsames Leben.

Im 6. Monat verlor sie jedoch das Kind. Sie wachte nachts mit brüllenden Kopfschmerzen auf, konnte sich noch in die Küche schleppen, dann fiel sie in ein tiefes, schwarzes Loch.

Drei Tage später wachte sie im Krankenhaus wieder auf. In ihrem Hals steckte ein Schlauch, um sie herum standen alle möglichen Maschinen. Ihr erster Gedanke galt dem Baby. Sie wusste sofort, dass es nicht mehr da war; sie spürte es einfach. Eine schwere Hirnhautentzündung und eine Nervenbahninfektion hatten sie umgehauen. Die Ärzte hatten das Kind nicht retten können. Natürlich gab sie sich selbst die Schuld. Sie hatte schließlich ihren Körper über Jahre kaputt gemacht.

Jeden Morgen wachte sie mit diesem Gedanken auf.

Erst später, als sie begann, ihren eigentlich längst vorhandenen Glauben an Gott bewusst zu leben, legte sich Frieden über ihre Trauer. Sie weiß heute, dass ihr Kind bei Gott ist. Es geht ihm gut. Sie weiß auch, dass sein menschlicher Körper nur die Hülle war, die im Krankenhaus-Müll landete.

Vielleicht war es Gottes Wille, dass sie erst mal ihr eigenes Leben in den Griff bekommen sollte, bevor sie Verantwortung für ein anderes übernahm. Ob das allerdings wirklich so war, wird sie erst erfahren, wenn sie selbst im Himmel ist.

Alex arbeitete wie ein Verrückter, um über den Verlust des Kindes hinwegzukommen. Kurz vor ihrem 20. Geburtstag zog *Jesuspunk* aus der gemeinsamen Wohnung aus. Nicht im Streit; die beiden sind bis heute Freunde. Sie wollte nur weg, ganz woanders von vorne beginnen. Also packte sie ihren Rucksack und ging zum Bahnhof.

Da sie dringend zur Toilette musste und das am Bahnhof Geld kostete, stieg sie in den erstbesten Zug, der einfuhr. Zufällig fuhr der Richtung Mannheim. Dort lebte ihre ältere Schwester, zu der sie kein gutes Verhältnis hatte, die sie jedoch vorerst bei sich wohnen ließ. *Jesuspunk* suchte sich sofort einen Job, um möglichst schnell ausziehen zu können, und landete wieder bei den Punks. In einer abgewrackten WG ging die ganze Chose mit Alk und Drogen von vorne los!

Die Welt, in der sie lebte, als sie mit Alex zusammen war, schien weit weg. An diesem Punkt hätte sie die Reißleine ziehen sollen. Aber sie raffte es nicht. Punks waren für sie nach wie vor faszinierende Menschen, die Spaß am Leben hatten, auch mit wenig zufrieden waren und immer irgendwie durchkamen.

Sie verbrachte damals viel Zeit in einem Internetcafé. Besonders angetan hatte es ihr die Seite „Kummerchat.de". Dort stieß sie auf Leute, die ihr zuhörten, bei denen sie sich aussprechen konnte. Auf der anderen Seite merkte sie, dass sie nicht nur Hilfe annehmen durfte, sondern auch selbst gebraucht wurde. Schon bald nahm sie selbst die „Helferrolle" im Chat ein. Das verlieh ihr eine neue, bisher unbekannte Kraft.

Sie erfuhr, dass es viele Menschen gab, denen es weitaus schlechter ging als ihr selbst. Sie lebten irgendwo in Deutschland, brauchten sie und mochten sie. So wie Angie, die infolge von Kinderlähmung im Rollstuhl saß und ein bisschen die „Chat-Mutter" war.

Nachdem sie sich eine Weile intensiv ausgetauscht hatten, las *Jesuspunk* eines Tages in einer von Angies Mails: „Ich gehe mit Jesus!"

Hä? Mit Jesus gehen? Spazieren oder was? Wer ist überhaupt Jesus? War das nicht der Sohn von Adam und Eva? Sie fragte nicht nach, wollte nicht dumm dastehen. Sie hatte weder Religionsunterricht in der Schule gehabt noch jemals in eine Bibel geschaut. Obgleich sie eine hatte, allerdings nur, um während ihrer Zeit auf der Straße aus dem dünnen Papier Zigaretten zu drehen.

Doch ihr Interesse war nun geweckt. Ging es Menschen, die glaubten, tatsächlich besser? Waren die glücklicher? Damit sie schneller kapierte, was eigentlich Sache war, holte sie sich Kinderbücher über das Christentum aus der Bücherei. Angie schickte ihr eine „Bikerbibel", ein neues Testament, das bis heute kostenlos in der Motorradszene verteilt wird. Was hatten diese harten Typen mit Jesus zu tun? Das machte *Jesuspunk* noch neugieriger.

Von da ab telefonierte und chattete sie fast täglich mit Angie, die ihr die Grundlagen des christlichen Glaubens nahebrachte.

Und eines Tages war es so weit: Aus dem Punk war ein *Jesuspunk* geworden. Die ganze Sache mit dem Glauben leuchtete ihr ein, „erleuchtete" sie. Sie war bereit, ihren weiteren Weg mit Jesus zu gehen.

Also rief sie Angie an, die mit ihr betete: *„Danke, dass du den ganzen Mist, den ich gebaut habe, auf dich nimmst. Danke, dass du mir vergibst. Ich vertraue dir und möchte, dass du in mein Herz kommst. Ich bitte dich um deine Kraft, den Heiligen Geist."*

Es war ihr erstes richtiges Gebet.

Der Himmel riss nicht auf und es gab auch kein Gewitter. Sie war sich aber ganz sicher: Etwas hatte sich verändert. Es war der Beginn eines Prozesses, der sie Stück für Stück zu einem anderen Menschen machte.

Sie besuchte Angie, die mit ihrem Mann und zwei Kindern in Bayern wohnte, und erlebte zum ersten Mal einen sogenannten „Hauskreis", eine Art private Gebetsrunde, die sie erst mal ganz schön erschreckte. Die Menschen streckten dort nämlich, ähnlich wie beim Hitlergruß, die Arme gen Himmel, während sie mit Gott sprachen. Verständlich, dass man sich als Punk ganz schön in die Hose macht, wenn die Bude plötzlich voller „Rechter" zu sein scheint. Doch das Ganze klärte sich schnell auf und *Jesuspunk* besuchte am nächsten Tag sogar einen Gottesdienst.

Aus den geplanten vier Besuchstagen wurden zwei Wochen. Sie genoss ein richtiges Familienleben. Man fragte sie sogar nach ihrem Lieblingsessen, das dann auch gekocht wurde. Keiner machte ihr ihre Vergangenheit zum Vorwurf. So ein Leben kannte sie nicht. Und doch schien alles irgendwie vertraut.

Angie riet ihr, sich auch in Mannheim eine Gemeinde zu suchen, um mit anderen Christen gemeinsam unterwegs zu sein. Die fand sie zunächst mal in der Volksmission in Mannheim. Zu dem Prediger hatte sie einen ganz guten Draht, und er riet ihr, das Verhältnis zu ihrer Mutter zu bereinigen. Hass wäre keine gute Grundlage für ihr neues Leben. Vor Kurzem hatte sie erfahren, dass die Mutter mit Speiseröhrenkrebs im Krankenhaus lag.

Sie kratzte also ihr restliches Geld zusammen, um eine Fahrkarte nach Dresden zu kaufen. Während der gesamten Zugfahrt betete sie, dass Gott ihr die Kraft geben möge, die richtigen Worte zu finden. Sie hatte sogar ein Geschenk dabei: eine kleine Bibel und eine CD von Nena mit ihrem Lieblingslied: „Liebe ist", in dem es darum geht, dass wahre Liebe keine Bedingungen stellt.

Als sie das Krankenhaus betrat, konnte sie vor Aufregung kaum einen Fuß vor den anderen setzen. Doch als sie die Tür zum Zimmer ihrer Mutter öffnete, wusste sie plötzlich hundertprozentig: Gott war bei ihr.

Sie sprach ihre Mutter sogar mit „Mama" an, was sie seit ihrer Kindheit nicht mehr getan hatte. Beide hatten viele Fehler gemacht, doch *Jesuspunk* war bereit, den ersten Schritt zu machen und ihrer Mutter zu vergeben.

Diese aber offensichtlich nicht. Nach einer Minute eiskalten Schweigens schrie sie: „Hau bloß ab! Mir kann keiner helfen, du auch nicht! Ich sterbe sowieso!"

Jesuspunk war einfach nur platt, legte ihr Geschenk auf den Nachttisch und ging. Sie stand völlig unter Schock. In ihrer Verzweiflung versorgte sie sich am Bahnhof mit ausreichend Alkohol und trank alles im Zugklo aus.

Später schrieb sie ihrer Mutter noch einen Brief, bekam aber nie eine Antwort darauf.

Nach diesem Erlebnis fühlte sie sich schlecht und schuldig, suchte Zuflucht im Alkohol und nahm wieder Drogen. Die Erinnerungen an ihre Mutter erdrückten sie. Vor allem, dass diese ihr Vergebungsangebot nicht angenommen hatte.

Sie betete zwar öfter mit Angie am Telefon, doch irgendwie fehlte ihr der Kontakt zu „warmen" Menschen in ihrer Nähe.

Angie stöberte im Internet und stieß dort auf das CZM (Christliches Zentrum Mannheim). Dorthin schickte sie dann

Jesuspunk. Diese lernte Miriam kennen, eine Mutter von drei Kindern, die sie zu sich nach Hause einlud. Dort war es wie bei Angie. Sie spürte Wärme. Sie spürte: Hier ist Gott!

Ein faszinierendes Phänomen, das ich nur bestätigen kann: Alle Menschen, die ich für dieses Buch zu Hause besucht habe, begegneten mir freundlich und warmherzig. Bei jedem fühlte ich mich willkommen und spürte, er oder sie interessiert sich wirklich für mich. Nicht für die Autorin, sondern für den Menschen.

Und dann erlebte *Jesuspunk* den Oberhammer: In dem Hauskreis, den sie besuchte, spielte jemand ein Lied auf der Gitarre. Und zwar genau das Lied, das sie damals auf dem Klo gehört hatte, als sie vom Planeten springen wollte!

Sie fasste wieder Mut und Vertrauen zu Gott, auch wenn ihr Leben noch immer das reinste Chaos war. Um Geld für Drogen zu bekommen, hatte sie damals ihren Personalausweis verkauft, was das Dasein nun nicht gerade leichter machte. Sie konnte keine Pakete und Briefe abholen und beim Schwarzfahren oder bei Ausweiskontrollen schleppte man sie sofort aufs Revier. Auch ihre Schulden verfolgten sie. Jeden Tag flatterten Rechnungen, Mahnungen oder Vollstreckungsbescheide ins Haus. Außerdem hatte sie zwei Jugendvorstrafen mit Bewährung am Hals, zu denen Sozialstunden gehörten, die sie nie absolviert hatte und deshalb in Form von Geldstrafen abbezahlen musste. Und dann waren da noch diverse Probleme mit der Krankenversicherung. Doch das Schlimmste waren die Drogen, die sie längst noch nicht im Griff hatte.

Einige Wochen vor Weihnachten musste sie etwas Falsches erwischt haben. Miriam, die Ärztin war, nahm sie mit zu sich nach Hause und machte mit ihr einen weiteren kalten Entzug. Nachts schlief sie neben ihr, hielt ihr die zitternden Hände und betete mit ihr.

Heute weiß *Jesuspunk* genau: Ohne Gott hätten sie das nicht geschafft!

Als es ihr besser ging, meldete sie sich auf dem Sozialamt, wo man sie zur Schuldnerberatung schickte. Es war nicht einfach, mit dem ganzen Zeug von früher konfrontiert zu werden. Doch inzwischen ist alles geregelt. Ihr Insolvenzverfahren läuft und bald wird sie schuldenfrei sein!

Einmal noch wurde sie rückfällig in Sachen Drogen. Miriam rastete völlig aus und drohte, ihr die Freundschaft zu kündigen. In diesem Moment klingelten alle Alarmglocken gleichzeitig, und *Jesuspunk* erkannte, dass sie dabei war, die besten Freunde, die sie je gehabt hatte, zu verlieren. Seitdem hat sie nie wieder etwas genommen.

Im Dezember 2006 merkte sie, dass irgendetwas mit ihrem Körper nicht stimmte. Sie schlief oft sehr lange, manchmal bis zu 14 Stunden, und machte dann tage- und nächtelang kein Auge zu.

Als sie eines Morgens aufwachte, hatte sie einen kompletten Filmriss. Alles war weg, ihre gesamte Vergangenheit. Sie bekam die totale Panik. Sowohl ihr Hausarzt als auch der dazu geholte Neurologe wussten keine Antwort auf die Frage, was mit ihr los war. Man stellte nur fest, dass sie im Schlaf epileptische Anfälle hatte und gestörte Schlafphasen. Den Grund dafür vermuteten die Ärzte im Drogenkonsum oder vielleicht in einer Spätfolge ihrer Hirnhautentzündung.

Ihr Gedächtnis kam zum Glück zurück. Im Februar 2007 wurde jedoch bei einer Computertomografie eine Zyste in ihrem Gehirn festgestellt. Zuerst hieß es, es sei nicht so schlimm. Manche Menschen haben das von Geburt an und werden damit steinalt. Allerdings müsse die Zyste durch regelmäßige CTs und MRTs beobachtet werden. Wenn das Ding nicht wuchs, wäre alles gut.

Das Blöde war nur: Es wuchs. Und zwar ziemlich schnell. Auch die Zellstruktur hatte sich verändert. Das Ding war in ihrem Kopf mutiert! Und mittlerweile waren auch bösartige Zellen im Hirnwasser gefunden wurden. Willkommen im „Krebsland".

Die Ärzte sprachen jetzt plötzlich von einem gutartigen *Tumor*, weil eine Zyste unmöglich so schnell wachsen konnte.

Jesuspunk musste immer öfter zur Untersuchung in die onkologische Ambulanz der Uni-Klinik Mannheim, wo man ihr eine Strahlentherapie vorschlug.

Dabei bekam sie eine extra für sie angefertigte Kunststoffmaske auf den Kopf und wurde dann fünf Minuten lang mit radioaktiven Strahlen beballert, um den Tumor zu zerstören.

Die Folge: Sie musste dauernd kotzen, konnte fast nichts mehr essen, hatte Verstopfung, Kopfschmerzen, Entzündungen und Haarausfall. Das volle Programm.

Obwohl alle ihre Freunde für sie beteten, brachte die Bestrahlung nicht das gewünschte Ergebnis. Sie hemmte zwar das schnelle Wachstum des Tumors, brachte es aber nicht vollends zum Stillstand. Der gutartige Tumor war also gar nicht so gut.

Die Bestrahlung musste gestoppt werden, da ihr Gehirn bereits in Mitleidenschaft gezogen war und die Kopfschmerzen immer unerträglicher wurden.

Sie verbrachte viel Zeit bei Miriam und deren Familie, doch abends war sie allein mit sich und den immer wiederkehrenden Fragen: *Was ist, wenn ich jetzt sterbe? Warum habe ich alles falsch gemacht?*

Man schlug ihr eine Operation vor, allerdings sei diese mit einem hohen Risiko verbunden. Unkalkulierbare Blutungen könnten zum Tod führen, außerdem drückte der Tumor auf das Motorik- und Bewusstseinszentrum. Nach der Operation würden wohl auf alle Fälle Lähmungserscheinungen zurückbleiben, hieß es. Nicht gerade rosige Aussichten.

In der Kopfklinik in Heidelberg, wo sie eine zweite Meinung einholte, erzählte man ihr das Gleiche, allerdings noch etwas präziser. Nämlich, dass sie bei gleichbleibendem Wachstum des Tumors noch ziemlich genau ein halbes Jahr zu leben hätte.

Das war ein Schock! Sie rechnete sofort aus: Ihr Todestag wäre der 1. April 2008! Und das würde kein Scherz sein.

Ich bekomme Gänsehaut, während *Jesuspunk* erzählt. Eine Situation, die ich mir nicht vorstellen möchte. Was wäre, wenn *ich* plötzlich so eine Diagnose bekommen würde? Wie würde ich reagieren? Was würde ich tun? Kämpfen? Wahrscheinlich? Mit Gott an meiner Seite?

Jesuspunk war wochenlang wütend auf Gott und konnte nicht verstehen, warum er zuließ, dass in ihrem Leben ständig so schreckliche Dinge passierten.

Sie bekam keine Antwort. Auch nicht auf die Frage, ob sie sich operieren lassen sollte oder nicht.

Sie hatte schon fast aufgegeben, wollte nicht mehr, hatte das Gefühl: „Mein Beten wird zum Betteln." Sie wollte nie wieder jemanden anbetteln! Auch nicht Gott!

Doch irgendwann verstand sie, dass sie nicht bettelte, sondern kämpfte! Das gab ihr neue Kraft. Gott hatte sie nicht aus der Gosse gezogen, um sie jetzt im Stich zu lassen!

Sie hatte diesen Gedanken kaum zu Ende gedacht, als ihr plötzlich ganz klar wurde, dass sie auf keinen Fall operiert werden wollte.

Gott würde sie auch ohne OP heilen. Das schien ihr plötzlich so sicher wie das berühmte Amen in der Kirche. Sie fühlte sich ruhig, im Frieden mit sich selbst, ohne jeglichen Zweifel. Sie glaubte sogar, eine männliche Stimme zu hören, die ihr Mut zusprach, obwohl sie sich zwischendurch schon für völlig bekloppt hielt. Und selbst wenn es so wäre – egal. Sie führte tolle Gespräche mit ihrem „Big Daddy", wie sie Gott jetzt nannte.

Selbst beim Kotzen war er da und hielt ihr die Kotztüte, zumindest empfand sie es so. Er war ihre Rettung. Dieses Wissen half ihr zu überleben.

Als sie Gott dann irgendwann mal im Internet googelte, las sie auf unzähligen Seiten, dass die meisten Menschen, denen großes Leid widerfahren ist, offener für Gott werden und dann auch in der Lage sind, ihn zu hören.

Die Ärzte akzeptierten ihre Entscheidung. Sie füllte eine Patientenverfügung aus und unterschrieb eine Vollmacht für Miriam, damit diese im Notfall Entscheidungen für sie treffen konnte. Außerdem schrieb sie ihren Eltern einen Brief und berichtete über ihren Gesundheitszustand. Doch es kam keine Reaktion. Bis heute nicht.

Das tat weh. Tut es immer noch.

Im Januar kam die nächste Schreckensnachricht: Sie hatte Krebszellen im Rückenmark. Aber im Grunde änderte das nichts, da der Tumor hinter der Blut-Hirn-Schranke lag und deshalb keine Metastasen bilden konnte. Es ging allein um die Frage, ob er noch weiterwuchs oder nicht. Er hatte inzwischen einen Durchmesser von 6 Zentimetern. Eine Chemotherapie hätte derart hoch dosiert werden müssen, dass ihr sowieso schon stark geschädigter Körper das wahrscheinlich nicht durchhalten würde. Sie entschied sich auch gegen dieses letzte schulmedizinische Angebot.

Sie war ganz sicher: Gott würde ein Wunder tun! Er würde sie heilen! Es war nur eine Frage der Zeit! Gott kennt schließlich keinen Unterschied zwischen einem Tag, einem Monat und einem Jahr.

Mir wird ganz anders. Ich weiß nicht, ob ich dieses Vertrauen hätte, ob ich nicht nach jedem Strohhalm greifen würde, den mir die Medizin anbietet.

Doch *Jesuspunk* nahm nur ihre üblichen elf Tabletten gegen Schmerzen, für gute Durchblutung, geringere Schmerzweiterleitung, Gehirndruck und so weiter. Sie bekam Infusionen mit Mineralien und Vitaminen. Im rechten Arm und rechten Bein hatte sie kaum noch Kraft. Auch in den Fingern und Zehen spürte sie fast gar nichts mehr. Der Tumor drückte alles ab.

Immer wieder kamen ihr Zweifel. Doch sie hielt eisern an Gott fest.

In dieser Zeit schenkte ihr jemand einen Computer, sodass sie das wenige Geld, das ihr durch eine Rente zur Verfügung stand, nicht im Internetcafé verplempern musste. Sie bedankte sich bei Gott und wusste, das Ganze hatte einen Sinn. Der Computer schien nicht dazu da zu sein, um dämliche Videospiele zu spielen.

Psalm 118,17 wurde von diesem Moment an ihr Überlebenscredo: *„Ich werde nicht sterben, sondern leben und des Herrn Werke verkünden.“*

Sie richtete im Internet einen Blog ein, in dem sie ihre Lebensgeschichte erzählte, ihren Kampf gegen die Drogen, den sie mit Gottes Hilfe gewonnen hatte, und ihren Kampf, den sie mit seiner Hilfe auch gegen den Tumor gewinnen würde. Ein Art Tagebuch, das die wichtigsten Erlebnisse festhielt und Menschen in ähnlichen Situationen die Möglichkeit bot, sich mit ihr auszutauschen.

Das Ding ging ab wie eine Rakete! Fast täglich beantwortete sie zig Mails, vor allem zu Glaubensfragen. Die unterschiedlichsten Menschen nahmen plötzlich an ihrem Schicksal teil, beteten für sie und bekannten sich zu einem Leben mit Jesus Christus. Sogar Menschen, die ihre Großeltern sein könnten, waren beeindruckt von dem, was sie tat.

Von diesem Moment an merkte sie, dass Gott sie (ge-)brauchte.

Eine krasse Veränderung ging in ihr vor. Sie erkannte sich teilweise gar nicht wieder. Wenn sie betete, war es manchmal so, als ob jemand sie in den Arm nehmen würde. Sie spürte tatsächliche, bedingungslose, allumfassende Liebe. Auch wenn das viele für bescheuert hielten …

Natürlich gab es auch Momente, in denen sie sich gottverlassen allein fühlte. Vor allem, wenn sie wieder mal das Krankenhaus betrat, wo abgemagerte, glatzköpfige Gestalten mit ihren Infusionsständern durch die grauen Gänge schlichen. Gänge, in denen nur einziges Bild mit einer Blume hing. In denen manchmal leere Betten standen. In denen es seltsam roch. Nach Tod!

Doch auch im Krankenhaus hatte sie Begegnungen, die ihr klarmachten, warum es mit ihr weitergehen würde, warum sie sich *nicht* am 1. April verabschieden würde.

Einmal traf sie eine Frau, die auf einer Bank saß und verzweifelt weinte. Sie hatte einen Mann und zwei Kinder – und gerade erfahren, dass sie Brustkrebs hatte. *Jesuspunk* setzte sich neben sie, erzählte ihre Geschichte und redete von ihrer Beziehung zu Gott, ohne viel darüber nachzudenken: „Keiner von uns weiß, warum wir krank sind und warum wir hier sitzen, aber ich weiß, dass Gott da ist. Irgendwann muss man aufhören, nach Antworten zu suchen, und einfach das annehmen, was man angeboten bekommt."

Sie schaffte es, die Frau zu beruhigen und ihr ein bisschen Hoffnung zu geben. Erst da merkte sie, dass sie sich im falschen Stockwerk befand.

Es war sinnigerweise an einem Karfreitag, als sie morgens aufwachte und brüllende Kopfschmerzen hatte. Ihr war so schlecht, dass sie glaubte, an diesem Tag sterben zu müssen. Das halbe Jahr war ziemlich genau vorbei.

Der herbeigerufene Notarzt gab ihr eine Cortisonspritze, damit der Hirndruck runterging, und wollte sie ins Krankenhaus bringen, doch *Jesuspunk* lehnte ab. Die Ostertage verbrachte sie halb ohnmächtig in ihrem Bett und ging dann am Dienstag eigenständig ins Krankenhaus.

Bei der CT-Untersuchung wurde eine Blutung festgestellt, genauer gesagt geronnenes Blut im Gehirn. Es war ein Wunder, dass sie noch lebte. Aber was die Ärzte bei dieser Untersuchung ebenfalls entdeckten, wollte zuerst keiner glauben: Der Tumor hatte sich geteilt! Von ganz allein. Ganz freiwillig. Plötzlich hatte sie zwei Tumore. Beide etwa 3 Zentimeter groß. Wieder ein Wunder. So etwas passierte in einem von 10.000 Fällen.

Plötzlich hatte sie eine neue Chance. Ein 3 Zentimeter großer Tumor ließ sich bestrahlen. Man fing mit dem etwas kleineren an, der nach 6 Wochen tatsächlich vernichtet war. Ein erster Etappensieg!

Die Hoffnung stieg. Auch wenn es ihr körperlich durch die vielen zusätzlichen Medikamente, die sie jetzt nehmen musste, ziemlich schlecht ging.

In dieser Zeit lernte sie auf der Geburtstagsparty eines Freundes Karsten kennen, einen Artisten und Clown, der auf völlig abgefahrene Weise die Botschaft Jesu in seine Auftritte einbaute. Es war Liebe auf den ersten Blick.

Karsten wusste schon länger von ihrer Krankheit, denn er war Mitglied eines anderen Hauskreises, der seit Längerem für sie betete. Davon hatte *Jesuspunk* vor einiger Zeit geträumt: von einem Mann, der für sie betete, während im Hintergrund Grillen zirpten. Später erfuhr sie, dass Karsten eine exotische Spinne besaß, die er tatsächlich mit Grillen fütterte. Das war der Hammer für sie. Doch inzwischen besaß sie ja schon eine ganze Werkstatt voll solcher „Hämmer".

Nach ein paar Wochen Beziehung bekamen sie sich zum ersten Mal so richtig in die Haare, kamen jedoch gleichzeitig auf dieselbe Versöhnungsidee: Beide folgten einer inneren oder höheren Stimme, die ihnen sagte: „Kauf Ringe!"

Während *Jesuspunk* nur widerwillig dieser in ihren Augen höchst spießigen Aufforderung folgte und am Bahnhof für ihre letzten Euros ein paar Freundschaftsringe kaufte, kam Karsten mit Schlüsselringen an.

Von diesem Moment an fühlten sie sich verlobt. Nun konnte auch der nächste Schritt nicht ausbleiben, obwohl Heiraten eigentlich gar nichts für einen Punk war. Doch „Big Daddy" gab seinen Segen, riet aber noch zu warten, bis sie endgültig gesund war.

Erst regte sie sich darüber auf, dann erkannte sie den tieferen Sinn: Das hieß ja … sie würde wieder ganz gesund? Das hatte ihr bisher noch kein einziger Arzt zu sagen gewagt. Sie erzählte es Karsten und der fand es „super cool".

Nach einer mehrwöchigen Pause, in der sich ihr Körper erholen sollte, begann man mit der Bestrahlung des zweiten Tumors. Das hatte den unangenehmen Nebeneffekt, dass ihr Gehirn immer mehr anschwoll. Sie stand ganz kurz vor der Ziellinie, als die Behandlung abgebrochen werden musste: Die Risiken waren zu hoch. Doch bei der folgenden MRT-Untersuchung zeigte sich ein neues Wunder: Der Tumor war vollständig verschwunden! Alle waren baff.

Allerdings waren im Nervenwasser noch immer Krebszellen vorhanden. Jetzt half nur noch eine Chemo. Alles oder nichts – entweder gingen dabei ihre Nieren endgültig drauf und damit auch der Rest von ihr oder aber der Krebs würde besiegt.

Die Nebenwirkungen waren so schrecklich wie nie zuvor. *Jesuspunk* kotzte sich die Seele aus dem Leib, ihre Mundschleimhaut war vollkommen entzündet und blutete. Doch sie verließ sich auf „Big Daddy". Wie immer war er da, um ihr die Kotztüte zu halten.

Nach zwei Wochen erwartete sie zitternd die nächste Knochenmarksuntersuchung. Halleluja! Keine einzige Krebszelle wagte es mehr, sich blicken zu lassen! Auch beide Nieren funktionierten wie durch ein Wunder noch. Sie hatte es geschafft!

Es war der 26. Oktober 2009.

Das Datum wird sie nie vergessen. Seitdem feiert sie zweimal im Jahr Geburtstag, schmeißt zwei Partys und packt zweimal Geschenke aus.

Im Dezember 2009 wurde geheiratet. Ganz offiziell auf dem Standesamt. „Big Daddy" hatte recht behalten!

Der Psalm 118,17 blieb ihr Lebensmotto. Ihr Internetforum „gekreuzsiegt.blogspot.de" ist noch immer ein Treffpunkt für Menschen, die Probleme haben, krank sind oder einfach nicht mehr weiter wissen. Dienstags und donnerstags bietet sie Themenabende im Chat an und freut sich über jeden, der vorbeikommt.

Als ich ins Taxi steige, das mich wieder zum Bahnhof bringen soll, fühle ich mich wie nach einem Marathonlauf, einer Bergbesteigung oder einem anstrengenden Drehtag. Sprich, ich bin fix und fertig. Der Taxifahrer versucht, ein freundliches Gespräch zu beginnen, wofür ich normalerweise immer zu haben bin, doch im Moment ist da nichts zu machen. Erst mal tief durchatmen.

Habe ich das jetzt richtig verstanden? Diese Frau wird wieder ein ganz normales Leben führen können, weil sie auf Gott hörte, der ihr „zuflüsterte", sich nicht operieren zu lassen. Dass ein Tumor sich teilt, kommt in einem von 10.000 Fällen vor. Tja, irgendwas muss dran sein, das habe ich ja schon immer gesagt.

Als wir am Bahnhof angekommen sind, kann ich mir nicht verkneifen, den Taxifahrer zu fragen: „Glauben Sie eigentlich an Gott?"

Er grinst nur: „Nö, Trinkgeld ist mir lieber."

Daisy Gräfin von Arnim
Man muss sein Glück nur aufheben

Ein Märchenschloss in weißer Winterlandschaft. Ein bisschen wie König Ludwigs Neuschwanstein, mit Zinnen und Türmchen, prunkvollen Auffahrten und sogar einem Apollo-Tempel auf dem Hügel gegenüber. Nur befindet sich das Ganze nicht in meiner Heimat Bayern vor beeindruckender Bergkulisse, sondern in der Uckermark. Klingelt da nicht etwas? Genau. Unsere Kanzlerin stammt aus dieser, mit Verlaub gesagt, etwas gottverlassenen Gegend, die gut 100 Kilometer nördlich von Berlin beginnt.

Ich fahre mit einer kleinen, hochmodern ausgestatteten Regionalbahn durch die Dörfer, die sich um die einstmals zum Schloss gehörenden land- und forstwirtschaftlichen Betriebe entwickelt haben. Neben vorsozialistischen Backsteingebäuden hebt sich das DDR-typische Grau der Häuser kaum vom Himmel ab. Eingeschlagene Fensterscheiben, verfallene Zäune, Holzbaracken, die bestimmt nicht der Kälte eines strengen Winters standhalten können.

Immer wieder sieht man die sogenannten „Wagen", Kleintransporter, die an Straßenkreuzungen stehen und die Möglichkeit bieten, Lebensmittel einzukaufen. Denn Läden gibt es kaum. Unternehmer, die aufs schnelle Geld aus sind, halten sich hier eher zurück. Und doch leben in diesem Landstrich Menschen, wenn auch nicht mehr viele.

Das Schloss gehörte einst den Grafen von Arnim, ein altes Adelsgeschlecht, das sich hier im 16. Jahrhundert ansiedelte. Nach der Wende kaufte es ein gewisser Herr Erbacher für einen Euro vom Staat und konnte es mit Millionen von Steuergeldern sanieren. Doch das ist nicht die Geschichte, die ich hier erzählen möchte.

Einer der „rechtmäßigen" Nachfahren wohnt nur ein paar Kilometer entfernt, allerdings ohne Türmchen, Zinnen und sonstigen Schnickschnack: Michael Graf von Arnim mit seiner Frau Daisy.

Die Gräfin, eine hübsche Frau ungefähr in meinem Alter und ohne jegliche Berührungsängste, holt mich vom Bahnhof Templin ab, und wir fahren mit ihrem VW Passat durchs einstige Arnim-Land. Der Wagen hat zum Glück eine gute Heizung, denn draußen herrschen 18 Grad minus, und es pfeift ein sibirischer Wind.

Unterwegs erzählt sie von ihrem Mann: Nachdem seine Eltern 1945 vertrieben wurden und mit einer dramatischen Flucht in den Westen ihr Leben retteten, verbrachte der Adelssproß seit 1978 nur noch die Sommerferien auf den Ländereien seiner ruhmreichen Vorfahren. Das Schloss sah er nur von Weitem, denn es diente während der DDR-Zeit als Schulungs- und Erholungsheim für hohe Offiziere der Nationalen Volksarmee und war für Normalsterbliche tabu.

Nach der Wende hatte die Familie davon geträumt, ihre früheren Besitztümer zurückzubekommen und ihnen wieder zu altem Glanz zu verhelfen. Doch die Märchen, in denen Prinz und Prinzessin bis ans Ende ihrer Tage glücklich vereint auf ihrem Schloss leben, haben leider nichts mit der Wirklichkeit zu tun. Schlösser, Burgen und größere Landgüter wurden nach der Wende nur an Adelige zurückgegeben, die am Hitlerattentat vom 20. Juli beteiligt waren. Und das waren die Arnims leider nicht.

Doch da manche Menschen ihre Wurzeln absolut nicht abschneiden können, kaufte Michael von Arnim kurzerhand Gut Lichtenhain, eines der ehemaligen Landgüter seiner Familie (das Schloss war ja schon vergeben). Er selbst hatte Landwirtschaft studiert und hegte keinen größeren Wunsch, als endlich selbst Acker und Boden zu bestellen. Mithilfe von Traktoren, versteht sich. Schließlich sind wir im 21. Jahrhundert.

Daisy von Arnim scheint hier fast jeden zu kennen, hebt immer wieder lächelnd die Hand zum Gruß. Manche lächeln zurück. Manche nicht. Verbitterte Gesichter. Rote Nasen, nicht nur wegen der Kälte. Irgendwo habe ich gelesen, der Alkohol gilt hier als Allheilmittel gegen die Einsamkeit und die Arbeitslosigkeit. Denjenigen, die sich den „Suff haben wegmachen lassen", wie die Kinder es hier formulieren, verlieren meist ihre sozialen Kontakte und hängen dann schnell wieder doch an der Flasche.

Unermüdlich hebt die Gräfin weiter die Hand. Zu fast jedem, dem wir begegnen, gibt es eine Geschichte.

Ich weiß nicht, ob ich hier leben könnte, trotz Landgut und Adelstitel. Und ich schätze, Daisy ist es hier am Anfang nicht viel anders ergangen.

Sie hatte ursprünglich sowieso ganz andere Lebenspläne. Nach der Buchhändlerlehre wollte sie einen Pastor heiraten, mindestens sechs Kinder bekommen und in einem efeubewachsenen Backsteinhaus in einer schmucken Kleinstadt leben. Als überzeugte Pfarrerstochter sollte ihr Ehemann aus dem gleichen Holz geschnitzt sein wie ihr Vater.

Franz Josef von Löbbecke stammte aus Schlesien, seine Frau Irmgard Freiin von Malzahn aus Mecklenburg. Wie die Arnims hatten sie durch den Krieg ihre Heimat verloren und mussten sich im Westen eine neue Existenz aufbauen. Sie gründeten einen Tierpark im Oldenburger Land, wo Daisy eine recht unbeschwerte Kindheit verbrachte.

Ihr Vater hatte nach dem Krieg in russischer Gefangenschaft zum Glauben gefunden. Mit 60 verkaufte er den Tierpark, krempelte sein Leben total um und wurde auf dem zweiten Bildungsweg protestantischer Pfarrer. Daisy, damals 17, studierte und zitterte mit, als er seine ersten Predigten hielt. Später begleitete sie ihn, wenn er Gemeindemitglieder besuchte, und lernte sogar Orgel spielen. Ihre Geschwister neckten sie damals: „Du und dein Heiligenschein!" Auch keine leichte Position. Mit Ende 20 bekam sie ihren Pfarrer, doch ihr Traum hielt der Wirklichkeit nicht stand. Daraufhin wollte sie Nonne werden.

Sie suchte schon immer die Nähe zu Gott, hätte sich am liebsten den ganzen Tag mit der Bibel beschäftigt.

Eines ihrer ersten Bücher war die Kinderbibel von Anne de Vries, die sie heimlich mit der Taschenlampe unter der Bettdecke las. Schon erstaunlich, wie uns bereits in der Kindheit das anspricht, was später unseren Lebensweg ausmacht. Ich las unter der Bettdecke Abenteuerbücher von Karl May. Meine Kinderbibel war „Pippi Langstrumpf".

Noch heute steht Daisy jeden Morgen eine Stunde früher auf als nötig, setzt sich an ihren kleinen Mahagonisekretär im gemütlichen Salon und liest, nein, besser gesagt, studiert die Bibel. Satz für Satz.

Wie ich das bisher nur von meinen Drehbüchern kannte, stehen am Rand Hunderte von Anmerkungen. Das ganze Buch ist säuberlich mit kleinen Fähnchen markiert und nach Themen unterteilt. Die Bibel ist ihr Lebensbuch. Die Gräfin ist überzeugt, dass dieses Buch für jede Lebenssituation die richtige Antwort parat hat.

Ich bin da ja eher der Google-Typ: Wenn ich nicht mehr weiterweiß, schaue ich im Internet nach. Daraufhin schenkte mir Daisy von Arnim, leicht erschüttert, gleich zwei Bibeln. Eine kleine für unterwegs und eine etwas größere für zu Hause. Ich verspreche, darin zu lesen. Statt fürs Kloster entschied sich Daisy dann aber doch für die Uni Tübingen und studierte, zusätzlich zu ihrer Buchhandelslehre, Englisch und Deutsch. Gut in Erinnerung blieb ihr, wie wenig man dort die Nähe Gottes spürte, trotz einer starken theologischen Fakultät. Es hätte doch eigentlich nur so sprühen müssen vor Gott. Aber es roch bloß nach trockenen Büchern und staubigem Studium.

Dagegen als geradezu erbaulich empfand sie die regelmäßigen Treffen der christlichen Studentenmission Deutschland (SMD). Dort lernte sie, auf eine ganz neue Weise die Bibel zu lesen und sie in ihr tägliches Leben zu integrieren. Auch wenn sie zu Anfang eher skeptisch war. Eines der Mädchen dort betete nämlich inbrünstig, dass ihr Fahrrad wieder heil werden würde, etwas, worum man aus Daisys Sicht vielleicht besser einen handwerklich begabten Mitmenschen bitten sollte als den lieben Gott.

Doch mit der Zeit begann auch Daisy, sich in alltäglichen Dingen auf die Hilfe Gottes zu verlassen. Und es „funktionierte".

Am 13. März 1983 vertraute sie ihr Leben Jesus an. An diesem Tag, davon ist sie überzeugt, haben die Engel im Himmel ein Fest gefeiert.

Ihr wurde immer klarer, dass sie ohne Jesus in diesem Leben verloren war, und sie vertraute sich immer mehr seiner Führung an. Sie wusste, dass sie abhängig war von seiner Hilfe, seinem Schutz, seiner Versorgung.

Noch während des Studiums lernte die Gräfin ihren Grafen kennen, denn gleich und gleich gesellt sich schließlich gern. Doch so „gleich" waren die beiden gar nicht, wie sich ziemlich schnell herausstellte. Michael hatte es nicht so mit Gott. Er nannte Daisy oft liebevoll „meine fromme Betschwester" und konnte mit ihrer offen gelebten Frömmigkeit nicht viel anfangen. Damit wiederum tat sich Daisy ganz schön schwer. Denn sie wollte unbedingt einen Mann, mit dem sie gemeinsam beten und ihren Glauben leben konnte.

Für sie offenbarten sich im Gebet Dinge, die man sich vielleicht sonst nie sagen würde, Voraussetzung für Intimität und tiefe Verbundenheit. Etwas, worauf sie unter keinen Umständen verzichten wollte.

Wahrscheinlich hat sie ihn in einem dieser schwachen Momente, die Männer ja erfreulicherweise haben, zum Glauben verführt. Doch das weist sie lachend von sich. Nein, er bekehrte sich aus eigenem Willen, nachdem er einen Glaubensgrundkurs mitgemacht hatte. Völlig freiwillig!

Jedenfalls war jetzt der Weg frei für eine gemeinsame Zukunft. Daisy hatte ganz genaue Vorstellungen davon, wie eine christliche Ehe auszusehen hatte. Das tägliche Gebet zu zweit war für sie das A und O. Dabei kämen alle Probleme zum Vorschein, sagt sie, und würden nicht wie in vielen Ehen einfach unter den Teppich gekehrt. Durch die tägliche Auseinandersetzung mit Gott veränderte sich, davon ist sie überzeugt, die Persönlichkeit beider Partner zwangsläufig in eine positive Richtung. In jedem Gespräch würde innerlich immer der Gedanke mitschwingen: „Gott, was willst du, dass ich als Nächstes sage, was willst du, dass ich als Nächstes tue?"

Eigentlich gar keine schlechte Methode. Klar, dass Gott nicht will, dass ich meinen Partner niedermache, immer nur auf meinen Vorteil aus bin oder gar im Streit davonrenne. Trotzdem weiß ich nicht, was mein Freund sagen würde, wenn er jeden Abend mit mir beten müsste. Aber vielleicht ist das tatsächlich eine gute Möglichkeit, mehr über die kleinen, versteckten Sorgen des anderen zu erfahren. Und sich auch über die eigenen klarzuwerden.

Und dann war da noch die vierseitige „Sündenfrageliste", die sie einmal von gemeinsamen Freunden in die Hand gedrückt bekamen. Nach dem Motto: „Wo hast du gelogen, wo hast du gestritten, wo hast du nicht verziehen?" Jeder der beiden Arnims sollte Punkt für Punkt akribisch seine Vergangenheit durchgehen. Auf diese Weise konnten sie sich nicht nur von ihren Fehltritten freisprechen lassen, sondern erfuhren gleichzeitig auch eine Menge über die Schwächen des jeweils anderen. Das war wie eine Generalreinigung und gab ihrer Ehe einen enormen Anfangsschub.

Daisys Meinung nach sollte man so eine „Putzaktion vor Gott" täglich vornehmen. Das ist wie mit dem Staub wischen, meint sie: Jeden Tag liegt wieder eine neue, feine Schicht auf der Kommode. Vor allem, wenn man als Paar Tag und Nacht zusammen verbringt, knirscht es schon mal im Gebälk, und dann ist es immer wieder gut, „Staub zu wischen". Aber wie wir alle aus bitterer Erfahrung wissen, schafft man das oft nicht so ganz allein aus dem Bauch heraus. Da tut Gottes Hilfe gut ...

Die Gräfin holt ihre in dickes Leder eingeschlagene Bibel vom Schreibtisch und schlägt mit einem Griff die richtige Seite auf:

„Einer trage des anderen Last, dann werdet ihr das Gesetz Christi erfüllen. Die Früchte des Geistes sind nicht Streit, sondern Liebe, Freude, Friede, Geduld, Freundlichkeit, Güte und Sanftmut."

Anhand solcher Texte reflektiert sie täglich ihr Leben: „Habe ich heute schon versucht, jemandem eine Last abzunehmen? Habe ich heute mit jemandem gestritten? War ich geduldig, sanftmütig, vielleicht sogar gütig? Wo kann ich dienen?"

Nach der Hochzeit wohnte das Grafenpaar in einer nett eingerichteten Doppelhaushälfte bei Helmstedt, bis das Wunder der Deutschen Wiedervereinigung geschah und Michael die Möglichkeit bekam, wenigsten einen kleinen Teil des Bodens seiner Vorfahren wieder in Besitz zu nehmen, beziehungsweise für harte Euros zu erwerben. Daisy zögerte nicht eine Sekunde, ihrem Mann zu folgen.

Manche Leute sagen ja, auf dem Land verblöde man. Früher stimmte das vielleicht sogar, aber heute, mit Internet und Auto, sollte das eigentlich kein Problem mehr darstellen. Trotzdem war es für Daisy eine ganz schön harte Umstellung. Nicht alles lief so glatt, wie sie und ihr Mann es sich erhofft hatten. Wer glaubt, sie konnten an den feudalen Lebensstil von vor 1945 anknüpfen, liegt völlig daneben.

Da man ihnen das ehemalige Gutshaus vorerst nicht verkaufen wollte, mieteten sie die einzige leer stehende Wohnung in dem Gebäude und wurden damit zur Mietspartei Nummer 9. Erst vor Kurzem sind die letzten Mieter ausgezogen und die Arnims konnten endlich das geschichtsträchtige Gebäude ganz in Besitz nehmen.

Um nicht allzu viele Ressentiments zu wecken, hat es bis heute keinen Anstrich und steht genau so grau da wie die meisten anderen Häuser in der Umgebung. Innen jedoch ist der Charme leicht verblassten Adels durchaus zu spüren. Antike Möbel, grünes Samtsofa, Streifentapete. Aus der Küche strömt der Duft von Rehbraten, natürlich selbst geschossen.

Die Rückkehr des Grafen war für die Bewohner von Lichtenhain auch mit der Hoffnung verbunden, dass er ihnen Arbeit geben würde. Doch die Mittel, mit denen Michael von Arnim anfing, Aufbauarbeit zu leisten, waren bescheiden, und so war die Enttäuschung anfangs groß. Außerdem waren die landwirtschaftlichen Geräte derart kompliziert zu bedienen, dass man dafür hochqualifizierte Fachkräfte brauchte. Trotzdem bekam jeder seine Chance und manche konnten sie auch nutzen. Das war zu DDR-Zeiten irgendwie besser geregelt. Damals wurde selbst das schwächste Glied in die Produktionskette eingebunden.

Daisy sollte sich damals um die Buchhaltung des Landguts kümmern, was sich jedoch als weniger ideal erwies. Es war einfach nicht ihr „Ding", Saatgutrechnungen von rechts nach links zu schieben. Nach einigen Jahren wurde für sie eine Buchhalterin eingestellt und sie war irgendwie „über".

Doch was nun? Kinder kamen leider keine und die Geranien auf der Fensterbank waren meist zügig gegossen. Auch in ihren alten Beruf zurückzukehren, sprich: eine Buchhandlung zu eröffnen, schien angesichts des spärlichen intellektuellen Umfelds unsinnig.

Sie war verzweifelt, fuhr öfter in eine Kirche, schrie und weinte. Doch Gott schwieg, gab ihr keine Antwort, ließ sie weiter im Dunkeln tappen. Und das, obwohl sie doch immer ein gottesfürchtiges Leben geführt hatte.

Heute kann sie das verstehen. „Gott will, dass wir die Dinge ausgraben."

Auch dafür hatte sie dank der Fähnchen sofort eine Bibelstelle parat, Jesaja 45: *„Ich gebe dir die versteckten Vorräte und* *die verborgenen Schätze, damit du erkennst, dass ich dein Gott bin."*

Man muss wirklich sagen, dass Daisy alles gab, um jene verborgenen Schätze zu entdecken. An unternehmerischen Ideen mangelte es nicht! Als Erstes stieß sie auf ihre Begabung, Laubsägeengel herzustellen, die sie an die adelige Verwandtschaft verkaufte. Nachdem dann aber die meisten Arnims einen oder mehrere Engel hatten, geriet das Geschäft ins Stocken.

Der nächste Versuch waren Buchsbaumkränze für die Haustür. Hinter dem Haus entstanden ganze Buchsbaumwege, sodass sich der bisherige Barackenhinterhof in ein parkähnliches Gebilde verwandelte. Allerdings nicht schnell genug, um daraus ein rentables Geschäft zu machen.

Weiter ging es mit Babyjäckchen. Daisy lud Frauen aus der Umgebung zum Stricken ein, musste aber bald einsehen, dass Handarbeit heute einfach nicht mehr konkurrenzfähig ist.

Dann wäre sie um ein Haar die „Gänsegräfin" geworden. Als sie jedoch der Nachbarin dabei zusah, wie diese eine Gans abmurkste, war es auch damit schnell wieder vorbei. Die bisher angeschaffte „Gänseliteratur" verschwand ganz schnell hinten im Bücherschrank.

Erst als sie kurz vor dem Verzweifeln stand, brach Gott sein Schweigen.

Das war im Herbst 2000, ganze fünf Jahre nachdem sie in die Uckermark gezogen waren.

Sie fuhr damals mit ihrem Wagen die Auffahrt hinter der Scheune hinauf. Es holperte und schepperte ohne Ende, weil überall auf dem Boden von den Bäumen gefallene Äpfel lagen. Die Ernte war in diesem Jahr granatenmäßig gut gewesen. In diesem Moment – warum auch immer – fiel der Groschen, und sie wusste, was ihre Aufgabe war:

Apfelmost machen!

Ganz einfach! Alle hatten immer wieder darüber geredet – man sollte doch … und eigentlich, was für eine Verschwendung … die schönen Äpfel – aber keiner hatte es je in die Tat umgesetzt. Daisy öffnete die Autotür und aß vom Boden weg einen davon. Der sinnliche Geschmack des „Prinzenapfels" legte noch mal eins drauf, machte sie noch sicherer.

Sie kannte das Aroma eines Golden Delicious, eines Granny Smith oder Jonagold, aber diese alte Apfelsorte war geschmacklich eine Offenbarung.

Einige Jahre zuvor hatte sie auf einer christlichen Veranstaltung den Satz gehört: „... *und du wirst auch Dinge aufheben!*" Damals hatte sie damit überhaupt nichts anfangen können, aber jetzt, in diesem Augenblick, fiel es ihr wie Schuppen von den Augen: Alles, was sie für den Aufbau eines kleinen Unternehmens brauchte, hatte Gott ihr direkt vor die Füße gelegt! Sie brauchte ihr Glück nur aufzuheben!

Mit diesem Gedanken überfiel sie ein nie gekannter Frieden. In diesem Moment erlebte sie die Gegenwart Gottes! Ein Gefühl, das sie manchmal nach dem Gottesdienst erlebt hatte, wenn alle noch sitzen blieben und eine große Stille die Kirche erfüllte.

Sie spürte plötzlich eine Kraft in sich, wie sie sie nie zuvor gefühlt hatte, und rannte schnurstracks hoch ins Büro ihres Mannes.

Der war nicht unmittelbar begeistert, denn das Dringlichste, was sie zur Umsetzung ihrer neuen Berufung brauchte, war Geld. Und zwar schnell. Geld für Maschinen. Denn allein per Hand waren diese Massen von Äpfeln nicht zu bewältigen. Zumal sie noch die Ernte des laufenden Jahres verwerten wollte. Das hieß, alles musste holterdiepolter angeschafft werden.

Sie telefonierte zwei Tage lang fast ununterbrochen herum und schaffte dann stolz ihre erste Entsaftungsmaschine an. Michael stand trotz anfänglichen Zögerns voll hinter ihr, hatte jedoch wenig Zeit, sie zu unterstützen. Also legte Daisy erst mal allein los. Da hatte sie jedoch die Rechnung ohne die Dorfbewohner gemacht. Minus, Uschi, Lotti, Ete, Berli, Manni … die gesamte Nachbarschaft stand schon am nächsten Tag auf der Schwelle und gab gute Ratschläge: „Det löft so!", hieß es, oder: „Meene Mudder hat det immer so jemacht!" Und irgendwann boten sie dann auch an, praktisch zu helfen.

Als dann später der Lieferwagen mit den Flaschen vorfuhr, war das für ihr kleines Dorf, in dem sonst nie etwas passierte, eine Sensation. Die erste Lichtenhainer Apfelsaft-Produktion war geboren!

Das sprach sich schnell herum, und bald standen jeden Morgen Säcke voller Äpfel aus der Nachbarschaft auf dem Hof, mit Zettel und Namen dran, nach dem Motto: „Du schaffst das schon!"

Damit begann das Geschäft des Lohnmostens. Im ersten Jahr produzierte sie 10.000 Liter. In der Anfangszeit wurde der Saft oft schlecht, weil sie ihn nicht schnell genug abkochen konnten. Das war das größte Problem. Heute lacht Daisy darüber. Hätte sie geahnt, was damals an köstlichem Apfelwein entstanden war, hätte sie das nie und nimmer weggegossen! Aber damals wollte sie es unbedingt schaffen.

Nach vielen Überlegungen und Gebeten erwarb sie eine mobile Mosterei und versuchte, mit Slogans wie „Saft aus eigenen Äpfeln" die zahlreichen Apfelbaumbesitzer in der Uckermark dafür zu begeistern, ihre Äpfel zu verwerten, anstatt sie einfach vergammeln zu lassen.

Zu DDR-Zeiten gab es Sammelstellen für Obst, aber nach der Wende war das weggefallen. Das Bewusstsein für den eigenen Saft, bei dem man sozusagen mit jedem einzelnen Apfel per Du war, musste erst wieder geweckt werden.

Inzwischen ist Daisy mit ihrer Maschine bis in die entlegensten Orte zum Mosten unterwegs, was oft mit rauschenden Dorffesten verbunden ist.

Im November jedoch war die Apfelzeit zu Ende. Was nun?

Die Frauen standen vor der Tür und fragten nach Arbeit. *Na gut*, dachte sich die Gräfin, aus Äpfeln kann man ja noch viel mehr machen als nur Saft, und schließlich liegen noch genug im Keller.

Bei einem Nachbarn hatte sie gesehen, dass er Lageräpfel in Scheiben schnitt und auf der Heizung trocknete, was leckere Apfelchips ergab. Diese Idee übernahm sie und trocknete im großen Stil Äpfel in der Ofenröhre. Die braunen Schnipsel, die dabei entstanden, wurden in hübsche Tütchen verpackt, und fertig war das neue Produkt.

Und was konnten fleißige Hausfrauen noch? Klar! Marmelade machen. Und so fingen sie an, aus dem Apfelsaft Gelee zu kochen. In zahllosen Variationen, mit Lavendel- oder Rosenblüten, mit Zimt, Ingwer und Vanille. Die neuen apfeligen Delikatessen – alle hübsch verpackt – wurden zunächst im eigenen Wohnzimmer, später im Touristenshop von Schloss Boitzenburg, aber hauptsächlich auf Berliner Märkten verkauft.

Daisy erlebte zum ersten Mal das Glücksgefühl, einen Marktstand komplett aufgebaut zu haben und dann, wenn alles zum Anbeißen aussah, den wohlverdienten Schluck heißen Kaffee aus der Thermoskanne zu trinken und ein Pläuschchen mit den Standnachbarn zu halten, bis die ersten Kunden kamen.

Es war schon etwas Besonderes, dass die „Apfelgräfin" persönlich wie ein „gemeines Marktweib" ihre Waren zum Kauf anbot. Für Daisy war das jedoch nie ein Thema. Sie fand es wunderbar, so mitten im Leben zu stehen und ihre Produkte direkt am Kunden testen zu können: Was ist gefragt, was geht nicht? Welcher Standort ist ausbaufähig? Was schmeckt wem?

Schon als Kind hatte sie immer gern im Kassenhäuschen des elterlichen Tierparks Bonbons, Eis, Kaugummi und Tierfutter verkauft. Und noch immer lässt es ihr Herz höherschlagen, wenn Ware über den Ladentisch geht und Geld seinen Besitzer wechselt.

„Da spürt man seinen Erfolg, viel stärker als beim normalen Geldverkehr über Konten."

Das Höchste für sie war es jedoch, nach einem erfolgreichen Markttag zu *Burger King* auf die Toilette zu gehen und das Geld zu zählen, das sie sich in der Verkaufshektik überall hingestopft hatte.

Rund 25 Delikatessen aus Apfel hatte sie inzwischen im Angebot: Apfelstücke in Schokolade, Golddukaten, Apfelcantuccini, Apfellikör, Apfelchutney und, und, und. Damit kann sie ihre Arbeitskräfte über das ganze Jahr beschäftigen, was ihr zur Herzenssache wurde.

Am besten läuft der sogenannte Arnim-Taler. Das Rezept bekam sie von ihrer Schwiegermutter, mit dem augenzwinkernden Hinweis, es sei das Lieblingsplätzchen ihres Sohnes. Inzwischen ist es das Lieblingsplätzchen vieler Menschen in ganz Deutschland. Und vor allem gibt es heute einer Frau Arbeit, fünf Tage die Woche. Diese backt täglich 420 Stück, die an Hotels, Restaurants und Delikatessläden verkauft werden.

Daisy von Arnim ist überzeugt, dass es Gott höchstpersönlich ist, der sie bei der Auswahl ihrer Produkte berät. Und inzwischen denken das auch ihre Mitarbeiterinnen, die sich sonst immer vor neuen Produkten ängstigten: Lässt sich das auch verkaufen? Ist es praktikabel? Was ist mit der Haltbarkeit?

Bisher hat sich Gott als Produktmanager bestens bewährt. So entstanden Apfeltaler, Apfellebkuchen, Apfelkraut, Apfellikör und Apfelwein. Die Idee zu dem Text auf der Packung ihrer Mandelplätzchen hatte sie bei einem Psalm, den sie während des Gottesdienstes hörte:

„Tauchen Sie die Lichtenhainer Apfel-Mandelplätzchen in den Likör und beginnen Sie ein gutes Gespräch ..."

Auf diese Weise kauften die Leute zu den Plätzchen den Likör gleich mit! (Ich frage mich, welcher Psalm das wohl gewesen sein mag?)

Inzwischen schwört Daisy in jeder Hinsicht auf die Zusammenarbeit mit Gott. Er führt sie durchs Internet, wenn sie auf der Suche nach einem bestimmten Rezept ist, geleitet sie durch die *Internorga* in Hamburg genau zur richtigen Apfelkrautmaschine und bringt sie mit den Menschen in Kontakt, die gerade wichtig fürs Geschäft sind. Auch für die Inhalte des Newsletters, den sie jeden Monat herausbringt, zeichnet er mit verantwortlich. Oft brütet sie einen halben Tag darüber, bis sie endlich Gott um Hilfe bittet, der das Ganze dann in zehn Minuten erledigt.

Das kenne ich natürlich selbst gut vom Schreiben: Manchmal fließt es einfach und ich muss gar nicht viel tun. Wenn ich mich mit einem neuen Thema beschäftige, fliegen mir plötzlich von überallher die Hinweise zu. Ich bekomme die richtigen Bücher in die Hand, begegne den richtigen Menschen oder sehe „zufällig" den passenden Film im Fernsehen. Aber ob da wirklich Gott seine Hand im Spiel hat?

Doch wenn nicht er, wer dann?

Daisy will gar nicht unbedingt jeden von ihren Erfahrungen überzeugen. Für sie bedeutet, die Botschaft Jesu zu verkünden, auch einfach nur, das zu leben, was sie glaubt. Zum Beispiel gegenüber ihren Mitarbeitern, die meist noch vom alten „atheistischen Schlag" sind. So beteiligte sie sich nicht an deren Lottogemeinschaft, weil in der Bibel allgemein vom Glücksspiel abgeraten wird. Sie glaubt an die göttliche Versorgung und hat dadurch genug Vertrauen in sich und ihre Arbeit. Und natürlich würde jeder auf Lichtenhain die Gräfin irgendwann gern mal sternhagelvoll erleben. Doch auch den Gefallen tut sie ihnen nicht. Höchstens trunken vom Heiligen Geist und beseelt von Gott könnten sie ihre Chefin zu sehen bekommen. Woran sie sich ebenfalls nicht beteiligt, ist Klatsch, ein äußerst beliebter

Zeitvertreib beim gemeinsamen Mittagessen. Vor allem, wenn es so richtig unter die Gürtellinie geht. Da muss sie sich oft ganz schön anstrengen, um mit einem interessanten „neutralen" Gesprächsstoff gegenzuhalten. Denn als prüder Spielverderber will sie ja auch nicht dastehen. Deshalb ist sie jetzt dazu übergegangen, manchmal spannende Geschichten vorzulesen.

Das erinnert mich an die Mittagessen, die ich in den Refektorien verschiedener Klöster während der Dreharbeiten zu einer Fernsehdokumentation miterleben durfte. Auch dort wurde vorgelesen. Vielleicht auch, um Tratsch zu umgehen? Darüber habe ich noch gar nicht nachgedacht.

Christliches Verhalten ist für Daisy von Arnim auch selbstverständlich, wenn es keiner mitbekommt. Wenn zum Beispiel ein Kunde kommt und ihr zuflüstert: „Sie brauchen mir keine Rechnung zu schreiben." Auf gut Deutsch: „Wir lassen die Mehrwertsteuer weg." Dann schüttelt sie den Kopf. Sie kommt auch so klar.

Christlich bedeutet für sie aber auch, dass sie den Sonntag als den Tag des Herrn ehrt. Dass sie nicht mehr zu Wochenend-Veranstaltungen wie *Home & Garden* eilt, wo sie mit ihren Produkten wunderbar hinpassen würde, sondern stattdessen morgens den Gottesdienst besucht, nach dem Essen ein Mittagsschläfchen macht und anschließend einen ausgedehnten Spaziergang durch die Natur genießt. Erst fürchtete sie kräftige Umsatzeinbußen, doch in der Bilanz am Jahresende war erfreulicherweise nichts dergleichen zu entdecken.

Aus der Landeskirche sind die Arnims inzwischen ausgetreten und haben sich der freikirchlichen *Agape*-Glaubensgemeinde in Prenzlau angeschlossen, die zurzeit um die 40 Mitglieder hat. Als Gemeindehaus dient ein ehemaliges Autohaus. Die Gemeindemitglieder sehen es als ihre Aufgabe an, den Menschen in ihrem Umfeld wieder Freude zu bringen.

Die ehemaligen DDR-Bürger definierten sich nämlich durch ihre Arbeit. Wer Arbeit hatte, war ein toller Hecht. Arbeit ging über alles. Die erste Frage, wenn Menschen sich trafen, war immer: „Hast du Arbeit?" Nicht etwa so was wie: „Wie geht es deinen Eltern?"

Christentum hat viel mit Gemeinschaft zu tun. Einen Christen, der versucht, ohne Gemeinde klarzukommen, hält die Gräfin für gefährdet. Jesus lebte ja auch mit seinen Jüngern in enger Gemeinschaft. Natürlich hat sie auch dafür sofort einen Bibelspruch parat (Psalm 119,63): *„Ich bin der Gefährte aller, die dich fürchten, und derer, die deine Vorschriften beachten."*

Irgendwann könnte sie sich vorstellen, auch mal selbst zu predigen. Denn wes das Herz voll ist, des geht der Mund über.

So ist es ihr ein echtes Anliegen, Gottes Botschaft, seine Liebe und seine Freude weiterzugeben. Sie glaubt, wir haben nur hier auf der Erde die Möglichkeit zu entscheiden, ob wir mit Jesus gehen oder uns gegen ihn entscheiden wollen. Wer sich gegen ihn entscheidet, der wird in der Finsternis erwachen. Für den gibt es keine Erlösung ... das sage die Bibel an vielen Stellen ganz eindeutig, und es ist die Wahrheit, sagt sie.

Mich schreckt eine solche Aussage ab. Daisy dagegen findet, das löse ein „heiliges Erschrecken" aus, und manche Menschen brauchen das, um ins Nachdenken zu kommen. Schon möglich. Ich denke aber, die Mehrheit der Menschen, die sich heute für ein Leben mit Jesus entscheiden, tun das eher aus der Hoffnung heraus, ihrem Leben einen tieferen Sinn zu geben, oder weil es ihnen schlecht geht und sie sich eingestehen müssen, dass sie allein nicht mehr weiterkommen.

Ich denke, dass in unserer Weichspülgesellschaft weniger die Angst vor der Hölle vorhanden ist als vielmehr die vor der Radikalität, die Jesus gelebt hat. Heute würde ja auch kaum jemand mehr für seinen Glauben sterben wollen.

Ich selbst reagiere immer noch unwirsch, wenn mich jemand in der Fußgängerzone anspricht und mir mit überzeugter Geste einen Zettel in die Hand drückt, auf dem steht: „Jesus lebt." Obwohl es ja im Grunde richtig ist. Für viele Menschen, wie zum Beispiel Daisy, spielt er eine sehr lebendige Rolle. Trotzdem fühlen die meisten Leute sich von solchen Frontalbekehrungsversuchen überfahren. Eine Botschaft muss heute hübsch verpackt und leicht konsumierbar sein, wenn sie die Masse erreichen soll.

Vielleicht als Apfel-Mandelplätzchen getarnt?

Daisy führt ihr kleines Unternehmen jetzt ins zehnte Jahr. Einige Jahre hat sie gebraucht, bis die Zahlen stimmten und aus ihren Produkten eine Marke wurde. Eine so lange Zeit kann man nur aushalten, wenn man eine große Klappe hat, gibt sie unumwunden zu. Selbst Gräfinnen brauchen Erfolgsgeschichten. Inzwischen ist unter dem Titel „Die Apfelgräfin" sogar ihre Biografie erschienen.

Glauben entsteht durch das Lesen des Wortes Gottes, sagt Daisy. Sie kann nur jeden ermutigen, das zu tun und ruhig auch etwas Leckeres dabei zu naschen. Vielleicht sollte sie ja „Bibelfutter" anbieten, so ähnlich wie Studentenfutter? Eine neue christliche Geschäftsidee?

Es ist schon dunkel und hat wieder zu schneien begonnen, als mich die Gräfin und ihr Mann zurück zum Bahnhof bringen. Direkt neben der Straße taucht ein Reh auf, wahrscheinlich ein Verwandter von dem, das wir zu Mittag verspeist haben. Die Tiere suchen nach Futter und kommen immer näher zu den Ansiedlungen, erklärt mir der Graf.

Die beiden wollen noch zum Mittwochabendgottesdienst, den sie nur selten auslassen. Daisy wirkt etwas gehetzt, denn wir sind spät dran. Ich fürchte, wir haben uns ein bisschen verquatscht, wie alte Freundinnen, die sich lange nicht gesehen haben. Wären wir wahrscheinlich auch, wenn ich in der Uckermark leben würde, sagt sie mir, als wir uns zum Abschied umarmen.

Am Bahnhof treffe ich noch einmal auf einige Uckermärkler. Ich hoffe inständig, dass sie nur deshalb so unglücklich aussehen, weil es so furchtbar kalt ist auf dem Bahnsteig.

Als ich nach knapp zwei Stunden den Berliner Hauptbahnhof erreiche, habe ich das Gefühl, auf einem anderen Planeten gelandet zu sein. Lichter, Großstadt, Lärm. Ich bin mit einem guten Freund zum Abendessen verabredet und will am nächsten Tag weiter mit dem Zug Richtung Emsland, an der holländischen Grenze.

Bettina Ratering
Opfer? Nein, danke!

Wieder ein ziemlich dunkler Bahnhof. Ich kann kaum die Gesichtszüge der Frau erkennen, die mich abholt. Aber da sie die einzige Person ist, die dort steht, begebe ich mich vertrauensvoll zu ihrem Van, der direkt am Bahnsteig steht. Sie bringt mich erst mal ins Hotel und wir verabreden uns für den nächsten Morgen. Sie wird mich abholen und zu ihrem Hof bringen.

Ich bin dankbar, mein müdes Haupt relativ früh in ein weiches Hotelbett legen zu dürfen. Denn Berliner Nächte können lang sein. Vor der Tür des für diese Gegend typischen Klinkerbaus parken diverse Lastwagen, die bestimmt morgen frühzeitig aufbrechen. Das heißt, ich kann es mir wahrscheinlich sparen, den Wecker zu stellen. Ich tue es trotzdem.

Mal sehen, was mich erwartet. Ich bin nicht gleich mit Bettina warm geworden und sie auch nicht mit mir. Aber das ist in Ordnung. Und dass sie mich nicht gleich umarmt und mir zwei Bussis links und rechts auf die Wangen gedrückt hat, wie das bei uns in München üblich ist, verstehe ich spätestens, nachdem ich ihre Geschichte gehört habe.

Bettinas Leben begann im Hinterzimmer eines Billardsalons auf der Reeperbahn. Ein mir nicht völlig unbekanntes Pflaster. Mein leiblicher Vater war Kapitän auf Frachtschiffen und hat mir, als ich ihn mit 18 kennenlernte, sofort alle seine Lieblingskneipen auf St. Pauli gezeigt. Aufgewachsen am Tegernsee, liebevoll behütet von Mama und Oma, schien mir diese grelle Neonwelt damals aufregend und traurig zugleich. Ich kann mich noch gut an die jungen Mädchen erinnern, die bibbernd in Schneeanzügen und Moonboots vor den rot blinkenden Etablissements standen und dort auf Freier warteten. Die waren höchstens so alt wie ich, wenn nicht jünger.

Auch Bettinas Mutter ging seit ihrem 13. Lebensjahr auf den Strich. Wahrscheinlich hatte Gott schon seine Hand dabei im Spiel, dass Bettina überhaupt das Licht dieser Welt erblickte. Denn normalerweise treiben Prostituierte ab – oder ihre Zuhälter treten sie in den Bauch oder schmeißen sie die Treppe hinunter, um das unerwünschte Kind loszuwerden. Bettinas Mutter blieb das zwar erspart, aber stattdessen bot man sie als „schwangerer Leckerbissen" an.

Wie viel Babys schon im Mutterbauch von der Welt da draußen mitbekommen, ist ja inzwischen bekannt, und so sind diese frühen Begegnungen mit Hundertschaften von Männern bestimmt nicht spurlos an Bettina vorüber gegangen.

Auf ihre Geburt freute sich eigentlich niemand. Außer vielleicht der Zuhälter ihrer Mutter, der allerdings kurz darauf bei einer Messerstecherei ums Leben kam. An der Zeugung war er nicht beteiligt, das war eher ein Unfall. Bettina fragte sich später oft, wer wohl ihr leiblicher Vater ist. Etwas, das einen ganz schön umtreiben kann, wie ich aus eigener Erfahrung weiß. Je älter ich wurde, desto mehr Eigenschaften entdeckte ich an mir, die unmöglich von meiner Mutter sein konnten. Ob sie jedoch alle vom Kapitänsvater stammen, weiß ich nicht, aber zumindest hatte ich die Chance, das eine oder andere abzuklopfen.

Bettina wird diese Chance nie haben. Doch *ihr* Vater ist heute Gott. Und hat man das mal akzeptiert, so scheint er auf alle Fälle verlässlicher als so manch „normaler" Vater!

Wann genau Bettina zur Welt kam, weiß heute keiner mehr. Nur, dass es nachts passierte. Davon erzählte ihr später eine Kollegin ihrer Mutter, die die Hebamme spielte. Das Gegröle der betrunkenen Männer muss damals die Schmerzensschreie der werdenden Mutter übertönt haben. Jedenfalls bekam außer den engsten Mitarbeitern des Etablissements niemand etwas mit.

Selbst der Tag ihrer Geburt geriet in Vergessenheit. Nicht mal ihre eigene Mutter konnte sich später daran erinnern. Immerhin gab man ihr einen Namen: Heike!

Ihre ersten Lebensmonate verbrachte sie in einem Kinderbettchen, das im selben Zimmer stand, in dem ihre Mutter ihre Freier beglückte. Wenn Heike schrie, stellte man sie mit Schlaftabletten oder auch härteren Geschützen ruhig. Die Sonne sah sie nur durchs offene Fenster, und dass es außer ihr noch andere Kinder auf der Welt gab, bemerkte sie erst mit sechs Jahren.

Mit zwei Jahren gehörte „Klein Heike" bereits zum Angebot des Bordells. Etwas ganz Besonderes für die Perversen dieser Welt.

Die Mädchen kümmerten sich abwechselnd um sie, am wenigsten die eigene Mutter. Das alles erfuhr Bettina erst später von der beherzten Dame, die bei der Geburt geholfen hatte und sich Jahre später, vollgepumpt mit Heroin, aus dem 7. Stock eines Hochhauses stürzte.

Bettina, oder damals noch Heike, sprach nicht, weinte nicht, lachte nicht. Sie ertrug alles mit stoischer Geduld. Sie kannte keine Freude, aber auch keine Traurigkeit – sie kannte es einfach nicht anders, als es war. Erst spät lernte sie laufen. Man verbot ihr allerdings, im Haus herumzuspringen oder nach draußen zu gehen, denn sie war eine gute Einnahmequelle. Wenn das Jugend- oder Ordnungsamt auf ihre Existenz aufmerksam geworden wäre, hätte das schnell ein Ende gefunden.

Die Erinnerungen an jene Zeit sind spärlich – Gott sei Dank. Manchmal kommen sie noch in Träumen hoch oder werden ausgelöst durch Geräusche, Gerüche oder Berührungen. Ganz weggehen werden sie nie.

Als Heike sechs Jahre alt war, hatte der Horror ein Ende, wenn auch nur vorläufig: Ein betrunkener Stammkunde hatte in einer Bar großkotzig über seine Erlebnisse mit „Klein Heike" geprahlt, was zufällig Mitarbeiter einer christlichen Organisation mitbekamen, die die Behörden informierten.

Heike wurde befreit, auch wenn es ihr damals nicht so vorkam. Sie schrie wie am Spieß, als man sie aus ihrem „Zuhause" holte.

In der Auffangstation eines Kinderheims wurde sie liebevoll behandelt, mit Spielzeug überschüttet und konnte endlich nachts durchschlafen.

Mit alledem konnte sie aber natürlich nichts anfangen. Sie blieb gefangen in ihrer Welt, ließ niemanden an sich heran und alles schweigend mit stoischer Geduld über sich ergehen. Und noch immer stahl sich nicht eine Silbe über ihre Lippen.

Wenn ich die heute etwa 40-jährige Bettina ansehe, wie sie mir völlig unaufgeregt im gemütlichen Wohnzimmer ihres Bauernhofs mitten im Emsland bei einem Teller Gemüsesuppe gegenübersitzt, kann ich nur staunen. Halblange braune Haare, zweckmäßige Kleidung, aufmerksame, wache Augen. Sie wirkt auf mich wie eine Frau, die anpacken kann, die weiß, wie sie ihre Brötchen gebacken bekommt.

Neben ihr sitzt die siebenjährige Anna Lea, eines ihrer drei Kinder, und mäkelt an der Suppe herum. Draußen hört man ihren Mann Martin, der versucht, ein bockiges Auto zum Laufen zu bekommen.

Das sind die Momente, in denen ich *glaube*. In denen ich überzeugt bin, dass es jemanden gibt, der in der Lage ist, das Steuer herumzureißen und die Dinge zum Besseren zu wenden, auch wenn das aus menschlicher Sicht unmöglich ist.

Doch warum lässt er solche Schicksale überhaupt zu? Die alte Frage, die immer wieder auftaucht, wenn es um unverschuldetes Leid geht.

Aus Bettinas Sicht ist Leid menschengemacht. „Wir sind keine Marionetten Gottes", erklärt sie. „Er hat jedem den freien Willen gegeben. Und so müssen wir auch akzeptieren, dass es Menschen gibt, die mit ihrem freien Willen Entscheidungen treffen, die Leid verursachen. Der Mensch ist von Grund auf nicht gut. Und wenn er nicht mit Gott geht, setzt er diese Grundeigenschaft um. Er lügt, stiehlt, ist gewalttätig, oder es kommen Situationen heraus, wie ich sie erlebt habe. In den seltensten Fällen greift Gott aus irgendeinem Grund ein. Meistens nur dann, wenn die Not zu groß wird, wenn wir sie allein nicht mehr bewältigen. Ansonsten lässt er uns einfach laufen und Fehler machen."

Und die Opfer? Sind sie einfach nur die Späne, die beim Hobeln fallen?

Bettina nickt. Gott leidet mit den Opfern, aber er gibt ihnen immer wieder eine Chance, alles zu verändern. Es liegt dann an ihnen, sie zu nutzen.

Auch Bettina bekam ihre Chance, doch nutzte sie vorerst nur bedingt. Ein kinderloses Ehepaar nahm sie bei sich auf. Sie Apothekerin, er ein hohes Tier bei einem Bergbauunternehmen. Die beiden gaben sich große Mühe, vor allem aber gaben sie Heike eine Identität, die besser zu ihnen passte als ihre alte. Eine, die nicht nach Drogen, Sperma und Alkohol roch. Durch die guten Beziehungen, die ihr neuer „Vater" hatte, konnte sehr viel sehr schnell möglich gemacht werden. Heike hieß ab sofort „Bettina", denn ihr alter Name gefiel ihrer neuen Mutter nicht. Sie bekam ein Geburtsdatum zugewiesen, denn ihre Pflegeeltern wollten Kindergeburtstage feiern wie alle anderen Familien auch. Nur eben, dass Heike oder jetzt Bettina nicht so war wie die Kinder anderer Familien. Das sollten die couragierten Neu-Eltern noch früh genug zu spüren bekommen.

Doch zuerst einmal gab es kleine, nein, eigentlich sogar große Erfolge: Bettina entdeckte das Lächeln. Zum ersten Mal, als ihr neuer Vater mit ihr über einen bunten Schaumstoffwürfel purzelte, der zum Inventar ihres reich mit Spielzeug ausgestatteten Kinderzimmers gehörte. Mit dem Sprechen dauerte es etwas länger. Ihre ersten Worte waren „Auto" und „Flugzeug".

„Ein Kind des 20.Jahrhunderts", meinte damals die Pflegemutter. Wahrscheinlich mit zusammengepressten Lippen, denn bestimmt hätte sie viel lieber das von allen Müttern stets so sehnsüchtig erwartete „Mama" gehört.

Doch das war unmöglich. Die Sehnsucht nach ihrer eigentlichen Mutter ließ Bettina nicht los, und das innere Bild, das sie von ihr hatte, wurde im Laufe der Zeit immer „reingewaschener".

Materiell fehlte es ihr an nichts. Sie wurde mit allem ausgestattet, was sie als Tochter aus gutem Hause erscheinen ließ. Sie trug karierte Röcke und weiße Kniestrümpfe, sie machte einen Knicks, wenn Verwandte und Freunde kamen. Sie sprach nur dann, wenn sie gefragt wurde, und widersprach auch nicht, wenn man erzählte, sie käme aus einem Kinderheim und nicht aus dem Puff.

Später, als sie flüssig sprechen konnte, hatte sie Gedichte aufzusagen oder etwas auf der Blockflöte oder dem Klavier vorzuspielen. Das alles ertrug sie so, wie sie immer alles ertragen hatte: schweigend.

Doch in ihren Träumen war sie wieder in Hamburg, hörte die Männer grölen und lachen, roch ihren nach Alkohol stinkenden Atem, ihren Schweiß. Und dann kehrte der Schmerz zurück.

Bettina fing an schlafzuwandeln und wachte oft zitternd in ihrem Kleiderschrank auf, in den sie sich vor lauter Angst geflüchtet hatte. Es war wie ein schlechter Krimi, der immer wieder von vorn begann. Bilder und Geräusche, die sie bis heute verfolgen. Das Klicken des Abzughahns eines Revolvers, der kühle Lauf an ihrer Stirn. Oft schrie sie und wachte mitten in der Nacht schweißgebadet auf. Oft im eingenässten Bett.

Sie bekam Medikamente gegen Blasenentzündung, doch nichts, was sie von ihrem eigentlichen Leid befreite. Da niemand den Schrei ihrer Seele hören wollte, machte ihr kleiner Körper weiter auf sich aufmerksam. Es folgten Asthma, Allergien, Neurodermitis. Das volle Programm. Noch heute hat Bettina Fotos, die sie mit verbundenen Händen in der Badewanne zeigen, damit sie sich nicht aufkratzte.

Da sie fast immer nur mit Erwachsenen zusammen war, kam endlich eine gewisse Erlösung, als in der Nachbarschaft ein paar Kinder einzogen, allerdings hauptsächlich Jungs. Sie spielte mit ihnen Fußball, bezwang Bäume, untersuchte alte

Bauruinen und erlebte zum ersten Mal so etwas wie eine normale Kindheit.

Allerdings passte das auch wieder nicht ins Bild der höheren Tochter, nach der sich Bettinas Eltern so sehnten. Und als sie dann eines Tages mit den Jungs zur Polizei ging und alle mit vollster Überzeugung behaupteten, sie hätten eine Wasserleiche im Stadtsee gefunden, was sich natürlich als faustdicke Lüge herausstellte, war es vorerst vorbei mit jeglicher Art von Abenteuerspielen.

Jetzt gab es nur noch Schule, Hausaufgaben, Nachhilfeunterricht und Klavierstunden.

Wir sind gerade beim Schokoladenpudding, der etwas dünnflüssig in den Glasschüsselchen wabbelt, als der Rest von Bettinas Kindern mit Freunden die gute Stube stürmt. Gefolgt von einem riesigen schwarzen Hund, der natürlich auch hofft, etwas abzukriegen, aber gleich wieder rausbugsiert wird.

Bettina genießt es, wenn die Bude voll ist und alle lautstark durchs Haus toben. Dann ist alles Ernste und Bedrückende, das hin und wieder in ihr hochkommt, vergessen, wie durch einen Zauberstab ausgelöscht.

Oft beteiligt sie sich am Spiel ihrer Kinder und genießt es, mit ihnen die Welt noch einmal zu entdecken. Zum Hof gehören mehrere Hunde, Katzen, Ziegen, ein ganzer Stall voll Kaninchen und Schweine. Damit knüpft Bettina an ihre Kindheit an. Damals waren es eigentlich nur die Tiere, von denen sie sich verstanden fühlte.

Sie verbrachte die Ferien meist im Oberbergischen Land, wo eine Tante von Bettinas Pflegemutter in der Nähe eines Bauernhofs wohnte. Dort fühlte sie sich zum ersten Mal richtig wohl: Die Tiere zu füttern, frühmorgens barfuß durch feuchtes Gras zu laufen, frische Milch zu trinken – das alles kam ihr vor wie der Himmel auf Erden. Am liebsten hielt sie sich im Stall auf. Die Tiere schienen sie zu verstehen, da gab es kein: „Du musst so oder so sein" oder: „Du darfst das oder jenes nicht tun."

Eine der Kühe wuchs ihr besonders ans Herz; vielleicht, weil sie anders war als die anderen. Kohlrabenschwarz und immer etwas bockig. Ein Außenseiter wie Bettina. Diese Kuh war das einzige Wesen, dem Bettina in jener Zeit vertraute, dem sie ihr Herz ausschüttete, das von ihren Tränen wusste.

Es ist oft einfacher, Tieren Gefühlen entgegenzubringen als Menschen, denn sie können die Seele nicht verletzen. Bisse, Kratzer und Tritte sind nur halb so gefährlich. Irgendwo habe ich mal gelesen: „Gott schläft in den Steinen, atmet in den Pflanzen, träumt in den Tieren und will in uns Menschen erwachen."

In Bettina erwachte im Teenageralter zuerst einmal eine entsetzliche Wut. Gegen alles. Gegen ihre Eltern, die Schule, die Lehrer, aber vor allem gegen sich selbst. Das Schlimmste schien, dass sie immer weniger wusste, wer sie eigentlich war. Wenn ihre Eltern außer Haus waren, durchsuchte sie oft deren Schreibtische und Schränke, um etwas über ihre Identität herauszubekommen. Doch das Einzige, worauf sie im Arbeitszimmer ihres Pflegevaters stieß, waren Tabak und Alkohol.

Bettina bediente sich, sozusagen frei Haus. Irgendwann musste sie wegen einer Alkoholvergiftung ins Krankenhaus eingeliefert werden. Als man sie im Rollstuhl zur Untersuchung schob, griff sie voller Aggression in die Speichen und ließ sich zu Boden fallen. Den herbeieilenden Krankenpfleger brüllte sie an und traktierte ihn mit Tritten, Schlägen und Spucken. Der Tag endete für sie mit Gummigurten angeschnallt im Bett. Ein weiterer Hilfeschrei, doch keiner wusste damit umzugehen.

Ihr Äußeres war ebenfalls auf Protest gebürstet: Sie wechselte die Haarfarbe wie andere die Unterwäsche. Sie trug spitze Nietenarmbänder, und um ihre Hüften baumelte eine schwere Eisenkette, die auch als Waffe einsetzbar war. Waschen war total uncool, und wenn ihre Pflegemutter es wagte, ohne ihre Erlaubnis irgendein Kleidungsstück in die Waschmaschine zu stecken, war die Hölle los.

Die Stadtkneipe, wo sich die Hardrockszene herumtrieb, wurde ihr Wohnzimmer. Auch hier ließ sie ihre Wut tanzen. „Komm mir bloß nicht zu nahe!", hieß ihr Standardspruch. Und sollte es doch einmal einer wagen und sie schlecht drauf sein, hob sie schon mal den ganzen Tisch hoch, dass Flaschen und Biergläser lautstark auf den Boden knallten. Danach fühlte sie sich meist besser. Das half, den Druck abzubauen.

Hier traf sie erstmals auf christliche Jugendarbeiter, die sie „die frommen Chaoten" nannte und über die sie sich nach Strich und Faden lustig machte. Außer, wenn sie sie brauchte. Wenn sie so zugedröhnt war, dass sie lieber bei ihnen pennte, weil sie sich nicht nach Hause traute. Sie nutzte diese Menschen aus, täuschte ihnen Interesse vor. Es blieb ein Spiel.

Und trotzdem, irgendetwas blieb hängen. Etwas, das nach Liebe schmeckte. Ein bisher unbekannter Geschmack. Doch wie heißt es so schön bei uns in Bayern: „Was der Bauer net kennt, des frisst er net." Und Bettina war noch weit davon entfernt, auf den wahren Geschmack zu kommen.

Zum Alkohol kamen Tabletten. Zu Marihuana kam Heroin. Dazu Probleme mit der Polizei, geplatzte Termine bei Beratungsstellen und tägliche Auseinandersetzungen mit den Eltern.

Für Bettina war ihre Zeit als Tochter ihrer Pflegeltern endgültig abgelaufen. Sie wollte nicht mehr. Sie konnte nicht mehr. Immer öfter flogen Türen, gab es Scherben; wurde irgendetwas zertreten.

Die Sehnsucht nach Liebe trieb sie in die Arme eines älteren Jungen, der sie missbrauchte. Das kannte sie ja schon und ließ es wie eine Puppe über sich ergehen. Trotzdem wurde sie ihm hörig. Lief ihm lange Zeit hinterher wie ein Hündchen.

Während die Pflegeeltern noch eine solide Zukunft für sie planten und überlegten, ob sie nach dem Abitur besser studieren oder einen praktischen Beruf erlernen sollte – vielleicht Krankenschwester oder eine Banklehre –, hatte Bettina völlig andere Pläne. Für sie stand schon länger fest: Sie wollte nur noch abhauen. Keine Oberstufe, kein Abitur und erst recht kein Studium.

Bei einem ihrer üblichen Einkäufe von Alkohol und Zigaretten an der Tankstelle fiel ihr ein Stadtplan von Hamburg ins Auge. Und in dem Moment war alles klar: Sie würde zurückkehren, dorthin woher sie kam. Nach St. Pauli, wo sich bestimmt ihre Mutter seit Jahren die Augen nach ihrem verschleppten Töchterchen ausweinte.

Nach der dritten Dose Bier nahm der Gedanke immer romantischere Formen an. Ihre leibliche Mutter würde sie bestimmt besser verstehen als die spießigen Pflegeeltern, die immer nur ihr „Bestes" wollten. Außerdem war es dort bestimmt auch leichter, an Drogen zu kommen.

Als sie an diesem Abend nach Hause kam, hatte Bettina das Gefühl, noch nie in ihrem Leben so glücklich gewesen zu sein. Sie überlegte kurz, ob sie den Hamburger Stadtplan nicht statt des Posters von Udo Lindenberg über ihrem Bett aufhängen sollte, beschloss dann aber, ihr kleines Geheimnis lieber für sich zu behalten.

Trotz vieler Fehlstunden und diverser Streitereien mit der Schulleitung schaffte sie die Mittlere Reife mit einem ganz passablen Zeugnis. Damit war ihrer Ansicht nach ihre Schuldigkeit gegenüber dem System beglichen. Nun konnte sie nichts mehr halten.

Der lang ersehnte Tag ihrer Flucht begann im gewohnten Rhythmus: aufstehen, anziehen, Bett machen, Zimmer aufräumen. Aber auch ein Hauch von Wehmut lag in der Luft. Immerhin hatte sie hier den Hauptteil ihres Lebens verbracht. Als ihre Mutter zum letzten Mal heißen Kakao in die vertraute Tasse schüttete und ihr das Schulbrot einpackte, empfand sie sogar so etwas wie Dankbarkeit. Ungewohnte Gefühle. Und das gerade jetzt!

Ein knappes „Tschüs" an der Haustür, dessen Bedeutung die Pflegemutter natürlich nicht abschätzen konnte, und dann nichts wie weg. Mit dem Bus zum Bahnhof, weiter mit dem Zug direkt in die Hansestadt. Ihren Schulranzen warf sie auf den Müll. Sie besaß jetzt nichts mehr außer etwas Geld und den Klamotten, die sie am Leib trug.

Ihre Heimat, die Reeperbahn, empfing sie mit Sonnenschein. Bettina hatte keine Ahnung, wohin. Als Kind war sie damals ja nie außerhalb des Bordells gewesen. Überall blinkende Herzen und dröhnende Lautsprecheransagen, die nach Kunden schrien.

Doch dann erkannte sie plötzlich ihr Geburtshaus! Die Neonschrift, die Fenster mit den rosafarbenen Rahmen. Am Eingang standen wie Zerberusse zwei muskulöse Türsteher. Sie brauchte mindestens 20 Zigaretten lang, um den Mut zu fassen, nach ihrer Mutter zu fragen. Das Herz schlug ihr bis zum Hals, doch die Typen nickten nur gleichgültig und ließen sie rein.

Innen gab es schummrige Beleuchtung, ein Geruch aus billigem Parfüm, Zigarettenrauch und abgestandenem Sekt. An der Theke saßen ein paar leicht bekleidete Frauen, die auf Kundschaft warteten. Am liebsten wäre sie sofort wieder gegangen, als aus einem der Hinterzimmer eine hoch aufgeschossene Frau mit weißblond gefärbtem Haar auf sie zukam. Mehr ab- als anwesend wollte diese wissen, was sie hier zu suchen hatte. Erst als Bettina den Namen ihrer Mutter nannte, kam Leben in die toten Augen.

Jetzt erkannten sie sich. Bettina war am Ziel ihrer Träume angelangt: Das war ihre Mutter! Jetzt würde ihr Leben wieder einen Sinn bekommen. Jetzt würde alles gut werden. Doch statt einer hollywoodmäßigen Wiedersehensszene spürte sie nur einen groben, fast schmerzhaften Griff um ihr Handgelenk.

„Was willst du von mir?", giftete es ihr panisch und zugleich hasserfüllt entgegen, während sie in eines der hinteren Zimmer gezogen wurde.

Bettina war fassungslos. Wo waren die Tränen der Wiedersehensfreude, wo die Umarmung der liebenden Mutter? Sie spürte nur Ablehnung, wo sie doch alles aufgegeben hatte, um herzukommen. Sie wollte für immer bei ihrer Mutter bleiben, mit ihr leben, hätte alles dafür getan. Doch die Frau, die Bettinas Mutter war, hatte offensichtlich einen anderen Text für diese Szene einstudiert. Sie drückte ihr 100 Mark in die Hand und gab ihr damit den symbolischen „Tritt in den Arsch".

Wieder auf der Straße, steuerte Bettina die nächste Kneipe an. Da sie nie gelernt hatte zu weinen, blieb ihr nichts anderes übrig, als ihren Kummer in Alkohol und Drogen zu ersäufen. Die Nacht verbrachte sie in einem Hauseingang, mit ihrer Jacke als Kopfkissen. An Schlaf war kaum zu denken.

Was hatte sie falsch gemacht? Wie sollte es jetzt weitergehen? Als Minderjährige in St. Pauli würde sie nur mithilfe ihrer Mutter den Fängen der Polizei entgehen, die sie bestimmt schon suchte. Also ging sie zurück.

Die zweite Begegnung der beiden verlief zwar nicht herzlicher, dafür landete Bettina aber diesmal immerhin nicht mehr auf der Straße. Ihre Mutter, die inzwischen das Bordell von dem erstochenen Zuhälter geerbt hatte, zeigte sich „gnädig" und machte ihr den Vorschlag, in der Striptease-Bar zu tanzen. Dadurch könne Bettina wenigstens anfangen, die Kosten abzuarbeiten, die sie in ihren ersten sechs Lebensjahren verursacht hatte.

„Wie bitte?" Jetzt fällt mir doch beinahe der Löffel aus der Hand! Bisher musste ich mich ganz schön zusammenreißen, um nicht mit Ausrufen des Entsetzens den Erzählfluss meiner Gesprächspartnerin zu unterbrechen – doch nun ist damit Schluss.

„Und hast du deine Mutter irgendwann einmal zur Rede gestellt?", platzt es voller Empörung aus mir heraus. Ich halte nicht viel davon, Eltern zu unterstellen: „Du bist schuld, dass mein Leben schiefgelaufen ist!" Aber in diesem Fall hätte ich wahrscheinlich das Bordell gestürmt, die Dame ans Bett gefesselt und … besser nicht weiterdenken!

Bettina lächelt mich ruhig an. Diese Frage haben ihr schon viele Menschen gestellt. Ja, sie hat ihre Mutter später oft besucht. Es zog sie immer wieder nach St. Pauli, egal, wie kaputt diese Welt war. Sie war ein Teil von ihr. Früher hatte sie sich oft dafür geschämt, „aus der Gosse" zu kommen; heute beschreibt sie ein Gefühl von Liebe und Mitgefühl für die Menschen, die dort leben. Auch sie sind Gottes Kinder, selbst wenn sie einen Dreck darauf geben. Das Wichtigste ist das Verzeihen. Eine andere Möglichkeit gibt es nicht, um wieder in Frieden leben zu können.

Bettina hat meine Hochachtung. Ich weiß nicht, ob in mir nicht eher Rachegefühle und Mordlust gegenüber einer solchen Mutter hochkommen würden.

Bettina sehnte sich damals mehr als nach allem anderen auf der Welt nach einem Lächeln ihrer Mutter, das ihr allein galt. Das war auch der Grund, warum sie bis vor Kurzem noch an diesen Besuchen festhielt.

Als sie jedoch entdeckte, dass wieder extrem junge Mädchen in der Bar arbeiteten, war Schluss. Sie wollte handeln. Sie musste handeln. Wollte ihre Mutter anzeigen. Doch nächtliche Anrufe mit massiven Todesdrohungen gegen sie und ihre Familie hielten sie davon ab. Um nichts auf der Welt würde sie sie in Gefahr bringen. Ihre Familie ist für sie ein Geschenk Gottes.

Was für eine neuerlich traumatisierende Situation! Schließlich war sie selbst als Minderjährige in übelster Form missbraucht worden, und nun musste sie tatenlos zusehen, wie andere das gleiche Schicksal ereilte.

Was will Gott uns sagen, wenn er uns solche Wege gehen lässt?

Bettina hat darauf eine Antwort: es ginge nur um Vertrauen. Darum, die Dinge, die uns quälen, in Gottes Hände zu legen. Ihm zu überlassen, was geschehen soll.

Da bin ich mir nicht so sicher. Dass die Bösen auch wirklich ihr Fett wegkriegen, kenne ich nur aus dem Kino. Gangster werden erschossen oder baumeln am Schluss des Films bei entsprechender Musik am Galgen. Vielleicht hat Gott so viel in Hollywood zu tun, dass ihm für hier einfach keine Zeit bleibt.

Und als Bettina dann weitererzählt, höre ich erst einmal auf, seine Existenz überhaupt für möglich zu halten.

Es geschah kurz vor Weihnachten. Später Abend. Bettinas Mann Martin war auf einer Weihnachtsfeier, Bettina mit den Kindern allein auf dem Hof. Plötzlich standen drei Männer im Wohnzimmer – in einem davon erkannte sie einen Schläger vom Kietz. Sie waren gekommen, um ihr eine Lektion zu erteilen. Sprich: sie davon abzuhalten, den Gedanken an eine Anzeige weiterzuverfolgen.

Während sie vergewaltigt wurde, dachte sie nur an ihre Kinder, die oben in ihren Kinderzimmern schliefen. Die Männer drohten damit, sie aus ihren Bettchen zu reißen, also machte Bettina alles, was von ihr verlangt wurde.

Der Schokoladenpudding schmeckt mir schon längst nicht mehr. Ich kann diese Frau nur fassungslos anstarren. Ist sie eine Heilige? So wie Teresa von Ávila oder die heilige Katharina?

„Nein", erklärt sie mir. Sie weiß einfach nur Gott an ihrer Seite, selbst in dieser Situation. Sie lebt durch seine Gnade und hat eine klare Berufung erhalten, der sie treu bleibt. Das heißt auch, nicht gleich bei den ersten Schwierigkeiten vom Glauben abzuspringen …

Erste Schwierigkeiten? Ich bin nicht wirklich überzeugt. Bestand nicht der Großteil ihres Lebens aus Schwierigkeiten? Aber könnte jemand, der nicht so mit Gott verbunden ist, das alles so gut überstanden haben wie sie? Jetzt möchte ich wirklich wissen, wie diese Beziehung begonnen hat.

Sie lächelt noch immer. Irgendwie hintergründig.

Zurück zur Reeperbahn. Bettina war froh, dass ihre Mutter sie erst mal nicht wieder wegschickte, und sie war bereit, alles zu tun, um ihr zu gefallen – sogar auf den Strich gehen. Vielleicht würde sie dann endlich geliebt werden.

Der Anfang war hart. Nur Drogen machten es möglich, den Wahnsinn zu ertragen. Heroin half ihr, das Leben von einer anderen Warte zu betrachten. Sie selbst war nicht mehr unmittelbar beteiligt. Der ganze Dreck, die Kaputtheit der Menschen wurde zu einer Art Film, den man sich wie auf einer Leinwand aus sicherer Distanz vom Zuschauerraum aus ansah. Aber man spielte nicht mehr selbst mit.

Doch der Preis für diese Distanz war hoch: Bettina baute ab, sowohl seelisch als auch körperlich. Als sie immer öfter verprügelt wurde, weil sie nicht genug Geld abgeliefert hatte, ergriff sie die Flucht. Sie wollte weg. In eine andere Stadt. Am besten in ein anderes Land.

Jemand hatte ihr eine Adresse in Niederdorf gegeben, dem Drogenviertel von Zürich, wohin sie sich per Anhalter durchschlug. Die Adresse war jedoch falsch und so landete sie auf der Straße und musste sich Stück für Stück einen Platz in der Szene erkämpfen. Sie wollte dazugehören, von den anderen akzeptiert werden.

Mit Anschaffen und Betteln hielt sie sich über Wasser. Immer wieder dachte sie sich dramatisch-traurige Geschichten aus, warum sie dringend Geld brauchte, und erweichte damit selbst die Herzen von Hardcore-Schweizern. Ihr „Schlafzimmer" befand sich in einer Tiefgarage. Das Inventar bestand aus einem alten Schlafsack, den sie aus dem Müll gezogen hatte, ein paar Pappkartons und Kerzen.

Jeder Tag war eine Herausforderung für sich. Es gab keinen Gedanken an morgen. Der Hirschplatz, auf dem Musiker und Straßenkünstler auftraten, galt als Haupttreffpunkt der Szene. Eines Abends sang dort eine Gruppe junger Menschen christliche Lieder. Einer von ihnen stellte sich auf eine Kiste, erzählte Storys, die er mit Jesus erlebt hatte, und redete über die Liebe Gottes. Das klang wie Hohn in Bettinas Ohren, die sich das Ganze eher belustigt aus der Ferne ansah. *So ein Quatsch! Wenn es diesen Gott gibt, warum lässt er das ganze Elend auf der Welt überhaupt zu? Warum lässt er mein Elend zu?*

Innerlich wurde sie immer wütender, sodass sie schließlich den „Prediger" anbrüllte und die ganze Gruppe wüst beschimpfte. Und dann schien etwas in ihr zu explodieren. Ihre Wut war nicht mehr zu bändigen. Sie zerschlug eine Bierflasche an der Bank, auf der sie saß, stürmte mit dem abgebrochenen Flaschenhals auf den Prediger zu und bohrte ihm das Glas in den Oberkörper. Sein weißes Hemd färbte sich rot.

Panik! Bettina rannte davon, so schnell sie konnte. Nur noch von einem Gedanken gejagt: „Wenn sie dich kriegen, bist du dran und verbringst den Rest deines Lebens im Knast!"

Total außer Atem versteckte sie sich in einem finsteren Hauseingang und versuchte, wieder einen klaren Kopf zu bekommen. Was jetzt? Was sollte sie tun? Sie wäre am liebsten gestorben. Sie schloss die Augen und wartete darauf, dass ihr Herz zu schlagen aufhörte oder, noch besser, dass die ganze Welt unterging.

Doch nach ein paar Stunden lebte sie immer noch. Elend, frierend und auf *Turkey*. Ihr Körper war wie ein Eimer Blei und die Schmerzen unerträglich.

Plötzlich Schritte. Ein Kumpel? Die Bullen? Sie sah nicht auf. Schwarze Schuhe blieben vor ihr stehen. Minutenlang. Schließlich hob sie ihren Blick und sah in ein bekanntes Gesicht.

Scheiße. Es war der junge Prediger.

Hatte er sie gesucht? Er schien ganz munter. Die Verletzung war wohl nicht so schlimm gewesen. Er forderte sie auch nicht auf, mit ihm zur Polizei zu gehen, sondern lächelte sie nur an und setzte sich wie selbstverständlich neben sie auf die Treppe.

So saßen sie eine ganze Weile nebeneinander, bis er vorsichtig fragte, ob er ihr etwas aus der Bibel vorlesen dürfte. Bettina zuckte nur mit den Schultern. Ihr war alles egal. Alles war besser als eine Anzeige. Hauptsache, der Typ haute möglichst schnell wieder ab.

Er blätterte in der Bibel und las dann: *„Lasst uns einander lieben, denn wahre Liebe kommt von Gott. Wer liebt, ist ein Kind*

Gottes und kennt Gott. Wer nicht liebt, der weiß nichts von Gott;
denn Gott ist Liebe. Er schickte uns seinen einzigen Sohn, damit
wir durch ihn erlöst werden ...“

Bettina zitterte immer noch, aber sie hörte zu. Sie hatte weder das Bedürfnis, einen provokativen Spruch loszulassen,
noch abzuhauen. Hier gab sich jemand Mühe mit ihr. Nur um
ihretwillen. Das spürte sie ganz deutlich. Die alte Sehnsucht
nach Liebe und Geborgenheit erfüllte sich für einen kurzen
Moment.

Der Prediger schlug ihr vor, mit ihr zu beten. Ihm einfach
Satz für Satz nachzusprechen – und sie tat es: *„Jesus, bitte hilf*
mir, rette mich. Befreie mich von der Macht der Drogen und des
Alkohols. Vergib mir alle Schuld, die ich auf mich geladen habe.
Zerreiß alle Ketten, die mich binden, und zerbrich alles, was mir
den Weg zu dir versperrt ... Heute möchte ich dir mein Leben
geben. Mit allem, was ich bin. Nimm es ganz. Verändere du es.
Amen.“

Noch während sie betete, spürte sie, wie die Kälte aus ihrem
Körper wich und ein warmer Strom sie durchfuhr. Und da war
es wieder: Dieses Gefühl von Geborgenheit. Sie wollte es so
lange wie möglich genießen. Bewegte sich nicht, um es nicht
zu vertreiben.

Während sie ganz still dasaß, fiel ihr auf, dass sie nicht mehr
zitterte – sämtliche Symptome des Entzugs waren verschwunden. Keine Schmerzen, kein Suchtdruck. Es ging ihr gut und sie
empfand so etwas wie Dankbarkeit.

Wie ist das erklärbar? Wie kam es, dass Bettinas süchtiger
Körper von einem Moment auf den anderen nicht mehr schrie?
Vielleicht, weil sie sich plötzlich auf jemanden eingelassen hat?
Weil sie jeglichen Widerstand aufgegeben hat? Weil sie sich der
Liebe Gottes überlassen und sich ihm hingegeben hat? Konnte
er vorher gar nicht eingreifen, weil sie es nicht zugelassen
hatte? Weil sie ihre Chancen nicht genutzt hatte? Sind ihr viel-
leicht deshalb so viele Dinge passiert, die nicht hätten passieren

müssen? War vieles ihre eigene Schuld? Ich weiß nicht, was ich denken soll.

Bettina begriff in diesem Augenblick nicht wirklich, was mit ihr geschah und warum es geschah. Sie ließ sich einfach nur führen. In diesem Fall von dem jungen Prediger, der sie einlud, in der Teestube seiner Gemeinde zu übernachten und zu bleiben, so lange sie wollte.

Tagsüber trafen sich dort Jugendliche, um über den Glauben zu reden, nachts hatte Bettina den gemütlich eingerichteten Raum für sich.

Zu Anfang war es ungewohnt, plötzlich auf der anderen Seite zu stehen und sich nicht mehr über die „Frommen" lustig zu machen. Auch der sogenannten „Versuchung", wie sie ja oft genug in der Bibel vorkommt, war sie ausgesetzt, und zwar in Form einer Gelddose, die mitten auf dem Tisch stand und in die jeder Kleingeld für Kaffee und Tee steckte.

Eines Morgens zischte Bettina damit ab zum nächsten Geschäft. Doch irgendetwas hielt sie davon ab, das Geld dann auch auszugeben, und sie kehrte unverrichteter Dinge zurück.

Ihr Herz wurde weicher. Der Existenzdruck ließ nach. Sie begann, sich regelrecht darauf zu trainieren, ein ehrliches Leben zu führen. Eines, das ihrem neuen Glauben entsprach. Kein Schwarzfahren, kein Klauen, keine Lügengeschichten mehr.

Natürlich gab es auch Rückfälle. Sein Leben in Gottes Hand zu legen hieß ja nicht, dass sich ein Schalter umlegt und sofort Friede, Freude, Eierkuchen einkehrt. Es ist ein Prozess, der jedoch immer wieder an einen Punkt führt, an dem man erkennt: *Er ist da. Er hat dich auf deinem Weg nicht allein gelassen.*

Eine wichtige Station auf diesem Weg war die Versöhnung mit ihren Pflegeeltern. Kein einfacher Schritt! Erst jetzt realisierte Bettina, dass die beiden nach ihrer Flucht nie mehr auch nur ein Wort von ihr gehört hatten, ja, nicht einmal wussten, ob sie überhaupt noch am Leben war. Wie sollte sie ihnen gegenübertreten? Sie, die Rebellin, die Undankbare, die nicht zu schätzen gewusst hatte, was diese Menschen für sie getan hatten!

Irgendwann drückte sie dann doch auf den Klingelknopf an der Tür des Einfamilienhauses. Die Mutter öffnete.

Sprachlosigkeit auf beiden Seiten. Alles, was Bettina sich zu sagen zurechtgelegt hatte, war vergessen. Auch irgendwelche Gefühlsausbrüche blieben aus. Sie schafften es bis ins Wohnzimmer, wo Bettina dann bei einem Glas Saft berichtete, wie es ihr ergangen war. Dass sie anschaffen gegangen war, ließ sie aus. Es war auch nicht mehr wichtig. Wichtig war ihre Begegnung mit Jesus, die sie begeistert und in allen Farben schilderte. Ihre Mutter hielt das alles für eine religiöse Spinnerei, für eine Art Ersatzdroge.

Doch Bettina ließ sich nicht entmutigen. Sie suchte nach neuen Freunden – die alten aus dem Hardrockcafé passten nicht mehr zu ihr. Und sie fand sie in einem Kreis junger Christen, die regelmäßig gemeinsam in der Bibel lasen.

Mit der Zeit wurde der Wunsch, eine Bibelschule zu besuchen, immer stärker, und sie bewarb sich bei einer Schule in der Schweiz, zu der sie durch die christliche Teestube in Zürich bereits Kontakte hatte.

Dort war erst mal volle Disziplin angesagt: Studienzeit, Arbeitszeit und Straßeneinsätze waren so straff organisiert, dass Bettina jeden Abend total erledigt ins Bett fiel. Nebenbei holte sie noch ihr Abitur nach. Heute weiß sie: Ohne diese Erfahrungen und Lernprozesse hätte sie später nie eine Einrichtung leiten können, wie sie sie heute führt.

Nach dem Essen führt Bettina mich über den Hof, besser gesagt den „Projekthof Hasselbrock". Hier leben nämlich nicht nur Bettinas Familie, sondern auch 8 bis 10 junge Männer, ehemals drogen- und alkoholabhängig, die an diesem Ort auf freiwilliger Basis eine Therapie machen.

Stolz zeigt Bettina mir die ehemalige Scheune, die gerade zum Seminar- und Kommunikationsraum umgebaut wird. Das Dach ist schon neu gedeckt. Als Nächstes ist der Fußboden dran.

Im Gebäude gegenüber sind die Schlafräume, der Speisesaal und die Küche untergebracht. Die Jungs, die dort gerade abspülen, wirken freundlich und aufmerksam. An den Wänden entdecke ich verschiedene Bibelverse, die Mut und Aufbruchsstimmung rüberbringen. Alles erinnert ein bisschen an sogenannte „Aussteiger-Communities", die mit wenig Geld alternativ und naturverbunden miteinander leben. Doch die Art, wie Bettina mit den jungen Männern umgeht, lässt erahnen, dass es hier noch um etwas anderes geht.

Mit ihrer Lebenserfahrung ist sie prädestiniert für die Arbeit mit Randgruppen. Nach der Bibelschule ließ sie sich zur Bewährungshelferin ausbilden und studierte an einer Fernuni Sozialpädagogik. Um Geld zu verdienen, jobbte sie in einer Baumschule. Das war Knochenarbeit. Draußen sein bei Wind und Wetter, Bäume pflanzen, Gärten anlegen, Beete umgraben.

Bettinas durch Drogen geschwächtes Immunsystem kam wieder auf die Füße. Den Azubis und Praktikanten der Baumschule erzählte sie, wie Gott ihr Leben verändert hatte. Ihre Wohnung wurde zum Treffpunkt für Menschen, die über ihre Nöte und Sorgen sprechen wollten. Eine gute Vorübung für die Jugendarbeit, die sie schon kurz darauf für eine kleine Gemeinde übernahm. Da dort jedoch kein Teenie freiwillig aufkreuzte, musste sie an die Orte gehen, an denen Jugendliche zu finden waren: auf der Straße, in den Stadtparks, in den einschlägigen Kneipen. Gott hatte sie nicht umsonst hierher geschickt – wer kannte diese Szene besser als sie?

Damals hörte sie zum ersten Mal von „Teen Challenge", einer Organisation, die sich mit der Hilfe von Freiwilligen um obdachlose und drogenabhängige Jugendliche auf der ganzen Welt kümmert, immer in enger Zusammenarbeit mit Kirchen vor Ort. In der Nachbargemeinde gab es eine alte Teestube dieser Organisation, die jedoch total verwaist war. Bettina fasste den Entschluss, sie zu renovieren. Schließlich hatte sie in einer Teestube die ersten Schritte ihres neuen Lebens mit Gott gemacht. Und sie wusste, wie wichtig so ein Raum für „verwundete" junge Seelen war.

Martin, damals nur ein Bekannter, hatte gerade eine Tischlerlehre begonnen und erklärte sich bereit, ihr zu helfen. Gott selbst sorgte durch großzügige Spenden verschiedener Leute für das nötige Kleingeld. Das Projekt schmiedete die kleine Gemeinde zusammen und gab Bettina zum ersten Mal das Gefühl, so etwas wie eine Familie zu haben, die ein gemeinsames Ziel verfolgte und zusammenhielt, egal, welche Schwierigkeiten auftauchten.

Schließlich konnte sie ihre Leidenschaft und ihre bisher ehrenamtliche Aufgabe mit einem handfesten Broterwerb verbinden: Bei einem großen Jugendhilfeträger wurde ihr eine Stelle als Jugendbetreuerin angeboten. Ihr Wunsch, nach den Prinzipien von „Teen Challenge" Menschen für Jesus zu gewinnen, war dabei kein Problem. Nebenbei kümmerte sie sich weiter um die Drogenkids von der Straße, machte mit ihnen Behördengänge, brachte sie ins Krankenhaus, wenn nötig, oder begleitete sie zu Gerichtsverhandlungen.

Für private Dinge blieb kaum Zeit. Die viele Arbeit war auch ein Stückweit eine Flucht vor sich selbst. Doch immer wieder waren da Martin und auch seine Eltern, die ihr Halt gaben, wenn die dunklen Schatten der Vergangenheit auftauchten. Dann fühlte sie sich getrieben, einen Straßeneinsatz nach dem anderen zu machen. Dann konnte sie nicht anders. Dann war es ihr unmöglich, sich im Garten zu sonnen, fernzusehen oder auf Familienfeiern zu gehen. Dann gab es nur die verlorenen Seelen auf der Straße. Für sie veranstaltete sie Gottesdienste. Mit ihnen erlebte sie tiefstes Leid, aber auch Sternstunden. Wenn die Botschaft der Liebe endlich bei jemandem hängen blieb, wenn die jungen Menschen sich trauten, ihr Leben in Gottes Hand zu legen und sich aus ihrem Elend zu befreien.

Oft war sie mit Martin unterwegs. Sie hatten sich gegenseitig schätzen gelernt, konnten sich aufeinander verlassen. Mit Romantik hatte das wenig zu tun und auch Sex war für Bettina kein Thema. Eher ging es um eine gemeinsame Vision.

In den Ferien bereisten sie verschiedene „Teen Challenge"-Einrichtungen in Deutschland, um sich schlau zu machen für ihren gemeinsamen Weg. Sie erlebten immer wieder das Wunder, wie total kaputte Menschen umkehrten und ihren Weg zurück ins Leben fanden.

David Wilkerson, der Gründer von „Teen Challenge", beschreibt in seinem Buch „Das Kreuz und die Messerhelden" das Geheimnis, das hinter diesen Wundern steckt: *David begegnete Nicky Cruz, dem Anführer einer Jugendbande. Der sagte zu David: „Wenn du näher kommst, bringe ich dich um!" Und David antwortete: „Du könntest mich in tausend Stücke schneiden und sie auf der Straße ausbreiten und jedes einzelne Stück würde dich lieben!"*

Sind das die modernen oder besser: die Urhelden? Die Heiligen, die sich früher für ihren Glauben mit Pfeilen haben durchbohren oder grillen oder kreuzigen lassen? Ich dachte, solche Leute gibt es heute nicht mehr. Offensichtlich habe ich mich getäuscht. Doch ich empfinde sie als extrem, als fremdartig, als nicht in mein ruhiges deutsches Wohlstandsleben passend.

Wenn Bettina sich mit leuchtenden Augen als eine Art Jüngerin Jesu sieht, bin ich versucht, unter den Tisch zu schauen, ob sie auch Sandalen trägt. Warum eigentlich? Warum nicht dem nacheifern, den man verehrt? Warum löst so etwas oft Spott oder zumindest einen blöden Spruch aus? Warum bewundert unsere Gesellschaft solche Menschen nicht rückhaltlos? Warum kommt sofort der Terminus „frommer Spinner" hoch, wenn jemand sich ganz bewusst zum Diener Gottes macht, um anderen zu helfen? Ist es uns wirklich schon so fremd geworden, nach christlichen Maßstäben die Welt zu sehen und auch öffentlich dazu zu stehen, besser noch, danach zu handeln? Warum bewertet unsere Gesellschaft den Geschäftsführer eines Unternehmens, der seine Mitarbeiter versklavt und vielleicht sogar seine Kunden übers Ohr haut, höher als Menschen wie Bettina und Martin?

Die beiden hatten inzwischen geheiratet. Sie ergänzten sich nicht nur in ihrer Arbeit, sondern auch privat. War Bettina eher visionär, so gelang es Martin mit seiner ruhigen Art, alles in geordnete Strukturen zu bringen. Die Straßenarbeit blieb nach wie vor ihr Lieblingskind. Doch bald merkten sie, dass drogensüchtige Jugendliche mehr brauchten als ein paar Stunden Betreuung am Abend. Ein geregelter Tagesablauf, ein stabiles Zuhause, das war es, was fehlte.

Bettina stellte sich einen Bauernhof vor, mit Tieren, viel Wohnraum und einer Werkstatt. Die Ideen purzelten nur so aus ihr heraus. Doch wer sollte das bezahlen und vor allem, wo sollten sie einen solchen Hof finden? Erste Suchergebnisse in der näheren Umgebung waren enttäuschend.

In der Bibel stehen immer wieder Aussagen von Gott, die besagen: *Lasst los, geht dahin, wohin ich euch führen will, trauert nicht alten Bindungen nach. Verlasst eure Familien und folgt mir nach.*

Als sie das beherzigten und ihren Suchradius erweiterten, fanden sie ihren „Traumhof" im Emsland, direkt an der holländischen Grenze. Und das Beste daran war, dass es nur zwei Kilometer entfernt eine Tischlerei gab, in der Martin auch sofort eine Arbeitsstelle bekam.

Martins Eltern gefiel die Gegend auch sehr gut, und sie überlegten ernsthaft, ob sie nicht mit dort einziehen sollten. Bettina war selig, endlich die heißersehnte Großfamilie unter einem Dach zu haben!

Da sie nicht viel Geld hatten, renovierten sie einfach nacheinander Zimmer für Zimmer. Inzwischen hatten sie auch eine „Betriebserlaubnis" für sogenannte „individualpädagogische Maßnahmen". Es konnte also losgehen!

Die ersten Jugendlichen kamen Anfang 1992. Der Hof wurde in den Dachverband von „Teen Challenge" aufgenommen und die Belegung erfolgte hauptsächlich durch einen staatlichen Jugendhilfeträger. Der „Projekthof Hasselbrock", wie sie ihn nannten, wurde immer lebendiger. Nach und nach zogen auch Hühner, Ziegen, Hasen und Pferde ein, die von den Jugendlichen betreut werden sollten.

Alles wurde genau so, wie Bettina es sich vorgestellt hatte. Nur dass sich das nach außen gar nicht so einfach darstellen ließ. Wie sollte man dem Umfeld klarmachen, dass hier mehr als nur Sozialarbeit mit „schwierigen Menschen" gemacht wurde? Dass der eigentliche Antrieb aus der gemeinsamen Berufung durch Gott heraus kam: Menschen Hoffnung zu geben, ihnen Auswege aus ihrer Situation aufzuzeigen und ihnen den Glauben vorzuleben, ohne darauf zu schauen, welchen Nutzen es einem selbst bringt.

Da ist sie wieder, diese altruistische Lebenseinstellung, die einfach nicht ins Bild des westlichen Normalbürgers passen will. Die er eigentlich gar nicht glauben kann, nach dem Motto: „Irgendwas stimmt da doch nicht! Die greifen doch nur staatliche Subventionen ab, um ihren Hof zu renovieren, und wenn alles fertig ist, setzen sie die Jugendlichen wieder auf die Straße!"

Die Therapieplätze über öffentliche Kostenträger abzurechnen wurde Jahr für Jahr komplizierter. So kam irgendwann der Gedanke auf: „Zurück zu den Wurzeln!" Auch wenn es manchmal schwerfällt zu glauben, dass Gott tatsächlich wirkt, versorgt und befreit. Dass man ihm mehr vertrauen kann als dem deutschen Sozialsystem. Paulus schreibt am Anfang des Römerbriefes: *„Ich schäme mich nicht für die rettende Botschaft. Sie ist eine*

Kraft Gottes, die alle befreit, die darauf vertrauen ... Durch sie zeigt Gott, wie er ist."

Bettina und Martin begriffen damals selbst noch nicht so recht, wohin das alles führen sollte. Denn in diese schwierige Zeit kamen auch noch ihre ersten beiden Kinder. Etwas, womit Bettina nie gerechnet hatte, und zugleich etwas, das ihrem erfüllten Leben noch das Sahnehäubchen aufsetzte.

Außerdem mussten sie sich einer Prüfung des Landesjugendamtes unterziehen. Verschiedene Kommissionen durchfilzten den ganzen Hof, ob auch jedes Abwasser dahin floss, wo es hinfließen sollte, jeder Raum die Brandschutzauflagen erfüllte und, und, und.

Die Krönung war dann, dass ihre fachliche Qualifikation für die Führung eines Kleinst-Heims nicht mehr ausreichte. So sollten beide noch mal die Schulbank drücken, um die Ausbildung zum Sozialassistenten nachzuholen. Das war gar nicht so einfach, denn Hof, Therapieeinrichtung und Familie mussten ja weiterlaufen. Und wieder kam die Frage nach der ursprünglichen Motivation auf. Wo waren ihre Wurzeln? Bettina und Martin wollten in Gottes Berufung leben und nicht irgendwelche Behörden zufriedenstellen.

Irgendwann war dann Schluss mit lustig. Sie lösten sich von allen staatlichen Kostenträgern und gründeten ein sogenanntes „Glaubenswerk". Mit der Anhebung des Aufnahmealters auf 18 Jahre waren sie keine Kinder- und Jugendhilfeeinrichtung mehr, sondern nahmen junge Heranwachsende im Rahmen von „betreutem Wohnen" auf. Damit unterhielten sie eine selbstständige, christlich-therapeutische Einrichtung ohne Kostenträger.

Es war, als ob eine Riesenlast von ihnen abfiele. Sie bekamen finanzielle Unterstützung von verschiedenster Seite und erfuhren immer wieder aufs Neue: Gott versorgt sie.

Und das ist bis heute so. Wann immer eine größere Anschaffung anstand – eine neue Heizung, ein neues Dach – und sie nicht wussten, wie sie diese bezahlen sollten, traf prompt eine Spende auf ihrem Konto ein, die ihnen wieder Luft verschaffte. Sie fühlten sich auf dem richtigen Weg, egal, wie unkalkulierbar die Zukunft war. Sie standen auf sicherem Grund, einem Ort, den die Bibel als „Fels" bezeichnet. Selbst wenn das Emsland hauptsächlich aus Moorboden besteht.

Auf der Rückfahrt zum Bahnhof zeigt mir Bettina die Entwässerungsgräben, die um jedes Feld gezogen wurden, um den Boden trockenzulegen. Die Folge war, dass das Moor in sich zusammensackte und der Boden anfing, sich abzusenken. Auf den Höfen brachen die Bodenplatten weg, die Mauern bekamen Risse. Man musste dauernd ausbessern, abstützen, neue Betonplatten gießen. Doch das waren nur Ausbesserungen – die Ursache war damit natürlich nicht behoben.

So empfand auch Bettina ihre ursprüngliche Situation. Nur auf festem Grund kann man etwas Tragfähiges, Neues aufbauen. Es entstand ein völlig neues Konzept; Gottes Maßstab bekam wieder Gültigkeit. Bettina ist überzeugt: „Wenn wir treu mit dem umgehen, was Gott uns anvertraut hat, kann alles nur klappen. Treue ist eine Haupteigenschaft Gottes. Dafür erwartet er von uns Glauben und Geduld."

Bettina erinnert mich noch mal an ihre Zeit, als sie mit Gottes Hilfe ihr Lebensruder komplett herumgerissen hat. Damals konnte ihr alles nicht schnell genug gehen. Doch ihre Psyche kam nicht immer mit; ihre Persönlichkeit war noch viel zu sehr verletzt, als dass sie von einem Moment auf den anderen als normale junge Frau durchs Leben gehen konnte. Und vielleicht ist das manchmal noch heute so.

Doch Bettina blieb dran, hielt an dem fest, was sie damals am Tiefpunkt ihres Lebens in der finsteren Häusernische in Zürich gespürt hat: Gott verändert offensichtlich in seinem Tempo und nach seinem Plan. Er hat Zeit. Es geht nicht darum, was wir denken, was wir uns wünschen, sondern dass wir das annehmen, was Gott uns schenken will.

Für Bettina wurde diese Einstellung zur Lebensrettung. Wer hätte vor 20 Jahren auch nur im Entferntesten angenommen, dass sie irgendwann mal eine glückliche Ehe führen, drei gesunde Kinder zur Welt bringen und dann auch noch ihre tiefste Berufung praktisch ausüben würde?

Gott sei Dank.

Wir sind am Bahnhof angekommen und es heißt Abschied nehmen. Ich halte mich bewusst zurück, doch diesmal ist sie es, die mich kurz umarmt. Ich wünsche ihr viel Erfolg auf ihrem weiteren Weg und bedanke mich, noch immer tief berührt, dass sie ihre Lebensgeschichte mit mir geteilt hat. Dann steigt sie auch schon wieder in ihr Auto, um wenigstens noch ein paar Sachen erledigt zu bekommen.

Mein nächstes Ziel ist Wolfsburg. Ich muss einmal umsteigen. Während ich auf dem zugigen Bahnhof von Rheine friere und mir die Hände am Pappbecher eines schlechten Kaffees wärme, versuche ich, mich langsam auf die Menschen einzustellen, die mir als Nächstes von einem Leben erzählen werden, in dem Gott eine nicht minderwichtige Rolle spielte.

Als ich versucht hatte, Kontakt mit Heidi Schmidt aufzunehmen, lag ein paar Tage später ihre Todesanzeige in meinem Briefkasten. Ein Schock, auch wenn ich sie gar nicht kannte.

Als ich daraufhin mit ihrem Mann telefonierte, lud er mich ein, doch trotzdem zu kommen. Er und Heidis Eltern könnten mir einiges über sie erzählen.

Ich war erstaunt. War das nicht ein bisschen früh? Mir ist etwas mulmig. Hoffentlich fließen da keine Tränen …

Heidi Schmidt
Immer dem Tod ins Auge sehen

Über dem Sofa hängen drei Radierungen von ungewöhnlicher Schönheit. Landschaften in Schwarzweiß. Eine Baumgruppe, ein Teich mit Schilf davor. Sehnsucht nach … Natur? Leben?

Ich liege gar nicht so falsch. Die Bilder stammen von einem in den USA inhaftierten, zum Tod verurteilten Mörder, mit dem Heidi viele Jahre in Briefkontakt stand, erzählt mir Heidis Mutter.

Für den Todeskandidaten war ihr Sterben ein Schock: Heidi war der einzige Mensch, der ihn verstand. Denn das Gefühl, dem Tod jeden Tag ins Auge zu sehen, spielte auch in ihrem Leben die Hauptrolle. Darum ging es in fast allen Briefen, die die beiden in den letzten Jahren austauschten. Für Heidi ist es zu Ende. Er wartet noch immer auf den Tag X.

Die Stimmung im gemütlichen Wohnzimmer der Schmidts ist heiter. Meine Sorge war umsonst: Ich wurde von Eltern und Ehemann auf das Herzlichste begrüßt, als ob ich eine alte Bekannte wäre. Da waren keine Verzweiflung, keine ungelösten Fragen, keine Zukunftsängste. Drei Menschen haben eine Tochter oder Ehefrau verloren, doch sie hadern nicht. Weder mit Gott noch mit den Ärzten oder irgendeinem ungerechten Schicksal. Ich spüre nur Dankbarkeit und irgendwie auch Erleichterung.

Heidi war mit 17 Jahren Herz-Lungen-transplantiert worden. Wenn ihr auch körperlich oft die Puste ausging, im Geiste nie. Gerade durch ihre schlimme Krankheit, durch die ständige Konfrontation mit dem Tod, machte sie immer wieder die tiefe Erfahrung, dass Gott sie trug. Der größte Schatz, den ein Mensch haben kann. Nur so, davon ist ihre Familie überzeugt, konnte sie das schwere Dasein einer Transplantationspatientin mit Würde, Heiterkeit und viel Liebe für andere überstehen.

Mit 37 hörte ihr Herz zu schlagen auf. Damit hat sie in Deutschland am längsten von allen Patienten mit einem fremden Herz und einer fremden Lunge gelebt.

Heidi wurde im Juli 1972 geboren. Ihre etwas ältere Schwester litt an einer Hüftgelenksluxation. Deshalb waren alle überglücklich, dass Heidi zunächst gesund schien. Doch das änderte sich schon nach ein paar Monaten. Sie bekam eine schwere Bronchitis, hustete stark und hatte krampfartige Anfälle, als ob sie keine Luft mehr bekäme. Der Hausarzt verschrieb Hustentropfen, die jedoch keinerlei Wirkung zeigten. Eine Bekannte, die als Krankenschwester in einer Kinderklinik arbeitete, schlug vor, mit Heidi zum Tag der offenen Tür zu gehen, wo man sie ohne Überweisungsformalitäten untersuchen würde.

Man behielt sie gleich dort.

Wahrscheinlich hätte sie sonst die folgende Nacht nicht überlebt. Es wurden eine Lungenentzündung und, was noch schlimmer war, ein Herzfehler diagnostiziert. Neun Tage lang kämpfte Heidi mit dem Tod. Und siegte. Als sie wieder transportfähig war, brachte man sie in eine Spezialklinik nach Hamburg-Eppendorf, wo eine Herzkatheder-Untersuchung durchgeführt wurde. Ob sie die überleben würde, war fraglich. Doch es gab keine andere Chance. Heidis Mutter, eine gläubige Christin, motivierte Verwandte, Freunde und ihre Gemeinde, die Tag und Nacht für das Baby beteten.

Es schien geholfen zu haben. Doch das Ergebnis der OP war niederschmetternd: Heidi hatte so gut wie keine Herzscheidewand. Deshalb vermischte sich das sauerstoffarme Blut mit dem sauerstoffreichen Blut. Die Tragweite dieses Befunds war den Eltern damals nicht bewusst. Vor allem nicht, wie weit diese Krankheit ihr Leben und das von Heidi in Zukunft bestimmen würde.

Noch in der Klinik musste Heidis Mutter lernen, wie man mit einem solch schwachen Kind überhaupt umging. Bis sie 150 Milliliter Milch vorsichtig mit einem Löffelchen gefüttert hatte, vergingen oft zwei Stunden, und meist kam hinterher alles wieder heraus. Es war zum Verzweifeln, denn Heidis weitere Zukunft hing von ihrer Gewichtszunahme ab. Bevor sie nicht mindestens 8 Kilo auf die Waage brachte, waren keine weiteren Untersuchungen möglich.

Am 21. Januar, das Datum ist den Eltern bis heute im Gedächtnis geblieben, durfte Heidi endlich nach Hause. Trotzdem war sie in ihrem ersten Lebensjahr weitaus öfter im Krankenhaus als im heimischen Kinderbettchen. Eine schwere Zeit für die ganze Familie.

Doch wenn ich mir Heidis Mutter ansehe, mit ihren humorvollen, warmen Augen, glaube ich nicht, dass sie viel gejammert hat. Als Christin wusste sie: Gott verlangte nie mehr von ihr, als sie aushalten konnte. Auch Heidis Vater, der bei VW in Wolfsburg als Ingenieur arbeitete, trug alle Mühen mit, so gut er konnte. Die Ehe bekam keinen Sprung, was ja immer wieder vorkommt, wenn die Belastungen zu groß werden.

Nachdem das verlangte Gewicht endlich erreicht war, glaubten Heidis Eltern, ihr Baby könnte jetzt operiert werden und würde endlich gesund.

Doch weit gefehlt.

Aufgrund des Herzfehlers hatten sich die Adern vom Herz zur Lunge verengt, sonst wäre die Lunge einem zu hohen Druck ausgesetzt gewesen. Damit half der kleine Körper sich selbst. Es hätte also nichts genutzt, allein das Herz zu „reparieren". Und eine kombinierte Herz-Lungen-Transplantation wagte damals noch niemand. Solche Operationen wurden Ende der 1980er zum ersten Mal in England durchgeführt, doch meist starben die Patienten schon nach kurzer Zeit.

War dies das Todesurteil für Heidi?

Ihre Eltern gaben nicht auf. Sie hörten von einem Pastor in Bayern, der herzkranke Kinder an die Mayo-Klinik nach Amerika vermittelte, und schickten ihm sofort Heidis Unterlagen. Doch die Antwort aus den USA brachte wenig Hoffnung: Sie seien natürlich willkommen, aber niemand könnte garantieren, dass dem Kind tatsächlich geholfen werden könnte. Außerdem hätte dieses Unternehmen damals 30.000 DM gekostet.

So langsam machten sie sich doch so ihre Gedanken. Warum passierte das ihnen? Vor allem, warum wurde Heidi das angetan? Einem unschuldigen Baby. Warum gab es immer wieder Hoffnung, die dann zerschlagen wurde? Freunde, Verwandte und die Gemeinde beteten weiter. Über ganz Deutschland hinweg.

Manchmal konnte Heidis Mutter diese Beterei jedoch kaum noch ertragen. Besonders dann, wenn sie wieder nächtelang an Heidis Bett gesessen hatte und sich kaum mehr aufrecht halten konnte und dann morgens jemand anrief, der für Heidi gebetet hatte.

Heidi musste dauernd erbrechen, und wenn nicht jemand da war, um ihr das Köpfchen zu halten, bestand die Gefahr, dass sie erstickte. Sie hustete oft die ganze Nacht durch und schwitzte ihr Kopfkissen klitschnass. Das kleinste bisschen Zugluft konnte wieder eine neue Lungenentzündung auslösen.

Doch die Tatsache, dass sie immer wieder auch schwerste Krisen überwand, ließ die Familie letztlich doch an die Kraft des Gebets glauben. Glauben und Zweifel liegen so nah beieinander, ähnlich wie Hass und Liebe.

Das erste Jahr war das härteste. Vor allem die Qual, Heidi immer wieder ins Krankenhaus bringen zu müssen und nicht zu wissen, ob sie lebend zurückkommen würde. Die Prognosen der Ärzte waren düster. Sie gaben ihr höchstens noch ein Jahr. Eine sehr bedrückende Situation für die Familie, aber trotzdem verloren sie nie ihre Hingabe. Allesamt versuchten sie, jeden Tag zum schönsten in Heidis Leben werden zu lassen.

Langsam besserte sich ihr Zustand. Die Abstände zwischen ihren Krankenhausaufenthalten wurden länger. Sie lernte früh sprechen, nur mit dem Stehen und Laufen haperte es noch. Das kostete sie zu viel Kraft. Doch ihr Forschergeist war so groß, dass sie ganz eigenständig eine Technik entwickelte, sich krabbelnd wie ein kleiner Frosch fortzubewegen. Daraus entstanden schon im Wartezimmer des Kinderarztes kleine Aufführungen. Etwas, womit Heidi auch später auf verschiedene Weise Menschen Freude machte und sie zum Lachen brachte. Da sie mit der Krankheit aufgewachsen war, kannte sie es nicht anders und empfand sie auch nicht als besonders schlimm. Sie war ein liebes, fröhliches Kind und unendlich geduldig.

Die Frage nach dem „Warum" kann keiner beantworten. Wie so oft führt auch hier das Leid an die Grenzen der Erklärungsmöglichkeiten. Aber die vielen schönen Dinge, die ihre Familie mit Heidi erlebte, hätte sie mit niemand anderem erleben können. Ich denke, Gesundheit ist nicht unbedingt ein Beweis für Gottes Gegenwart. Aber ganz offensichtlich zeigt sich diese Gegenwart bei Menschen, die mit ihrer Krankheit positiv umgehen und sie vielleicht sogar überwinden können. Gerade wir Christen glauben ja an einen Gott, der am eigenen Leib Leid, Schmerz, Ohnmacht und den Tod erfahren hat.

Entgegen sämtlicher ärztlicher Prognosen erreichte Heidi ihr fünftes Lebensjahr und konnte sogar einen Kindergarten besuchen. Sie war zwar nicht in der Lage, alles mitzumachen, aber das störte sie wenig. Wenn sie beim Gummitwist stehen statt hüpfen musste, war ihr das ziemlich egal. Sie war ein Garant für gute Laune, brachte alle zum Lachen und freute sich über jeden, den sie in ihren Bann ziehen konnte. Stets versuchte sie, sich und anderen das Leben leicht zu machen, so gut es ging.

Ihre Eltern erlebten weder die typisch frühkindliche Trotzphase noch besondere Pubertätserscheinungen. Heidi war ein Geschenk. Trotz aller Sorge um ihr Leben. Vielleicht sogar ein bisschen der Motor der Familie. Immerhin war sie es, die unbedingt auf ein Geschwisterchen drängte. Denn überall in der Straße, in der sie wohnten, krähten neugeborene Babys, nur bei ihnen nicht.

1978 wurde David geboren. Zwei Jahre später Sabine.

Heidi beschäftigte sich schon früh mit Gott. Er war ihr Ein und Alles. Sie wollte ihm dienen, am liebsten als Missionarin in Brasilien. Das war ihr Kindertraum. Keiner wusste, woher sie das hatte, aber immer, wenn die Sprache auf ihre Zukunft kam, bestand sie auf diesen Plan. Natürlich wagte keiner, ihr das wegen möglicher gesundheitlicher Beeinträchtigungen auszureden. Bei Kindereinladungen forderte sie alle vor dem Spielen zum gemeinsamen Gebet auf. Da entkam ihr keiner.

Als sie lesen und schreiben konnte, verfasste sie kleine Geschichten und Gedichte, die alle mit Gott zu tun hatten. Wer zu Besuch kam und Heidi kannte, musste ihre neuesten Werke lesen. Erfuhr sie von jemandem, der Geldprobleme hatte, schlachtete sie regelmäßig ihr Sparschwein. Sehr zum Unmut ihres kleineren Bruders, der immer laut verkündete, Heidi würde er auf keinen Fall heiraten, die könne nicht mit Geld umgehen.

Heidi war sich hundertprozentig sicher, dass Gott immer bei ihr war und auf sie aufpasste. Als sie eines Tages auf dem Rummel unter ein Kinderkarussell geriet, muss Gott tatsächlich seine schützende Hand über sie gehalten haben, denn sie konnte wie durch ein Wunder unversehrt herausgezogen werden.

Mit sechs Jahren wurde sie eingeschult. Der einzige Unterschied zu anderen Kindern war, dass sie im Lehrerzimmer ein Schließfach hatte, damit sie ihre Bücher nicht nach Hause schleppen musste. Als die Lehrerin eines Morgens die Kinder bat, jeder solle mal erzählen, was er am Wochenende erlebt hatte, fragte Heidi, ob sie auch ein Lied vorsingen dürfe. Na klar, warum nicht. Und Heidi sang: *„Wag es mit Jesus, was deine Not auch sei, er macht dich frei …"*

Nach der vierten Klasse lebte Heidi immer noch und kam aufs Gymnasium. Allerdings hatte sie nicht genug Kraft, um zur Bushaltestelle zu gehen, und musste mit dem Taxi gefahren werden. Die Schulleitung legte, wann immer es möglich war, die Stundenpläne so, dass Heidi möglichst geringe Wege hatte.

Sie war jetzt in einem Alter, in dem ihr selbst klar war, dass sie möglicherweise früh sterben würde. Doch das schien ihr nicht viel auszumachen. Für sie war ganz klar: *Wenn, dann gehe ich sowieso zu Gott.* Da gab's kein Vertun. Der Tod hatte für sie nichts Erschreckendes.

Sie konnte aber nicht nur sich selbst, sondern auch anderen Menschen Mut machen. Als ihre Großeltern noch im Haus lebten – die Oma hatte Krebs –, ging Heidi oft zu ihr ans Bett und sagte, sie solle doch aufstehen und stricken. „Oma, wenn du immer bloß im Bett liegst, kannst du nicht gesund werden!" Worte aus berufenem Kindermund. Und sie zeigten Wirkung. Es hätte bestimmt nichts genutzt, wenn der Arzt oder ein Erwachsener sie ausgesprochen hätte. Jedenfalls stand die Oma auf und lebte strickenderweise noch fast zwei Jahre.

Mit 13 Jahren machte sich eine starke Rückgratverkrümmung bei Heidi bemerkbar, die mit schlimmen Schmerzen verbunden war. Das Mädchen wurde dazu verdonnert, ein Korsett zu tragen, das vom Hals bis zum Po reichte.

Heidis Mutter erinnerte sich noch ganz genau daran, wie Heidi das „Monster" im Krankenhaus angepasst wurde. Später, während der Autofahrt nach Hause, kämpfte sie mit den Tränen. Wie viel Leid musste dieses Kind noch ertragen? Heidi saß derweil lächelnd auf dem Rücksitz und dichtete ein lustiges Lied, das sie auch gleich vorsang.

Je größer sie wurde, umso mehr Mühe hatte Heidis Herz, das Blut durch ihren Körper zu pumpen. Es ging ihr stetig schlechter. Sie schaffte es nicht mal zur Kirche gegenüber, konnte keine Treppen mehr steigen, hatte Schwierigkeiten, von einem Zimmer ins nächste zu kommen. Keuchte erbärmlich. Wurde immer bläulicher. Die Ärzte sahen nur noch eine Chance: eine Herz-Lungen-Transplantation.

In Deutschland hatte man bis dahin wenig Erfahrung, und die behandelnde Ärztin gab auf die Frage, ob sie das bei ihrer eigenen Tochter riskieren würde, die ernüchternde Antwort: „Nein."

Doch Heidi wollte es wagen. Sie war sich ganz sicher, Gott wollte, dass sie lebte. Sie bekam einen Pieper, den sie immer bei sich trug. Sobald ein Spender gefunden war, würde man sie benachrichtigen. Ihre Familie sah das Ganze eher skeptisch. Heidis Mutter ist heute noch froh, dass es ganz allein Heidis Entscheidung war. Vor allem in späteren Situationen, in denen das Leid manchmal schier unerträglich war.

Da sie es nicht mehr von einem Klassenzimmer ins nächste schaffte, musste Heidi das Gymnasium aufgeben, obwohl sie eine der Klassenbesten war, was sie sehr traurig machte. Ein paar Tage später rief jedoch Heidis Lehrerin an, der es einfach nicht aus dem Kopf ging, dass ein so begabtes Kind einfach die Schule schmiss. Sie schlug den Eltern vor, Hausunterricht zu beantragen. Obwohl das normalerweise langwieriger Papierkrieg zwischen Ämtern und Behörden ist und obwohl das Schuljahr längst begonnen hatte, wurde Heidis Antrag noch für dasselbe Jahr bewilligt. Ein kleines Wunder!

Zuerst kamen vier, später sieben verschiedene Lehrer aus zwei Gymnasien ins Haus, um Heidi zu unterrichten. Sämtliche Fächer, die sie für das Abitur brauchte, waren damit abgedeckt. Außer Sport natürlich. Die Lehrer mussten sich Heidis Stunden zusätzlich zu ihrem normalen Unterricht nachmittags einrichten. Meist gab es erst mal für alle Kaffee und Kuchen, bevor die Paukerei losging. Aus dieser Zeit entwickelten sich Freundschaften, die bis ins Erwachsenenalter bestanden.

Trotzdem ging es Heidi zunehmend schlechter. Und noch immer war kein geeigneter Spender gefunden. Als ihre Mutter auf der Beerdigung einer Verwandten war, glaubte sie fest daran, ihre Tochter würde die Nächste sein. Auch Heidi stellte sich schon ihre Beerdigung vor. Es sollte ein buntes, fröhliches Fest werden, denn schließlich ging sie ja auf der Direttissima ins Himmelreich. Sie wollte ein rotes Kleid tragen und jeder sollte Geschenke bekommen.

Ihre Mutter liest mir stolz ein Gedicht vor, das Heidi zu jener Zeit schrieb.

Mit dem Tod leben

Lehre mich bedenken, dass ich jederzeit sterben kann,
dass ich nicht ewig leb auf dieser Erde.
Lehre mich bedenken, dass nach dem Tod
ich dann einst vor dir stehen werde.
Wie oft mache ich Pläne für die Zukunft meines Lebens
und denke der Zeit so weit voraus,
doch stürbe ich heute Nacht,
dann wären alle Pläne doch vergebens.
Nutz ich eigentlich das Heute aus?
Was muss ich noch in Ordnung bringen?
Was gibt es noch zu tun?
Wo brauchst du mich jetzt und hier?
Ich will so leben, dass, wenn es sein muss,
ich auch kommen kann zu dir.
Darum lass mich heute handeln und ausnutzen die Zeit;
so leben, wie du mich brauchen kannst.
Ich lege meine Zeit in deine Hand und bin bereit zu sterben,
wenn du es für mich planst.
Herr, lass mich jeden Tag so leben,
als würde es kein Morgen geben.
Und in Nutzen dir zu Ehr, mein Gott und Herr.

Neben Gedichten schrieb Heidi auch Sketche und kleine Theaterstücke, die dann auf Hochzeiten und Geburtstagen vorgeführt wurden. Meist gemeinsam mit ihrer Bauchrednerpuppe Felix. Sie lernte alles auswendig, hatte bergeweise Witzbücher, die sie für Felix bearbeitete.

Wenn sie mit ihm auf der Bühne stand, war nichts von ihrer Krankheit zu spüren. Da ging ihr niemals die Puste aus. Da hielt sie durch bis zum Schluss, bis der Applaus über ihr zusammenbrach. Sie konnte Kinder und ältere Menschen gleichermaßen begeistern.

In dieser Zeit lernte Heidi in einer kirchlichen Jugendgruppe Mathias kennen, ihren späteren Mann. Sie hatten beide den Gedanken, eine Diakonen-Ausbildung zu machen, und kamen sich durch die gemeinsamen Interessen näher. Sie war 16, er 26. Ob das was werden konnte?

Er wusste um ihre schwere Krankheit und hatte sich trotzdem in sie verliebt. Ihr Humor und ihr Geist waren offensichtlich unwiderstehlich. Jedes Wochenende holte er sie zu Spazierfahrten im Rollstuhl ab. Meist ging's in den Schlosspark in Wolfsburg. Heidi hatte immer den größten Spaß daran, sich im Rollstuhl schieben zu lassen, eine besonders traurige Leidensmine aufzusetzen und dann plötzlich aufzustehen, ein paar Schritte zu gehen und laut zu rufen: „Ein Wunder … ein Wunder!"

Schnell war klar, dass die beiden ein Paar waren. Viele wunderten sich. Von Mathias' Familie kamen Einwände wie: „Hast du dir das auch gut überlegt?" Für den jungen Mann gab es jedoch keine Zweifel.

Und eines Nachts schlug endlich der Pieper an. Heidi war auf der Stelle hellwach. Ein ganzes Jahr hatte sie auf diesen Moment gewartet, der über ihr weiteres Leben entscheiden würde. Sie telefonierte sofort mit der Klinik und weckte dann ihre Eltern. Die konnten es erst gar nicht glauben. Hatte Heidi vielleicht nur geträumt? Einen Wunschtraum?

Ein erneuter Anruf im HMM Hannover brachte Gewissheit. Die Ärzte wollten wissen, ob Heidi gesundheitlich so weit auf dem Damm sei, dass eine sofortige Operation möglich war. Was für ein Glück, dass tags zuvor ein Zahnarzttermin abgesagt wurde, bei dem Heidi ein Zahn gezogen werden sollte! Hätte der Termin stattgefunden, wäre es nicht möglich gewesen, sie zu transplantieren … Schwein gehabt. Oder vielleicht doch Gott …

Auch wenn alle sich diesen Augenblick spektakulärer vorgestellt hätten, vielleicht dass ein Hubschrauber im Vorgarten landen würde, war diese Nacht aufregend genug. Vor allem für Heidis Mutter. Die, um die sich alles drehte, war die Ruhe selbst. Auf der Fahrt ins Krankenhaus spielte sie ihrer nervösen Mutter einen Sketch nach dem anderen vor, um sie abzulenken. Selbst der Taxifahrer musste ein paar Mal so lachen, dass er beinahe an der Klinik vorbeigefahren wäre.

Die OP dauerte 6 Stunden. Mathias erfuhr davon erst am nächsten Morgen übers Telefon in dem Baumarkt, in dem er damals jobbte. An Arbeiten war jetzt nicht mehr zu denken. Er bat eine Aushilfe, ihn zu vertreten, und fuhr sofort ins Krankenhaus, wo er auf Heidis Mutter traf. Gemeinsam warteten sie auf den Ausgang der Operation.

Alles schien gut gegangen zu sein! Schon einige Tage später konnte Heidi Besuch empfangen. Sie war wie verwandelt: keine blauen Lippen, keine blauen Hände mehr. Ihr Blut strömte nun in normaler Geschwindigkeit durch ihren Körper. Es war, als ob ein neuer Mensch geboren war. Welch unbeschreibliches Glück, sie ohne besondere Anstrengung über den Krankenhausflur gehen zu sehen! Alle hatten Tränen in den Augen. Ein einziges Staunen und Freuen.

Die Narbe, die längs über Heidis Brustkorb verlief, heilte schnell. Nach zwei Wochen durfte sie bereits nach Hause. Und kurz darauf ging sie zum ersten Mal zu Fuß ganz allein ins Nachbardorf. Mit roten Wangen, wie ein normaler Mensch schwitzend, ohne total am Ende zu sein. Vier Kilometer hin, vier Kilometer zurück. Anschließend erlebte sie ihren ersten Muskelkater.

Auf der anderen Seite fühlte sie sich plötzlich in ein Leben hineingeworfen, das viel zu groß für sie war. Bisher waren ihr viele Dinge abgenommen worden, weil sie zu schwach war. Nun aber fühlte sie sich fit und erhob den Anspruch, alles zu können. Bestimmt würden das auch die anderen von ihr erwarten. Schließlich war sie ja jetzt gesund und konnte sich um alles kümmern … aber das war nicht der Fall.

Als nach kurzer Zeit eine chronische Abstoßungsreaktion festgestellt wurde, war es für Heidi fast eine Erleichterung. Jetzt durfte sie wieder sagen: „Ich kann es wirklich nicht, mir geht es so schlecht." Es war wieder alles so, wie sie es seit jeher kannte.

Heidi litt am Bronchiolitis-obliterans-Syndrom: Ihr Immunsystem erkannte die neuen Organe als Fremdkörper und begann, sie systematisch zu zerstören. Dagegen war kein Kraut gewachsen. Durch die entsprechende Dosierung von Immunsupressiva konnte der Vorgang nur verzögert, aber nicht aufgehalten werden. Ihr Abwehrsystem musste durch Medikamente so weit heruntergefahren werden, dass es die Fremdorgane nicht erkannte. Das durfte aber nur bis zu einem gewissen Grad geschehen, weil Heidi sonst extrem anfällig gegen sämtliche Bazillen wurde, die in der Luft herumschwirrten.

Und wieder prognostizierten die Ärzte, dass Heidi höchstens noch zwei bis drei Jahre zu Leben hatte.

Doch offenbar war es eins von Gottes Lieblingshobbys, die Prognosen ihrer Ärzte zu widerlegen, denn Heidi lebte weiter. Leider mit fast unerträglichen Rückenschmerzen, und niemand konnte ihr sagen, ob diese wieder verschwinden würden. In dieser Zeit schrie sie Gott oft an. War stinksauer auf ihn. Wie konnte er ihr auch das noch antun? Warum hatte sie überhaupt die Transplantation überlebt? Um noch mehr zu leiden? Hätte er sie doch sterben lassen, das wäre viel besser gewesen! So war sie allen nur noch eine Last, kostete Geld, Kraft und Nerven.

In ihrem Zorn machte sie die Erfahrung, dass sie sauer sein durfte. Sie musste nicht als Christ zu allem Ja und Amen sagen und alles demütig annehmen. Das war für sie irgendwie befreiend. Und man höre und staune, die Rückenschmerzen hörten tatsächlich auf. Heidi söhnte sich mit Gott aus. Er musste sie jetzt nicht unbedingt gesund machen, offensichtlich konnte er sie so besser gebrauchen …

In der ersten Zeit durfte sie sich nur zu Hause aufhalten. Jeder, der sie besuchte, trug einen Mundschutz, um sie nicht mit irgendetwas anzustecken. Auch ihre Lehrer, die immer noch kamen, um sie auf das Abitur vorzubereiten, das sie schließlich mit einem Durchschnitt von 1,4 am Esstisch im heimischen Wohnzimmer absolvierte.

1992 wurde dann geheiratet. Heidi und Mathias wollten die wenigen Jahre nutzen, die ihnen noch blieben. Doch der Tod ließ noch eine ganze Weile auf sich warten und Heidi unkte später immer wieder: „Wenn Mathias gewusst hätte, dass ich ihm noch so lange auf die Nerven gehe, hätte er es sich bestimmt anders überlegt."

Als junges Ehepaar machten sie gemeinsam, wie geplant, ihre Diakonen-Ausbildung in Minden in Westfalen. Doch Heidi vertrug das Klima nicht und kehrte bald schon in ihr Elternhaus zurück, wo sie ihr erstes Kinderbuch schrieb. Schon immer hatten ihr Freunde und Bekannte Mut gemacht, aufzuschreiben, was sie während ihrer Krankheit, vor allem während der Zeit der Transplantation, erlebt hatte.

So entstand das Buch „Mircos letzte Chance". Heidis Biografie, verpackt in die Geschichte eines 12-jährigen Jungen, der zwei Jahre lang auf seine Transplantation wartet. Sie war mächtig stolz auf sich, als sofort ein Verlag zusagte. Das Wichtigste bei der ganzen Sache war ihr jedoch, junge Menschen dazu einzuladen, sich auf Gott zu verlassen. Denn schließlich wusste sie aus eigener Erfahrung, was mit ihm alles zu meistern war. Würde sie sonst noch leben?

Trotzdem ist es kein „missionarisches Bekehrungsbuch", sondern gibt sowohl Einblick in die Seele eines herzkranken Kindes als auch in die äußeren Umstände, mit denen solche Menschen konfrontiert werden. So stimmt es zum Beispiel nicht, dass reiche Scheichs schneller ein neues Herz bekommen als ein deutscher Hartz-4-Empfänger. Die Transplantationszentrale in Holland hat nur Nummern, keine Namen. Auch das

Krankenhaus entscheidet nicht; es zählen nur wenige Kriterien: die Gewebestruktur beziehungsweise Blutgruppe, Körpergröße und Dringlichkeit. Patienten, die nicht mehr lange zu leben hätten, bekommen zur Überbrückung auch schon mal ein Herz, das nicht perfekt passt.

Schreiben wurde Heidis neuer Lebensinhalt. Es entstanden noch 40 weitere Bücher, wobei die Teenagerserie „Paulas Tagebuch" die höchsten Auflagen erreichte. Daraus entwickelte sich ein neuer, zusätzlicher Arbeitsbereich. Viele Jugendliche und Kinder, die Heidis Bücher gelesen hatten, suchten ihren Rat. Per E-Mail blieben sie anonym und konnten Heidi alles erzählen, was sie mit ihren Eltern nicht besprechen wollten. Aber auch Eltern, die nicht mehr weiterwussten, wendeten sich an sie. Wenn die Fälle über ihre Kompetenz hinausgingen, holte sich Heidi Unterstützung bei einem befreundeten Arzt und Psychologen.

Nachdem „Mirko" in verschiedene Sprachen übersetzt worden war, weitete sich ihr „Hilfsnetz" über die ganze Welt aus. Sie bekam Mails von Missionskindern in Afrika und Asien. Wollte sie früher Missionarin werden und von Gottes Liebe erzählen, so tat sie das jetzt wirklich, wenn vielleicht auch anders als ursprünglich geplant.

Mit der Zeit machte sich die chronische Abstoßung immer stärker bemerkbar. Heidis Leistungsfähigkeit nahm ab. Irgendwann hörte sie auf, die Tabletten zu zählen, die sie jeden Tag schlucken musste. Besonders das Cortison bereitete ihr Schwierigkeiten, da es den Körper auf unnatürliche Weise aufschwemmte. Junge Assistenzärzte, die ihre Zeit in der Transplantationsambulanz als Karriereleiter sahen und oft nach einem halben Jahr wieder weg waren, verhielten sich meist nicht besonders sensibel. Heidi fühlte sich nur noch als Nummer in einer Akte, der nach Schema F neue Medikamente verschrieben wurden, ob sie die nun vertrug oder nicht.

So war sie schon vor den Kontrolluntersuchungen, zu denen jeder Transplantierte alle drei Monate verdonnert war, kränker als zuvor. Nachdem ihr wieder ein Medikament verschrieben wurde, von dem sie bereits wusste, dass sie es nicht vertrug, beschloss sie, dieser Tortur ein Ende zu machen. Sie bat einfach Gott, auf sie aufzupassen und um ein Zeichen, dass er mit dieser Aufgabe einverstanden war. An Silvester, das sie gemeinsam mit ihrer Gemeinde feierte, zog sie, als ihr ein Körbchen mit Bibelsprüchen hingehalten wurde, auch prompt folgenden Vers: *„Ich bin der Herr, dein Arzt"* (2. Mose 15,26).

Damit war alles klar. Das war Gottes Antwort auf ihre Bitte. Die nächste Kontrolluntersuchung ließ sie ausfallen. Aus medizinischer Sicht war das natürlich unverantwortlich, denn Abstoßungen oder ähnliche Reaktionen erkennt man oft erst dann, wenn es schon zu spät ist. Trotzdem erschien sie auch zu den nächsten vier Untersuchungsterminen nicht.

Erst ein gutes Jahr später, als der Oberarzt des MHH sie eindringlich bat zu kommen, ließ sie sich noch einmal überreden. Und siehe da, die Werte waren besser als je zuvor. Daraufhin vereinbarte sie mit der Klinik, nur aufzutauchen, wenn es ihr schlecht ging. Und selbst als ein Grippevirus sie nach fünf Jahren wieder dorthin trieb, waren ihre Lungenwerte kaum schlechter als beim letzten Besuch. Die Ärzte wollten ihr eine Standpauke halten, aber irgendwie fehlten ihnen die Argumente. Eine Ärztin meinte immer wieder ungläubig: „Sie haben ein Riesenschwein, dass es Ihnen so gut geht!"

Heidi sah eher einen Riesengott dahinter.

Der half ihr auch bei einem anderen Problem. Die vielen Medikamente bewirkten nicht nur Geschmacksveränderungen – Heidi konnte plötzlich Spinat oder Fischstäbchen, die sie früher liebte, nicht mehr auch nur riechen –, sondern auch starke Veränderungen in ihrem Gefühlsleben. So konnte sie kein Mitleid mehr empfinden, zum Beispiel als eine Freundin einen schweren Unfall hatte. Es war ihr einfach egal.

In dieser Zeit bekam sie wieder Kontakt zu ihrem einstigen Mathelehrer Christian, der schwer krebskrank war. Immer wieder fuhr sie mit ihrem Mofa zu ihm und versuchte, sein Gottvertrauen zu wecken, damit er Frieden mit sich selbst und seinem Schicksal schließen konnte. Er fasste schnell Vertrauen und schilderte ihr sehr offen seine Ängste und Sorgen: vor weiteren Operationen, vor Medikamenten, vor dem Tod. Das alles war Heidi nur zu vertraut und langsam kam auch wieder Mitgefühl in ihr hoch.

Eines Tages schrieb Christian ihr, man hätte wieder einen neuen Tumor entdeckt und könnte nichts mehr für ihn tun, jetzt sei es wohl aus. Heidi heulte zum ersten Mal seit langer Zeit und konnte drei Tage nicht damit aufhören.

Die vielen Cortisonbehandlungen ließen Heidi immer schwächer werden. Sämtliche Organe waren durch die unzähligen Medikamente geschädigt. Die Nieren arbeiteten kaum noch und sie hatte ständig mit Wassereinlagerungen zu kämpfen. Es gab Tage, an denen schaffte sie genauso viel wie ein gesunder Mensch. An anderen konnte sie nur für ein paar Stunden aufstehen. Besuche wurden immer anstrengender. Sobald mehr als vier Leute durcheinanderredeten, ging ihr das an die Nerven. Selbst Musik zu hören, die sie früher sehr liebte, wurde zur Qual. Am besten verstand sie sich mit ihrem Computer. Den konnte sie an- und ausschalten, wann sie wollte, sie konnte Kontakt aufnehmen, wann und mit wem sie wollte, und das ganz ohne Lärm.

Im Juni 2009 setzte Heidi fast alle Medikamente ab. Unerträgliches Hautjucken und andauernde Schlaflosigkeit machten ihr das Leben schwer.

Für die Hochzeit ihrer jüngeren Schwester Sabine im Juli motivierte sie noch einmal all ihre Lebenskräfte und schrieb ein urkomisches Theaterstück in drei Akten, das die Hochzeiter in jungen Jahren, im mittleren Alter und an ihrem Lebensabend zeigte. Sämtliche Familienmitglieder waren als Schauspieler engagiert.

Es war sehr heiß an diesem Tag und Heidi fühlte sich schon am Nachmittag während der üblichen Kaffee- und Kuchenschlacht nicht mehr sehr wohl. Erstens zermürbte sie der hohe Geräuschpegel, zweitens fehlte der gewohnte Mittagsschlaf. Eine Fotografin, die es ganz besonders gut machen wollte, raubte ihr dann noch die letzte Kraft. Die Positionierung von 100 Leuten auf einer abschüssigen Rasenfläche zog sich fast eine Stunde hin. Für Heidi war das Limit erreicht. Irgendwann fand man sie weinend auf einem Stuhl in einer Ecke. Sie konnte einfach nicht mehr ...

Doch Heidi wäre nicht Heidi gewesen, wenn sie nicht trotzdem ihre von allen gespannt erwartete Aufführung mit Bravour durchgezogen hätte. Das war schon immer so gewesen: Wenn Heidi in ihrem Element war, hatte sie genug Puste, da ging ihr niemals die Luft aus.

Doch von da an ging's mit ihr bergab.

Ihre ältere Schwester Marion war an den Mandeln operiert worden und hatte sich einen Krankenhausvirus eingefangen, einen sogenannte Staphylokokken, die gegen alles resistent sind, was an Antibiotika auf dem Markt ist. Natürlich hatte sie keine Ahnung davon und steckte Heidi an, die mit ihrem sowieso schon geschwächten Immunsystem besonders anfällig war. Durch die notwendigen Gegenmaßnahmen wurde sie zunehmend schwächer. Jeden Tag kam irgendetwas Neues hinzu. Die Ärzte drängten noch auf eine Bronchoskopie, doch Heidi lehnte ab. Sie wollte nicht mehr um jeden Preis alles noch ein paar Monate hinauszögern. Sie war bereit, zu ihrem Gott zu gehen.

Auch wenn die Ärzte das nicht verstehen konnten und ihr immer wieder sagten: „Aber Sie sind doch erst 37! Da können Sie doch noch nicht aufgeben!" – Heidi hatte einfach keinen Lebenswillen mehr. Sie konnte kaum mehr allein vom Schlafzimmer ins Badezimmer gehen. Jedes neue Medikament machte es noch schlimmer. Es war nicht mehr mit anzusehen.

Heidis Eltern und ihrem Mann gingen Tag und Nacht tausend Gedanken durch den Kopf. Was war, wenn sie umkippte? Den Notarzt sollten sie nicht rufen, denn er würde in jedem Fall lebensverlängernde Maßnahmen einleiten, und das wollte Heidi nicht. Auch das Krankenhaus würde sie nur aufnehmen, wenn sie die Zustimmung gab, ihr Leben durch alle zur Verfügung stehenden Apparaturen und Medikamente zu verlängern. Selbst die Hausärztin, für die Heidi längst mehr als eine Patientin war, ließ sich nicht mehr blicken. Offensichtlich stand sie ihr zu nah und konnte das Ende nicht ertragen.

Es war für die Familie kaum auszuhalten. Wie sollten sie die nächsten Monate überstehen? Wie sollten sie Heidi helfen, die letzte Zeit angenehmer und vor allem schmerzfreier zu verbringen? Es gab nur eine Möglichkeit. Hätte noch vor einem Jahr jemand Heidis Mutter vorgeschlagen: „Bring deine Tochter in ein Hospiz", hätte sie denjenigen für verrückt erklärt. Doch nach einem Besuch in einer solchen Einrichtung änderte sie ihre Meinung. Es gab ein großes, wohnliches Foyer mit gemütlicher Sitzecke in schönen warmen Farben. Wohlfühlatmosphäre. Das Gespräch mit dem Leiter machte den erschöpften Eltern wieder Mut. Es sei kein Problem, Heidi etwas zu geben, das sie wieder schlafen ließe. Auch gegen ihre Schmerzen und die Wassereinlagerungen gäbe es Mittel und Wege. Und wenn Heidi das Gefühl hatte, sie wollte wieder nach Hause, sei auch das jederzeit möglich.

Das alles klang für das Ehepaar wie Engelsstimmen. Es war das erste Mal seit langer Zeit, dass ihnen jemand die Hilfe anbot, die sie auch wirklich brauchten. Heidi konnte sogar ihren Laptop mitbringen, zu jeder Zeit Besuch empfangen, und Mathias durfte bei ihr übernachten.

Heidi war begeistert. Sie begriff sofort, dass niemand sie abschieben wollte, sondern dass diese Lösung für alle Beteiligten die momentan beste war. Trotzdem sollte sie eine Nacht darüber schlafen. Jeder Mensch will anders sterben. Manche genießen es, noch zu Hause zu sein. Die Geräusche der noch im Leben Stehenden mitzubekommen, sich noch von allen zu verabschieden. Anderen ist das zu viel, sie wollen nur noch ihre wohlverdiente Ruhe.

Heidi entschied sich für das Hospiz. Zwei Tage später war bereits ein Platz frei, und Heidi konnte dort ein Zimmer beziehen.

Hier eine ihrer letzten E-Mails an ihren Arzt.

Lieber Doktor,

ich weiß ja, dass ich aus Sicht der MHH nicht gerade ein einfacher Patient bin und Sie von meinen eigenwilligen Entscheidungen sicher oft nicht begeistert waren, aber Sie dürfen mir glauben, dass ich meine Entscheidungen nie leichtfertig getroffen, sondern mir immer genau überlegt habe, was ich tue und warum. Aus meinen Erfahrungen mit Gott habe ich mich oft lieber ganz ihm als der MHH anvertraut. Dass ich heute bereits über 20 Jahre Herz-Lungen-transplantiert bin, trotz extrem schlechter Prognosen Ihrer Kollegen, die mir 1993 maximal noch 3 Jahre zugestanden haben, zeigt ja, dass ich nicht alles falsch gemacht habe und dass auf Gott wirklich Verlass ist.

Dennoch ist mir klar, dass Sie als Arzt mein Handeln nicht immer so ganz nachvollziehen konnten. Umso mehr hat es mich gefreut, dass Sie damit einverstanden waren, dass ich keine weiteren Immunsupressiva oder Ähnliches nehmen, sondern nur noch palliativ behandelt werden möchte. Es hat gutgetan, dass wir so auseinandergegangen sind und ich Sie nun auf meiner Seite weiß.

Vielen Dank für Ihr Verständnis. Ich denke, es war die richtige Entscheidung. Seit gestern wohne ich im Hospiz Wolfsburg, wo es mir supergut gefällt; man wird hier richtig verwöhnt. Ich spüre zwar, dass meine Leistungsfähigkeit ständig weiter abnimmt, aber das war ja klar.

Ich bin dankbar für all das Gute, was ich noch genießen kann, und freue mich ansonsten schon auf mein neues Zuhause im Himmel.

Nun habe ich noch eine große Bitte: Ich würde zu gerne das Alter und Geschlecht meines Spenders wissen, doch habe ich weder die Kraft noch das Wissen, um das herauszufinden. Sie als Arzt kommen doch bestimmt leichter an diese Informationen. Oder? Würden Sie mir den letzten Wunsch erfüllen, diese Daten für mich herauszufinden und mir dann mitzuteilen? Das wäre spitze!

Ich wünsche Ihnen ein gesegnetes Weihnachtsfest. Vielleicht sehen wir uns ja im Himmel irgendwann wieder. Würde mich freuen.

Ihre Heidi

Leider hat die Antwort sie nicht mehr erreicht. So erfuhr nur noch Heidis Familie, dass die Spenderin eine Frau war, die einen tödlichen Unfall hatte und wie Heidi nur 37 Jahre alt wurde.

An Weihnachten hieß es für die Familie Abschied nehmen von Heidi. Den Heiligabend verbrachten sie noch alle zusammen. An den folgenden Feiertagen kamen die Geschwister mit ihren Familien, was Heidi alles schon ein bisschen zu viel wurde. Sie war bereits in einer Art Wach-Schlaf-Zustand.

Am 3. Januar rief das Hospiz frühmorgens um 7:00 Uhr bei Mathias an. Er fuhr sofort hin. Die Eltern kamen eine halbe Stunde später. Heidi war schon nicht mehr ansprechbar. „Schon ganz weit weg", wie es die Mitarbeiter des Hospizes ausdrückten. Was auch immer das bedeuten mag. Ihre Hand war schon etwas kühl. Die Augen starr. Die Atmung unregelmäßig.

Sie hatte sich immer gewünscht, dass Mathias ihre Hand hielt, wenn sie starb. Er hat es getan, bis zum Schluss. Als sie ihren letzten Atemzug tat, waren die drei Menschen, die ihr im Leben am nächsten gewesen waren, bei ihr. Auch wenn ihnen allen Heidis Ende immer vor Augen gewesen war – die Endgültigkeit des Todes war trotzdem ein Schock.

Als ob eine Uhr plötzlich aufhört zu ticken und Stille eintritt. Für immer. Es ist aus. Vorbei.

Dann durften die Tränen fließen.

Die Aussegnung war nachmittags um 16:00 Uhr. Heidi sah friedlich und entspannt aus, so als ob sie jeden Moment die Augen aufmachen und sagen würde: „Ätschbätsch, ich lebe noch!" Das hätte zu ihr gepasst.

Der Pfarrer, ein Freund von Heidi, sprach von einem erfüllten Leben, wenn es auch nicht lang war und nur mit begrenzten Möglichkeiten ausgestattet. Er zog den Vergleich zur Speisung der 5.000 in der Bibel. Auch die Jünger Jesu hatten nur begrenzte Möglichkeiten: Es standen ihnen nur zwei Brote und fünf Fische zur Verfügung. Wie sollten sie damit 5.000 Menschen satt bekommen, die extra gekommen waren, um Jesus sprechen zu hören? Doch der konnte aus wenig viel machen und letztendlich wurden alle satt.

Vielleicht war es auch wirklich ein bisschen so in Heidis Leben. Trotz ihrer begrenzten Möglichkeiten hat sie viel aus ihrer Zeit gemacht und durch ihre Bücher und E-Mail-Kontakte Tausende von Menschen erreicht.

Ich habe bei meiner Recherche zu diesem Buch Heidis Homepage im Internet entdeckt, und es waren folgende Zeilen, die mich auf tiefste Weise so berührt haben, dass ich mehr über diesen Menschen herausfinden wollte: „Mein Leben war und ist zwar nicht immer einfach und toll – aber ich würde mit keinem Menschen auf der Welt tauschen wollen, denn ich habe Gottes Führung auf so wunderbare Weise zu spüren bekommen, wie ich es als Gesunde vielleicht nie erlebt hätte."

Auch wenn ich Heidi nicht mehr kennengelernt habe, ist ihre positive Lebenseinstellung schon durch die Erzählungen ihrer Familie lebendig geworden und irgendwie auf mich übergesprungen.

Als ich wieder im Zug sitze, diesmal in Richtung Schweiz, und neben mir eine Frau mit teuer aussehenden Reiseaccessoires jemand via Handy all ihre Unzufriedenheit über eine misslungene Party mitteilt, sodass der gesamte Großraumwagen etwas davon hat, kann ich mich nur wundern. Ich schätze mal, der Dame ist Gott noch nicht begegnet. Sie steigt glücklicherweise an der nächsten Haltestelle aus; es kehrt Ruhe ein, und ich versuche, mich innerlich auf meinen nächsten Gesprächspartner vorzubereiten.

Philipp Frei
Von Springerstiefeln zu Sandalen

Er ist kräftig gebaut, beide Arme sind bis oben hin tätowiert. Auf dem einen wild ineinanderverschlungene keltische Ornamente. Auf dem anderen rankt sich ein Löwenzahn bis über die Schulter, eine Pflanze, die für Vergänglichkeit steht. Indem die Samen wegfliegen und neues Leben schaffen, zerstört sich die Blüte selbst.

Für Philipp Frei bedeutet das im übertragenen Sinne, seinen persönlichen Komfort aufzugeben, um anderen einen neuen Start zu ermöglichen. Das hat für ihn viel mit Christsein zu tun: Menschen in schwierigen Situationen beizustehen, egal, was andere davon halten.

Der junge Mann Mitte 20 mit kurzem, dunklem Haar und getrimmtem Bart passt so gar nicht in den schmucken Frühstücksraum des Hotels im schweizerischen Olten, wo wir verabredet sind. Er wirkt wie jemand, der gerne Kontra gibt, der sich nicht verbiegt. Am Tisch nebenan sitzen zwei Geschäftsleute in Grau, die in eine Diskussion über Marketingstrategien von Videospielen vertieft sind, an einem anderen drei superschicke Damen: Ich tippe auf Mode- oder Kosmetikbranche.

Philipp kommt aus einer ganz anderen beruflichen Richtung. „Rassismusprävention" nennt sich das heute. Er geht in Schulklassen und erzählt, wie Gewalt und Fremdenhass entstehen. Er gibt Seminare für Lehrer und Erzieher, denen er erklärt, wie man Gewaltpotenzial bei Jugendlichen erkennt und abbaut. Wie man am besten in eine Schlägerei eingreift und wie Versöhnung funktioniert.

Er ist dafür prädestiniert, denn er kennt die Spirale der Gewalt aus seiner ganz persönlichen Lebenserfahrung. Denn Philipp war Neonazi.

Eigentlich fing sein Leben recht vielversprechend an: Seine Eltern arbeiteten beide im Sozialbereich und ermöglichten ihm eine unbeschwerte Kindheit mit Kirchenchor, christlichem Jugendlager und einem Zuhause, in dem über alles gesprochen wurde. In der Volksschule gehörte er zu den Besten. Die meisten seiner Mitschüler waren Türken, sein bester Freund ein Kosovo-Albaner, ein lebhafter Junge, der sich um die Freizeitgestaltung der beiden kümmerte, während Philipp als ordentlicher Schweizer dafür sorgte, dass beide ihre Hausaufgaben gebacken bekamen. Das ist heute noch so, wenn's auch inzwischen mehr um Steuererklärungen oder Verkehrsbußen geht. Da ist Philipp in seinem Freundeskreis die erste Adresse.

Sein Leben bekam erst einen Rechtsdrall, als er aufs Gymnasium kam und dadurch seinen besten Freund verlor. Dort wehte ein völlig anderer Wind. Er wurde plötzlich, ohne dass er es bemerkte, in die Außenseiterrolle gedrängt. Denn er war schüchtern, ein bisschen dicker und nicht ganz so schnell wie andere. Musste sich blöde Sprüche anhören und wurde beim Mannschaftssport als Letzter ausgewählt.

Das kenne ich gut. Ich war immer die Kleinste in meiner Klasse. Beim Basket- und Volleyball wollte mich keiner in seiner Mannschaft haben. Ein Gefühl, das einen nicht gerade beglückt und am Selbstbewusstsein nagt.

Doch Philipp hatte keinen Bock darauf, weiter am Rand zu stehen und nirgends dazuzugehören. Er bekam Kontakt zu einem Gruppenleiter der Pfadfinder, der als ziemlich rechtslastig galt. Allerdings war damals ein gewisser Patriotismus à la Wilhelm Tell in der Schweiz für viele gar nicht so verkehrt. Der Leiter lud Philipp ein, mit seinen Freunden, die alle im Schnitt drei Jahre älter waren und eine starke Gruppe bildeten, auf den Hockeyplatz zu kommen. Und dort war plötzlich alles anders.

Keiner machte Philipp mehr blöd an. Hier wurde er respektiert. Er hatte plötzlich eine Identität, war nicht mehr der „kleine Dicke", mit dem jeder umspringen konnte, wie er wollte. Er fühlte sich stark mit seinen neuen Freunden im Rücken, auch wenn er inhaltlich wenig durchblickte. Eines kapierte er allerdings sofort: Mit seinem Freund, dem Kosovo-Albaner, konnte er hier nicht ankommen. Aber egal, der Kontakt war sowieso fast abgerissen. Wichtiger war: Er gehörte jetzt dazu.

Dazugehören heißt, sich anpassen. Philip bekam schnell heraus, was angesagt war und was nicht. Witze über Ausländer kamen gut an, also riss er Witze über Ausländer. Viel Bier trinken kam an, also trank er viel Bier. Mit innerer Überzeugung hatte das wenig zu tun. Man wurde einfach mitgezogen und übernahm die Gruppenidentität.

Jede Gruppe braucht etwas, das sie eint. Und dort waren Saufen und Fremdenhass ein adäquates Mittel. Die Begründung war immer gleich und banal: „Ausländer nehmen Schweizern Arbeitsplätze weg", obwohl jeder in der Gruppe Arbeit hatte. Angst vor Überfremdung und die übliche Opferhaltung nach dem Motto: „Wenn ich dem Ali einen in die Fresse haue, bin ich das Arschloch der Nation; wenn er mir einen in die Fresse haut, ist er der arme, nicht integrierte Ausländer, dem man helfen muss."

Im Winter ging es jeden Samstag zu Hockeyspielen, anschließend in die Kneipe zum Saufen. Im Sommer traf man sich zum Grillen und Lagerfeuer im Wald. Aus den Autoradios schallten die „Onkelz", „Absolut Brutal" oder „Sturmfronten". Musik, die illegal aus Deutschland kam.

Philipps Eltern waren die Einzigen, die versuchten, herauszubekommen, warum ihr Sohn plötzlich etwas gegen Ausländer hatte; ansonsten wurden sie von der Gesellschaft als Idioten abgestempelt.

Der harte Kern der Gruppe bestand aus acht Leuten. Zwei, drei hatten die Führungsrolle, deren Wort natürlich mehr galt als das von Philipp. Er war ja noch ein Neuling. Jeder wollte zeigen, dass er mithalten konnte. Wenn sich einer die Haare abrasierte, machten ihm das alle nach. Das Gleiche lief bei

Klamotten und Musik. Wer das härteste Tape ranschaffte, war der King. Man identifizierte sich über Gewalt.

Meist zogen sie nicht gezielt los, um ein paar Türken „auf die Fresse zu hauen". Das ergab sich eher aus der Situation oder war alkoholbedingt. Jeder hatte seine Geschichten auf Lager, und wenn nicht, erfand man einfach eine, um mithalten zu können ... denn darum ging es.

Zu Anfang spielte noch ein gewisser Ehrenkodex eine Rolle, wie man ihn auch aus der Hooliganszene kennt: Du gehst nie gegen Jüngere, du gehst nie gegen Frauen, du gehst nie gegen kleinere Gruppen, nie gegen Einzelpersonen. Du schlägst nie auf jemanden ein, der am Boden liegt.

Heute kann man sich darauf jedoch kaum mehr verlassen. Wer das erste Mal selbst am Boden liegt und einen verpasst bekommt, dreht beim nächsten Mal den Spieß um. Sucht sich ein schwächeres Opfer oder geht zu dritt auf einen Einzelnen los, um sowohl innerhalb der Gruppe als auch vor sich selbst wieder stark dazustehen.

Die Gewaltspirale drehte sich immer weiter nach oben. Den Kick gab das Gefühl, Macht auszuüben, Kontrolle über die Situation zu haben. Etwas, das man als Jugendlicher normalerweise kaum kannte. Auch wenn Kontrolle letztendlich immer nur Illusion ist, entsprach sie dem rechtsextremen Männlichkeitsbild.

„Die Wurzel von Gewalt liegt immer in der eigenen Persönlichkeit", erklärt Philipp mir. „Sie ist eine Kompensation der eigenen Schwäche, ein probates Mittel, um Unsicherheiten zu überdecken. Ich bin nicht die Person, die ich sein möchte, aber wenn ich mich gewalttätig zeige, kommt keiner auf die Idee, mir ein schwaches Selbstwertgefühl zuzutrauen. Dazu gehört auch jegliches Fehlen von Mitleid. Jeder Gewalt geht immer eine Art Entmenschlichung voraus. Das gilt im Krieg, wo Gegner keine Menschen, sondern Feinde sind, ebenso wie bei einer Schlägerei gegen Ausländer. Da kommt so etwas wie Schuldgefühle gar nicht erst auf. Denn man ist ja nur ein Opfer, das sich gegen das Bild des typischen Ausländers zur Wehr setzt, der bestimmt schon mindestens zehn Schweizer krankenhausreif geprügelt hat."

Philipp spielte dieses Spiel mit und passte sich auch äußerlich immer mehr der Gruppe an. Springerstiefel, hochgekrempelte Jeans, Bomberjacke, Tattoos, rasierter Schädel. Er hätte am liebsten auch das Gymnasium verlassen und eine Mechanikerlehre gemacht, denn echte Skins stammten schließlich aus der Arbeiterklasse. Doch mit der Zeit wurde ihm klar, dass er keine wirklichen Freundschaften schließen konnte und die meisten nur eine große Klappe hatten.

Doch wenn er ausstieg, war er wieder allein. Zu dem Schritt war er noch nicht bereit … da nahm er schon lieber Schlägereien und Saufgelage in Kauf. Er suchte sogar Anschluss an eine noch härtere Gruppe, die sich durch das Anzünden von Asylantenheimen einen „guten Namen" in der Szene gemacht hatten. Egal, Hauptsache, er konnte bei Hockey- oder Fußballspielen mit ihnen zusammen grölen. Es ging selten um politische Motivation oder darum, ein Zeichen zu setzen oder gar jemanden umzubringen. Sondern einzig und allein darum, sich innerhalb der Szene zu profilieren.

Auch Schusswaffen waren dort ein Thema. Doch es steckte mehr Angeberei als tatsächliche Mordabsicht dahinter. Eine Waffe im Handschuhfach oder cool in den Gürtel gesteckt machte einen zum ganzen Kerl. Und nur darum ging es.

Doch eines Tages schlitterte Philipp in eine Situation, die ihn zum ernsthaften Umdenken brachte. Er und ein „Freund" aus der Gruppe holten einen Kumpel ab, der frisch aus dem Knast entlassen war, und gingen mit ihm auf Kneipentour. Philipp war stolz darauf, dabei zu sein. Mit dem konnte er Eindruck schinden. Das katapultierte ihn in der Hierarchie gleich wieder zwei, drei Stufen höher. Klar, dass sie erst mal dorthin fuhren, wo Ausländer herumhingen, denen man auf die Fresse hauen konnte, und dort mit quietschenden Bremsen vorfuhren. Der Erste, den Philip sah, war sein ehemals bester Schulfreund, der Kosovo-Albaner. Blöd gelaufen. Philipp wusste genau, sein Freund hatte nie irgendeinem Schweizer etwas getan. Die ganze Gruppe nicht. Außerdem bestand in diesem Viertel gerade so etwas wie Waffenstillstand zwischen Ausländern und Skins. Trotzdem hielt er seine Kumpels nicht zurück. Und in kürzester Zeit war die heftigste Schlägerei im Gange.

Philipp hielt sich am Rand, so gut er konnte, und fühlte sich zum ersten Mal so richtig übel. Seinen Freund hat er nie wieder gesehen. Doch in diesem Moment fiel der Groschen: Es konnte nicht sein Ziel sein, unschuldige Menschen zu verprügeln, nur um irgendwelchen Typen, die er kaum kannte, etwas zu beweisen.

Er beschloss auszusteigen. Keine einfache Sache.

Sein aufgesetztes Weltbild krachte wie ein Kartenhaus zusammen. Er hatte keine starke Gruppe mehr im Rücken, was auch die Ausländer schnell spitz bekamen, die ihm immer wieder auflauerten.

Skinhead sein war ein 24-Stunden-Job. Was sollte er jetzt mit seiner Zeit anfangen? Hass, Aggressionen, Wut auf sich selbst und auf die Gruppe kamen in ihm hoch. Er flüchtete sich in die Metalszene, tauschte Bomberjacke gegen „Kutte" (Leder- oder Jeansjacke mit Stickern) und ging statt auf Sportveranstaltungen auf Hardrock-Konzerte. Die neue Identität verschaffte ihm wieder ein Zugehörigkeitsgefühl. Sein rechtes Männlichkeitsbild vereinte sich mit dem Image des Einzelgängers und verklärte sich zum Mythos des einsamen, unbesiegbaren Helden. Er allein musste stark sein, um es zu schaffen.

Ähnlich wie gewaltthematisierende Filme, Comics oder Computerspiele gilt „Metal" auch heute noch als jugendgefährdend und wird für Suizide oder Amokläufe von Jugendlichen verantwortlich gemacht. Texte von Marilyn Manson oder „Slipknot" haben zum Beispiel angeblich beim Amoklauf am Erfurter Gutenberg-Gymnasium als Inspirationsquelle gedient.

Auf Dauer war Philipp diese Szene jedoch zu dumpf und er wechselte zu den Gothics. Hier fand er etwas mehr Inhalte, wenn er auch die Totengräberstimmung, die diese Gruppe ausmachte, als künstlich empfand und sich auch dort keine wirklichen Freundschaften entwickelten. Er fühlte sich jedoch vom satanistisch geprägten Flügel der Gothics angesprochen, von deren bewusst antichristlich geprägter Musik, die Aggressionen, Hass und Wut ausdrückte, was seinem inneren Zustand durchaus entsprach.

„Wut entsteht", erklärt er mir, „wenn man nicht als die Person wahrgenommen wird, die man gern sein möchte. Wenn das Leben nicht so läuft, wie wir es uns vorstellen oder, besser gesagt, wie es uns die Gesellschaft vorschreibt. Wenn wir nicht der Supermann sind, wie ihn die Werbung definiert, mit Sixpack-Bauch, Dreitagebart, Sportwagen, einem geilen Job und einer schönen Frau zu Hause."

Die Metal- oder Gothicszene vermittelte Philipp wenigstens immer wieder Überlegenheitsgefühle nach dem Motto: „Du hast es als Einziger begriffen, alle anderen tappen im Dunkeln, sind Idioten, die es gar nicht wert sind, am Leben zu sein." Das antichristliche Element hatte nichts mit Religion zu tun, war nur Auflehnung gegen das gesellschaftskonforme Christentum.

Doch letztendlich bekam er auch dort keine Antworten. Die innere Leere rückte die großen menschlichen Fragen immer mehr in den Vordergrund: Wer bin ich, was soll ich hier, wo gehe ich hin?

Philipps ursprüngliche Lebensplanung endete mit 25 Jahren. Danach rechnete er damit, an einer Alkoholvergiftung zu sterben oder irgendwann das Messer eines Türken zwischen die Rippen zu bekommen.

Der Einzige, der damals zu ihm vordrang, war sein Religionslehrer, der gleichzeitig Pastor war. Er entsprach kein bisschen dem Männlichkeitsbild, von dem Philipp sich so gar nicht trennen wollte. Er war schlaksig, dünn, trug eine Brille, interessierte sich nicht für Macht und besaß null Aggressivität. Außerdem war er sehr gefühlsbetont, offen, entspannt, in seiner Identität gefestigt. Obwohl Philipp seinen Unterricht demonstrativ verschlief, interessierte der Lehrer sich für ihn, gab ihm Bücher zu lesen. Eines war ein Bericht über Cassie Bernall, ein Mädchen, das beim Amoklauf an der Columbine-Highschool in Littleton sozusagen einen Märtyrertod gestorben war. Der Amokläufer hatte ihr die Waffe an den Kopf gehalten und sie gefragt, ob sie an Gott glaubte ... mit der Konsequenz, dass, wenn es so wäre, er sie erschießen würde. Das Mädchen war für ihre Überzeugung gestorben. Etwas, das weder in der Neonaziszene noch bei den Metallern oder Gothics vorgekommen wäre.

Das faszinierte Philipp damals, und er begann, sich für „christliche Helden" zu interessieren. Er hängte sich ein Zitat von Martin Luther King über sein Bett: *„Wenn du nichts hast, wofür du zu sterben bereit bist, hast du auch nichts, wofür es sich zu leben lohnt."*

Er begann, die Bibel zu lesen, und besuchte sogar den Gottesdienst seines Lehrers, allerdings nur, um ihn anschließend zu beschimpfen, was für einen „Scheißdreck" er da verzapfte. Einmal wagte er sich sogar in den Bibelkreis, obwohl er die Jugendlichen, die dort zusammenkamen, für ziemlich uncool hielt. Eigentlich wollte er gleich dem Erstbesten auf die Fresse hauen, damit er einen Grund hatte, wieder abzuhauen. Doch da es alle außer ihm super fanden, dass er da war, musste er dieses Vorhaben wieder fallen lassen.

Dieses Glücklich-Zufriedene, dieses „Wir lieben uns alle"-Gequatsche konnte er gar nicht ab; er musste jedoch zugeben, dass diese Typen weitaus freier und gelöster wirkten als er. Sie mussten nicht immer dem Druck entsprechen, unkonform und cool zu sein. Er fühlte sich angenommen, obwohl er eine andere Meinung hatte und die auch äußerte. Das war anders als in den Gruppen, in denen er zuvor auf Identitätssuche gewesen war.

Doch sein altes Leben hielt ihn noch fest in den Klauen. Er ging auf wüste Partys, soff sich regelmäßig zu, pumpte sich mit Pornografie aus dem Internet voll, provozierte Schlägereien und hatte den typischen Ärger mit Eltern, Schule und Polizei. Er war oft depressiv, schnitt sich die Unterarme auf oder schlug sich die Fäuste an einer Wand blutig.

Er selbst konnte nichts daran ändern. Seine „Bibelfreunde" sagten ihm: „Wenn du erst mal an Gott glaubst, wird alles besser." Darüber konnte er nur lachen. Dass dazu ein Prozess gehörte, hatte er im ersten Moment noch nicht begriffen. Trotzdem entschied er sich, diesen Weg zu gehen, auch wenn es ihm schwerfiel. Er wusste, es war seine einzige Chance, sonst würde er in ein paar Jahren tot sein. Ganz langsam begann er, Freundschaften mit „normalen" Jugendlichen zu schließen, etwas, das er nie für möglich gehalten hätte.

Der Glaube wurde für ihn zur echten Alternative zum Rechtsextremismus und den anderen Gruppen. Es gab plötzlich wieder ein Ziel und etwas, wofür er sich engagieren konnte, worin er einen Sinn sah. Er half mit, Jugendgottesdienste und Jugendlager zu organisieren, und begann eine recht offene Beziehung zu Gott, die allerdings nicht so ganz dem entsprach, was man sich unter einem „guten Christen" vorstellt: Philipp äußerte klar seine Wut gegen Gott, Zorn, Unverständnis, Anklagen darüber, warum er nicht hilft, warum er „seinen Arsch nicht hoch bekommt", Zweifel, ob es ihn überhaupt gibt, warum er sich nie zeigt …

Doch eines Tages begegnete Gott ihm dann. Völlig unvorbereitet, nach einem heftigen Streit mit besagtem Pastor während eines Alphalive-Grundkurses. Als der Pastor ihn segnete, hätte Philipp ihm am liebsten eine reingehauen, konnte sich aber im letzten Moment zurückhalten und rannte hinaus in den strömenden Regen. Wieder hatte er das Gefühl, er könne dem

Bild, wie er sein sollte, nicht entsprechen. Es war ihm unmöglich, seine alten Muster unter Kontrolle zu bekommen. Er war stocksauer auf sich, auf Gott. Und er schrie laut in den grauen Himmel: „Entweder zeigst du dich jetzt, oder du kannst mich mal!"

Und plötzlich spürte er zum ersten Mal so etwas wie Vergebung!

Er hatte sich bisher nicht mit seiner Vergangenheit auseinandergesetzt, denn alles, was ihm entgegenschlug, war Ablehnung. In seinem Dorf galt er noch immer als „der Skinhead", und die Leute wechselten die Straßenseite, wenn sie ihn sahen. Auch in der Kirche hatten sie Mühe, ihn zu akzeptieren. Er konnte sich selbst nicht vergeben und sich auch nicht vorstellen, dass Gott ihm vergeben würde. Doch in diesem Moment fiel etwas von ihm ab. Er konnte loslassen. Die Probleme waren zwar noch da, aber er spürte: Gott *mochte* ihn, so wie er war, mit all seinen Macken. Es kam ihm vor, als ob der Regen alles, was ihn quälte, abwaschen würde. Er, der nie etwas fühlte außer Wut und Zorn, wurde plötzlich überschüttet mit einer Welle des Wohlwollens.

Als er nach Haus kam, war er so klitschnass, dass seine Freundin fragte, ob er schwimmen gewesen sei. Doch er lachte nur und fühlte sich frei wie nie zuvor. Gott hatte ihm einen neuen Boden gegeben, auf den er sein weiteres Leben bauen konnte. Er wusste jetzt: Gott ist da, auch wenn er ihn oft nicht gespürt hatte. Er kümmerte sich auch manchmal anders, als Philipp es sich vorgestellt hatte.

Von da an war alles anders.

Ohne Gott hätte Philip den Ausstieg nicht geschafft. Dieser war härter als gedacht, aber aus der heutigen Perspektive, sagt er, der beste Weg für ihn. Sonst wäre er jetzt nicht der, der er ist.

Krisen sind vielleicht von Gott gewollt, vielleicht auch nicht. Wenn Philipp heute wieder in Schwierigkeiten gerät, lehnt er sich entspannt zurück und fragt sich höchstens, welche

Veränderung gerade angesagt ist. Krisen bringen sein Gottesbild nicht mehr ins Wanken … und die Angst, dass Gott nicht existieren könnte, kennt er nicht mehr.

Seine Lernferien, die eigentlich für die Vorbereitung des Abiturs gedacht waren, verbrachte er in Ruanda. Ein Freund seines Vaters arbeitet dort für *Campus Christi*, ein schweizer Missionswerk, das sich für Friedens- und Versöhnungsarbeit zwischen Tutsis und Hutus engagierte.

Ruanda, ein Land mit einer extrem gewalttätigen Vergangenheit, war für Philipp eine ganz besondere Herausforderung. Er hatte dort mit Tätern zu tun, die jeder 20 bis 30 Menschen umgebracht hatten, was in der Auseinandersetzung mit seiner eigenen Vergangenheit viel bewirkte. Seine Neonaziargumente waren letztendlich die gleichen wie die ihren. Sein Feindbild waren Türken, ihres eingewanderte, etwas größere, etwas weniger schwarze Menschen als sie selbst. Wenn er in diesem Land geboren worden wäre, wie hätte er reagiert? Hätte er bei dem blutrünstigen Abschlachten der Tutsis vielleicht auch mitgemacht?

Er traf dort auf Menschen mit grausamer Vergangenheit, die ihren Frieden mit Gott gemacht haben und sich heute für ihre damaligen Opfer engagieren. Für Philipp eine wichtige Erfahrung: Gott kann ihn brauchen, trotz seiner gewalttätigen Vergangenheit …

Auch die kritische Auseinandersetzung mit der dortigen Kirche war wichtig. Die Anschauung, je länger, je lauter, je inbrünstiger jemand bete, desto weniger Leid hätte er zu tragen, widerstrebte Philipp zutiefst. Er erklärt mir, die Bibel hätte nie behauptet, dass uns ein Leben ohne Leid oder Krankheit beschert sei, wenn wir nur oft genug und lange genug beten. Sie spricht davon, frei zu werden, allerdings ohne zu verraten, wann dieser Zustand eintritt. Paulus, der einstige Christenverfolger, hatte immer mit dem ominösen „Stachel in seinem Fleisch" zu kämpfen und war unzufrieden mit seinem Leben. Trotzdem war er für Gott gut genug.

Die Bibel ist voll von gescheiterten Persönlichkeiten mit patho-
logischen Mustern. Die Jüngerschar ist eine Ansammlung von
Versagern. Die beiden Fischer Petrus und Philippus hatten immerhin noch einen ehrenwerten Job, Stephanus aber war ein
Zelot (er tötete Menschen aus Fanatismus), Jakobus war Zöll-
ner mit der Lizenz, Reisende auszunehmen, und Thomas hieß
nicht umsonst „der Ungläubige". Nicht gerade eine spirituelle
Vorzeigetruppe, doch Gott schienen sie genügt zu haben.

Keiner der Propheten war anfänglich begeistert davon, Gottes Wort zu verkünden. Jona hatte „null Bock". Jeremia konnte
nur schwer überzeugt werden, Jesaja wollte von vornherein
nicht, und Mose hat sich viermal verweigert, bis er sich endlich
aufgerafft hat, und dann auch nur höchst widerwillig. Das waren alles keine Superhelden und doch hat es gereicht und auch
funktioniert. Und sogar Jesus selbst hatte nicht die günstigsten
Voraussetzungen. Der Spruch „Was kann schon aus Nazareth
Gutes kommen!" hing ihm lange nach.

Offensichtlich gefällt es Gott, mit weniger perfekten Menschen etwas zu bewegen. Philipp glaubt nicht, dass man den
Himmel auf Erden kreieren kann, dafür ist der Mensch zu „gefallen", wie man biblisch sagen würde, zu egoistisch, zu selbst-
bezogen. Wir kriegen es nicht hin, die Welt für alle lebenswert
zu machen. Die Hölle ist laut Bibel die Abwesenheit Gottes.

Einmal musste Philipp in Afrika vor einer Gruppe Jugendlicher zwischen 12 und 20 predigen, die alle Aids hatten. Was
sagt man denen? Die Eltern der meisten waren abgeschlachtet
worden und sie selbst würden in den nächsten Monaten sterben. Wie soll man da von einem liebenden Gott erzählen?

Ein Satz wie: „Auch wenn Aids als Strafe Gottes angesehen
wird und auch wenn eure Eltern sich nicht geschützt haben,
Gott liebt euch trotzdem", rutscht einem nicht so leicht über die
Lippen. Es gibt im Diesseits keinen Himmel und keine Hölle.
Wir Menschen bestimmen selbst, wie wir leben. Wir können
keinen Himmel auf Erden schaffen, aber zumindest können

wir versuchen, halbwegs faire Lebensbedingungen für alle zu erreichen. Wenn Afrika die Hölle ist, ist das vorwiegend unser Fehler. Weil wir die Möglichkeit hätten, zu helfen, wenn wir wirklich wollten. Dafür aber müssten wir auf einen Teil unseres Reichtums verzichten, und dazu ist kaum jemand bereit. Wer Christ ist, müsste es aber sein!

Also sind wir wörtlich genommen gar keine christliche Gesellschaft?

„Das hatte Jesus auch nie im Sinn", erklärt mir Philipp. „Er hat sich nie politisch engagiert und wollte auch kein Gesellschaftssystem implementieren. Dort, wo das Christentum gesellschaftsfähig wurde, wurde es zwangsläufig korrumpiert und löste immer ideologische Grabenkämpfe aus. Die meisten politischen Bestrebungen für ein christlich geprägtes Land sind blanker Unsinn. Also gibt es streng genommen auch keine christliche Politik. Auch wenn es heute wieder zum guten Ton gehört, Christ zu sein, und viele Politiker glauben, damit punkten zu können. Doch das alles hat nichts mit dem zu tun, was in der Bibel steht: ‚Wer mir nachfolgt, gibt sein Leben auf‘. Der Weichei-Christ von heute wäre dazu nie in der Lage."

„Aber vielleicht verhalten sich Politiker, die durch den christlichen Glauben motiviert sind, etwas fairer als andere", wage ich einzuwerfen, bekomme aber nur ein müdes Lächeln zur Antwort.

Das Christentum war immer stark, dort, wo es verfolgt wurde, wo es schwierig war. In kommunistischen Ländern, während der DDR-Zeit, während des Dritten Reiches. China hat heute die am stärksten wachsende Kirche. Ein russischer Priester sagte einmal: „Das Beste, was uns passieren konnte, war, dass sie in den letzten 100 Jahren alle unsere Gotteshäuser abgebrannt haben. Seither haben wir wieder Zeit, uns auf das Wesentliche zu konzentrieren, und müssen uns nicht mehr mit Diskussionen um die Farbe von Stuhlbezügen und der Form von Hostien rumschlagen."

Kirche hat es nirgends so schwer, wie dann, wenn sie versucht, in der Wohlstandsgesellschaft zu überleben.

Nach dem Abitur arbeitete Philipp für *Campus für Christus* in der Schweiz im Bereich Wertevermittlung: Was sind Werte? Wie prägen Werte? Er fing an, Vorträge in Schulklassen über Rassismus zu halten, und entwickelte daraus sein eigenes Projekt: „Vertikal".

Am wichtigsten für seine Zuhörer ist immer seine persönliche Geschichte. Er erzählt von den Fehlern, die er gemacht hat, und gibt dadurch den Jugendlichen die Möglichkeit, sich eigene Schwächen einzugestehen. Meistens stehen ja sonst nur Vorzeigelehrer, staatliche Präventionsfachleute oder Polizisten vor ihnen, die zwar auch ihre Fehler haben, aber selten darüber sprechen. Wichtig ist nicht, dass die Schüler denken: „Hey, ist das ein krasser Typ!", sondern dass sie sich fragen: „Wo stehe *ich* eigentlich, wo werde *ich* vom Gruppendruck geprägt? Mit welcher Gruppe bin *ich* eigentlich zusammen und warum? Wie gehe *ich* mit meinen Aggressionen um?"

Oft werden auch Schweizer zu Opfern von Gewalt, vor allem in Schulen mit hohem Ausländeranteil. Gewalt ist ein dehnbarer Begriff. Für einen Schweizer oder Deutschen ist etwas viel schneller Gewalt als für einen Türken, der vielleicht daran gewöhnt ist, von seinem Vater geschlagen zu werden. Noch mal anders wird damit in Afrika oder auf dem Balkan umgegangen, wo die Menschen Krieg erlebt und eine ganz andere Hemmschwelle haben. Jeder hat eine andere Definition von Gewalt. Manche fühlen sich viel früher als Opfer als andere. Dem Täter steht nicht zu, abzuwägen, wann etwas wehtut und wann es als Gewalt wahrgenommen wird. Gewalt wird immer vom Opfer definiert.

Neben seiner Arbeit in Schulen betreut Philipp auch schwererziehbare Jugendliche mit gewalttätiger, rechter Vergangenheit, die in Heimen leben. Die wissen sofort, wovon er redet. Da muss er nicht bei Adam und Eva anfangen. Anders als bei der Lehrerweiterbildung, die ebenfalls zu seinem Aufgabengebiet gehört. Nach seiner Erfahrung wissen die wenigsten Erzieher, wie sie sich verhalten sollen, wenn Schüler gemobbt werden, oder wie sie bei einer Prügelei auf dem Schulhof eingreifen sollen.

Ja, wie denn?

„Eigentlich ist es ganz logisch", werde ich belehrt: „Also, die Jungs erst einmal auseinanderbringen, dann mit den Betroffenen die Ursache ergründen. Die Vorgeschichte miteinbeziehen, die meist schon länger besteht, nach dem Motto: ‚Du hast ja schon wieder …' Und dann dem Täter eine Chance einräumen, sich wieder in die Gruppe zu integrieren. Denn meist kümmert man sich mehr um die Opfer und vergisst dabei die Täter, die ohne ausreichende Unterstützung ständig neue Opfer produzieren."

Die Schweiz ist, was die Entwicklung von Gewalt bei Jugendlichen betrifft, 20 Jahre hinter den USA zurück und 5 Jahre hinter Deutschland. Philipp ist überzeugt, dass es auch dort in den nächsten Jahren Amokläufe an den Schulen geben wird. Der letzte Ausweg einer zerstörten Kinderseele. Anschließende Rechtfertigungen wie: „Das hätte ihm keiner zugetraut, niemals hätte man das voraussehen können", machen ihn wütend.

Der Amokläufer von Winnenden im Jahr 2009 war ein Junge, der jahrelang gelitten und um den sich niemand gekümmert hatte. Er wollte einfach sagen: „Hey, ich bin doch auch jemand!" Vielleicht auf eine sehr perverse Art, aber eine sehr effiziente. Der letzte Hilfeschrei eines Jungen, der über Jahre hinweg Opfer war, der keine andere Chance sah, als das auf diese Weise auszudrücken.

Es gibt immer Warnsignale, aber die wenigsten Lehrer sind darauf geschult, sie zu erkennen. Amokläufe entstehen fast immer aus Mobbingsituationen, ein Gebiet, auf dem sich Philipp bestens auskennt. Als Präventionsexperte weiß er wenige Minuten, nachdem er eine Klasse betreten hat, wer dafür infrage kommen könnte.

Viele Lehrer sind leider verständlicherweise demotiviert, wenn sie zum dritten Mal ihr Auto mit zerstochen Reifen und zerkratztem Lack vorgefunden haben. Sie verschließen sich und wollen eigentlich gar nichts mit dem zu tun haben, was da hinter den Pickelstirnen so brodelt.

Es gibt Gesellschaften, die solche pervertierten Verhaltensweisen regelrecht produzieren. USA, Deutschland und auch die Schweiz sind Kulturen mit der Tendenz, alles aufstauen zu lassen, bis es irgendwann explodiert. In Frankreich, Italien oder Spanien gab es bisher noch keine Amokläufe. Offensichtlich sind die Menschen dort impulsiv genug, Aggressionen sofort abzubauen.

Philipp ist inzwischen fast jeden Tag ausgebucht. Das Thema „Gewalt" wird auch in der Schweiz immer brisanter, passt aber nicht unbedingt zu einem evangelisierenden Missionswerk wie *Campus für Christus*. Zumal er Glauben nicht als Allheilmittel in seine Arbeit mit einbezieht. Für ihn war es der richtige Weg, aber das heißt noch lange nicht, dass das für alle gilt. Er will helfen, egal, ob sich jemand anschließend für Gott entscheidet oder nicht.

„Vertikal" gehört heute zum Blauen Kreuz, einem politisch und konfessionell unabhängigen diakonischen Hilfswerk, das auf Suchthilfe spezialisiert ist.

Philipp wird von streng katholischen bis hin zu charismatisch-evangelikalen Organisationen für Predigten angefragt. Er selbst ist bis heute „nicht die große Gebetskanone". Er betet zwischendurch, im Alltag, wenn ihn etwas anspricht oder aufregt oder wenn eine Situation ihn überfordert. Dann entsteht ganz von selbst eine Kommunikation mit Gott. Oft ist es gar nicht einfach, bei der vielen Arbeit Raum zu schaffen für das Gebet oder die Bibel. Und vor allem für die Selbstreflexion.

Das Wichtigste ist für Philipp dabei, jeden Tag aufs Neue seine Motivation zu hinterfragen: „Warum tue ich, was ich tue? Tue ich es wirklich aus reinen Motiven, aus Liebe zu Gott und den

Menschen, oder gibt es da doch noch etwas anderes? Engagiere ich mich, weil ich dadurch einen gewissen Wert, ein Standing bekomme?" Mit seiner Vorgeschichte ist er in dieser Hinsicht bestimmt selbstkritischer als andere. Schließlich war das lange sein Lebensthema: „Was stelle ich dar? Wie stehe ich vor anderen da? Wie kann ich mich profilieren, um anerkannt zu werden?"

Das Thema „Selbstdarstellung" spielt noch immer eine große Rolle. Soziales Engagement darf für Philipp auf keinen Fall zum Selbstzweck werden. So nach dem Motto: „Du bist doch der tolle Typ, der sich um gewalttätige Jugendliche kümmert." Jesus hat es auch nie auf Anerkennung angelegt. Wenn er verherrlicht wurde, ist er abgehauen. Doch die meisten Menschen neigen dazu, sich in ein möglichst helles Licht zu rücken.

Die Bibel hat dazu eine krasse Aussage zu bieten: „Auch wenn du noch so schön singst, wenn du es nicht aus Liebe tust, ist es nichts als tönendes Erz, ein leerer Klang" (1. Korinther 13,1).

Ich frage mich natürlich selbst sofort: Schreibe ich dieses Buch auch aus selbstdarstellerischen Gründen? Möchte ich mich in irgendeinem Licht strahlen sehen? Strahle ich von allein zu wenig?

Dann beruhige ich mich aber auch ganz schnell wieder. Nein, für den strahlenden Auftritt in der Öffentlichkeit sind doch andere Themen wesentlich besser geeignet. Vielleicht ein Buch über Supermodels, Supermillionäre oder Supersportler. Auch Vampirbücher sollen ja gerade sehr gut laufen.

Während der Zug in Richtung München rauscht, wo ich zu Hause bin und endlich mal wieder eine Nacht im heimischen Bett verbringen werde, kann ich diesen Gedanken kaum stoppen. Vor allem nicht in Bezug auf meine nächste Gesprächspartnerin, die ich am nächsten Tag auf dem Ökumenischen Kirchentag treffen soll. Sie ist ein Star, jemand, der seine berufliche Existenzberechtigung daraus zieht, die Aufmerksamkeit möglichst vieler Menschen auf sich zu lenken.

Wie kann so jemand ernsthaft Gott begegnet sein?

Nina Hagen
Bunt, schrill und fromm

Es ist nicht weit zu fahren. Der Ökumenische Kirchentag findet auf dem Münchner Messegelände statt. Statt Baumaschinen, Gastronomiegewerbe oder Modewelt stellen diesmal drei Tage lang Christen aus. Der Eintritt kostet 28 Euro, nicht gerade wenig, aber schließlich stecken wir alle in der Krise, auch die Kirche.

Wer hier alles einen Stand hat, glaubt man ja gar nicht. Von christlichen Polizisten über christliche Ärzte, christlichem Gefängnispersonal, Pilgerreisebüros und koptischen Christen, die Pfannkuchen aus Äthiopien anbieten, bis hin zu „Bibelerkenntnisgruppen", die einen Glaubens-Klettergarten aufgebaut haben, ist alles vertreten.

Hätte mir früher jemand gesagt, dass ich hier Nina Hagen treffen würde, hätte ich denjenigen wahrscheinlich für verrückt erklärt. Die schrille, bunt geschminkte Ulknudel, die Punkröhre, der Bürgerschreck, der frivole Vamp? Ich hätte sie mir überall vorstellen können, nur nicht hier.

Lebhaft erinnere ich mich noch an die Sendung „Menschen bei Maischberger", in der Nina „Mister Knoff-Hoff", den deutschen Wissenskönig Joachim Bublath, aus der Sendung ekelte, weil er ihre Ufo-Storys belächelte, oder als sie die Ex-Grünen-Abgeordnete Jutta Ditfurth als „blöde Kuh" bezeichnete. Warum allerdings hinterher von „Skandalauftritten" geschrieben wurde, hat sich mir nie so richtig erschlossen. Dafür hatte man sie doch eingeladen, oder nicht? Eine Prise Pfeffer in der langweiligen Talkshow-Suppe!

Als ich dann jedoch letztes Jahr der Presse entnahm, dass Nina Hagen sich hat taufen lassen und schon seit ihrer Kindheit ein sehr persönliches Verhältnis zu Gott pflegt, war ich doch überrascht. Wer ist sie denn nun? Der ewige Punk? Die schrille Rebellin? Oder nur ein ganz normaler Mensch, der gern den lieben Gott an seiner Seite weiß?

„Wenn sie dann mal über 50 sind, werden viele fromm. Ist ja aber nicht das Schlechteste!" Das hat mir mal ein berühmter Musikmanager im herrlichsten schweizer Dialekt gesagt und es ist was dran: Sogar den wilden Alice Cooper hat's gepackt oder auch Lenny Kravitz und Mariah Carey. Ich denke, gerade Menschen mit einem wilden Leben bekommen auch ziemlich intensiv die Kehrseite der Medaille zu spüren und erleben Momente der brutalen Einsamkeit, die manchmal kaum zu ertragen ist. Das mag einem vielleicht seltsam, erscheinen, wenn man sich die Bilder vor Augen hält, wie Fans die Hände nach ihren Stars ausstrecken und immer wieder ihre Namen rufen.

Auf dem Ökumenischen Kirchentag erlebe ich Ähnliches: In Halle 2 stellen christliche Verlage aus und Ninas Autobiografie „Bekenntnisse" ist dort natürlich der Supermagnet. Vom kleinen Steppke bis zur Oma drängen sich die Menschen um den Stand, wo die „fromme Popdiva" ein Bad in der Menschenmenge nimmt. Auf ihren 20 cm hohen Plateausohlen ragt sie ein wenig heraus, eine Maßnahme, die ich gut verstehe. Auch ich fühle mich mit meinen 1,60 Meter in größeren Menschenansammlungen schnell übersehen.

Für ihre Verhältnisse ist Nina – wohl mit Rücksicht auf Anlass und Örtlichkeit – relativ dezent gekleidet: schwarzweißes Karokleid, schwarzer Mantel. Allerdings in Kombination mit einer wilden Fantasiefrisur und den typischen riesig geschminkten Nina-Kulleraugen mit künstlichen Wimpern und knallrotem Schmollmund.

Als ich mich ein bisschen nach vorne gekämpft habe, höre ich ihre unverkennbare Stimme, die stakkatoartig „We praise the Lord!" und „Halleluja" ruft. Nur leicht irritiert habe ich mich von der Seite zwischen zwei Bücherregalen nach vorne gemogelt und fühle mich wie ein Teenager-Groupie, der es geschafft hat, die Abschirmungen des Sicherheitspersonals zu durchbrechen und nun nur noch wenige Zentimeter von der Erfüllung aller Sehnsüchte entfernt ist. (Etwas, das ich im Teenageralter absolut versäumt habe. Aber es ist nie zu spät!)

Doch da springt sie leider schon auf, wird sofort von zwei Herren mit Knopf im Ohr abgeschirmt. Die Wartenden werden zur Seite gedrängt, und Nina vertröstet uns auf später, auf die Zeit nach dem Interview. Das soll in wenigen Minuten auf der großen Außenbühne vor Halle 2 stattfinden.

Es hat gerade zu regnen aufgehört, und der Rasen vor der Bühne verlangt eher nach Gummistiefeln als nach einem leichten Lederschuh, wie ich ihn heute trage. Ungefähr 300 Menschen haben sich inzwischen versammelt und warten auf Nina. Viele haben ihre Fotohandys oder Videokameras gezückt und geben recht unterschiedliche Kommentare ab.

Zwei pubertierende Mädchen neben mir sind total aufgeregt. Sie sind Nina-ähnlich geschminkt, könnten aber von den Klamotten her auch in eine Klosterschule gehen. Zwei ältere Männer glauben der „schrägen Nudel" schon mal vorsorglich kein Wort, wo kämen wir denn da auch hin: „Erst Ufos, dann Aschram und jetzt eben der liebe Gott! Die macht doch alles, um in die Presse zu kommen!"

Und eine ältere Frau neben mir beschwert sich: „Wie kann man nur mit so viel Schminke rumlaufen?" Ohne die sie übrigens keiner so richtig erkennen würde, wie Nina mir später erzählt.

Doch als sie die Bühne betritt, sind sie plötzlich alle ganz still. Manche schieben sogar ihre Nachbarn zur Seite, um besser sehen zu können. Auch ich spüre einen Ellenbogen im Kreuz.

Eine Journalistin der FAZ, die früher vielleicht wirklich mal ein Nina-Groupie war – zumindest wirkt sie irgendwie so freudig erregt –, erklärt, wie Nina trotz wilden Rockerlebens, Drogenexzessen und heißer Liebesaffären zu Gott gefunden beziehungsweise ihn niemals aus den Augen verloren hat. Ich spüre, wie sich die Feuchtigkeit des Rasens durch meine Sohlen schleicht, und überlege schon, zurück in die Halle zu gehen. Doch da fällt Nina der Journalistin ganz Nina-like ins Wort und plötzlich ist alles anders: Die ganzen leeren Worthülsen bekommen auf einmal Flügel und Farben und Glaubwürdigkeit.

Nina erzählt von ihren frühen Gottesbegegnungen in der DDR, wo das Christentum als gefährlicher Konkurrent zum allein selig machenden Kommunismus gesehen wurde und nur wenige Kirchen überlebten. Eine davon befand sich in der Nähe ihres Zuhauses, einer Drei-Raum-Wohnung, in der sie mit ihrer Mutter Eva-Maria Hagen, der damaligen „Brigitte Bardot der DDR", und ihrem Drehbuch schreibenden Vater Hans Hagen lebte. Die beiden gehörten zum „intellektuellen Jetset" der DDR, hatten viele gesellschaftliche Verpflichtungen, was bedeutete, dass oft bis mittags gepennt wurde, auf alle Fälle sonntags.

Nichts für eine Sechsjährige mit einem ausgesprochenen Drang nach Orten, an denen etwas los war. Und da bot sich sonntagmorgens eben der Gottesdienst um die Ecke an. Die kleine Nina erlebte dort besondere Feiertagsmessen und Trauungen. Letztere mochte sie ganz besonders. Den Pfarrer hielt sie für eine Art Clown, nur ohne rote Nase, der von einer fremden, wunderschönen Welt erzählte. Ihre Eltern erfuhren erst von ihren sonntäglichen Kirchgängen, als sie eines Morgens doch mal früher wach wurden und klein Nina weg war. Sie suchten sie überall, bis sie ihre Tochter mitten zwischen den Gemeindemitgliedern aus der Kirche trippeln sahen. Nina konnte die Sorge ihrer Eltern so überhaupt nicht begreifen. Schließlich ging sie doch jeden Sonntag zur Kirche!

Diese Gewohnheit behielt sie allerdings nicht bei. Doch der Kontakt mit oder, besser gesagt, die Sehnsucht nach Jesus, nach jemandem, der sie bedingungslos liebte, bei dem sie sich aufgehoben fühlte, die blieb. So erzählt sie ganz freimütig, dass sie später in ihrer Drogenzeit sogar während eines LSD-Trips eine „Begegnung" mit ihm hatte.

Da sie durch ihre Eltern und deren Freunde Zugang zu Westmusik und Westfernsehen hatte, interessierte sie sich brennend für jegliche Art von Avantgarde, Rockmusik und vor allem Punk. Sie war schon Punkerin, als in der DDR noch niemand je von diesem Wort gehört hatte. Mit 12 schnitt sie sich Löcher in die Strumpfhosen und steckte sich Sicherheitsnadeln ins Ohr.

Auch an Drogen ranzukommen war kein Problem. Freunde aus Polen kamen eines Tages mit LSD an und Nina schmiss ihren ersten Trip ein. Um das Tor zum Himmel zu öffnen, um mit Jesus zu sprechen. In dieser Reise sah sie ihre Chance, dem großen Geheimnis Gott näher zu kommen. Denn dass es ihn gab, davon war sie schon immer überzeugt.

Und er tauchte tatsächlich auf. Und zwar, als es Spitz auf Knopf um sie stand. Nachdem sie stundenlang höllische Schmerzen erlitten hatte, rief sie Gott um Hilfe. Die Schmerzen waren so unsagbar groß, dass es kein Leben und kein Sterben gab. Und in dem Moment hörte sie Gottes Stimme, die ihr sagte, dass er da sei, um ihr zu helfen. Sie hätte die Wahl: entweder ewige Schmerzen zu leiden oder fortan auf seinen Rat zu hören.

Sie legte sich flach auf ihr Bett und sagte: „Okay, lieber Gott, ich vertraue dir mein Schicksal an!"

Plötzlich sah sie ihren Körper von oben daliegen, in einer Krankenhaussituation. Sie hatte sich aus diesem Körper bereits entfernt, als sie Gottes Stimme wieder hörte: „Mach die Augen auf!"

Jetzt saß er ihr gegenüber und schaute sie mit einer unwahrscheinlichen Liebe an. Ihre erste Frage war: „Gehst du wieder weg, wie all die anderen, die mich bisher in meinem Leben verlassen haben?"

Seine Antwort: „Ich bin immer da, ich war immer da, ich werde immer da sein."

Er erklärte ihr, sie sei nicht richtig gestorben, sie müsse wieder zurück ins Leben, habe aber diesen Weg gehen müssen, um ihn zu finden. Nina sprach noch die ganze Nacht mit ihm.

Ich glaube ihr das, und selbst die kritische Frau neben mir nickt irgendwie zustimmend, auch wenn sie nicht so aussieht, als wäre sie je in ihrem Leben über einen kleinen Schwips hinausgekommen. Das ist ja auch gut so. Auch Nina bittet in Anbetracht der vielen zuhörenden Jugendlichen darum, von Experimenten dieser Art lieber Abstand zu nehmen. Gott sei sowieso dauernd bei uns.

Als sie dann auch noch von ihren zwei Abtreibungen erzählt und ein klares Schuldbekenntnis abgibt, hat sie die 300 Menschen, die inzwischen wieder im Nieselregen stehen, für sich gewonnen. Schirme öffnen sich, aber keiner geht. Ich auch nicht, obwohl meine nasskalten Füße inzwischen laut protestieren.

Diese Frau ist sympathisch und schafft es sogar, ein eher konservatives Kirchentagspublikum voll und ganz in ihren Bann zu ziehen. Als sie dann auch noch grinsend zur bereitstehenden Gitarre greift, toben und pfeifen die Menschen. Ich glaube, es ist die einzige Veranstaltung des Kirchentags, bei der es zu solchen Gefühlsausbrüchen kam. Und „When the saints go marching in" ist genau das richtige Lied für diesen Anlass. Etwas zum Miteinstimmen, etwas zum Mitwippen. Auch wenn Nina bestimmt keine Heilige ist und auch nie eine werden wird. Aber sie ist jemand, der sich für einen Weg entschieden hat und diesen auch konsequent auf ihre Art weitergehen wird. Und zwar, indem sie alle ihr zur Verfügung stehenden Talente einsetzt.

Und was vielleicht in den „Skandal-Talkshows" weniger zur Sprache kam: Nina tut eine Menge Gutes auf diesem Weg. Sie sammelt für ein Waisen- und Frauenhaus in Kabul, etablierte ein Hospital in Indien, organisiert Benefizkonzerte und Galas, engagiert sich gegen die Beschneidung von Frauen in Namibia, spricht Kindermärchen für UNICEF und setzt sich für den Tierschutz ein. Seit Längerem prangert sie gemeinsam mit Journalisten, Filmemachern und Politikern den Einsatz von mit Uran angereicherten Waffen im Irak an, die für schreckliche Krankheitssymptome sowie für eine dramatisch angestiegene Rate von missgebildeten Neugeborenen dort verantwortlich sind, und versucht auf diversen Internetseiten und Blogs darüber zu informieren. Und sie schrieb zur Zeit der Bush-Ära sogar einen offenen Brief an die Bundeskanzlerin.

Diese Frau hat ein klares Ziel: Sie folgt dem Konzept Jesu, sich für die stark zu machen, die keine Stimme auf dieser Welt haben. Das hat nichts mit Pressegeilheit oder mit Wichtigtuerei zu tun. Warum sollte man ihr vorwerfen, dass sie ist, wie sie ist, dass sie schrill ist, bunt lebt und die Höhen und Tiefen des Lebens mit vollem Einsatz durchpflügt hat?

Als das Lied zu Ende ist, gibt es frenetischen Applaus. Wie früher die alten Rockstars spreizt sie die Finger ihrer rechten Hand zu einem V, sprich „Victory" (Sieg), und verlässt die Bühne. Sie wird siegen, über alle, die sich das Maul über sie zerreißen, und vielleicht sogar über sich selbst.

Nach der kleinen musikalischen Einlage steht Nina für Autogrammwünsche und Buchsignierungen bereit. Die Schlange, die sich vor dem kleinen Zelt ansammelt, in dem man ihr Tisch und Stuhl bereitgestellt hat, wird immer länger. Und Nina schreibt. 100-, 200- wahrscheinlich 300-mal ihren Namen, malt Blumen und Smileys in Schulbücher, auf Notizblocks und Papierservietten. Grinst und schneidet Grimassen für Fotoapparate und Handys. Egal, ob jemand ein Buch gekauft hat oder nicht. Sie macht da keinen Unterschied, hört sich das Projekt einer Schülergruppe an, die helfen will, ein Dorf in Afrika wiederaufzubauen, verspricht, Kontakte zu einer anderen Gruppe herzustellen, die sie kennt. Sie gibt den Schülern ihre Internetadresse, will informiert werden, ob es geklappt hat. Auch wenn ihr Gesicht maskenhaft wirkt – ihre Augen sind es nicht.

Nach drei Stunden – es regnet inzwischen in Strömen – verlieren ihre persönlichen Begleiter langsam die Lust. Mit Seilen werden die Menschen, die sich bisher angestellt haben, abgetrennt, sodass keine Neuen mehr dazukommen. Nina hätte wahrscheinlich weitergemacht, bis es dunkel wird.

Als der letzte Besucher glücklich mit einem Autogramm auf seinem orangenen Kirchentagsschal abzieht, ist es vollbracht. Wir gehen alle hinein in die Halle, ins Warme. Meine Füße freuen sich, ich denke, die der anderen auch. Der Trupp fällt in die kleine, herrlich warme Kantine ein, die für die Mitarbeiter der Verlage mit Kaffee, Tee und belegten Brötchen aufwartet. Nach all dem Rummel kommt mir das Energiebündel hier drin einen Augenblick lang klein und zerbrechlich vor. Fast ein bisschen verloren, wie sie da auf der Holzbank sitzt und ein zähes Käsebrötchen in sich hineinmümmelt. Sie zittert vor Kälte und strahlt Einsamkeit aus. Aber vielleicht bilde ich mir das auch nur ein.

Wenn man von so vielen Menschen gemocht wird und das von klein auf selbstverständlich ist, bleibt immer die Frage nach der eigentlichen Liebe, der Liebe, die einen selbst meint, nicht den Star. Nina wollte sie finden, in jemandem, der sie bedingungslos liebt, wie es eben nur Gott tut. Und wenn man ihre Lebensgeschichte hört, ist das auch mehr als verständlich.

Ihre Mutter, die Nina bereits mit 19 bekam, genoss ihr Leben als Schauspielerin in vollen Zügen. Nina blieb nur der Vater, der im Schatten seiner Frau stand und mit der Zeit leider depressiv wurde. Was jedoch den Vorteil hatte, dass er zu Hause blieb, viel Zeit auf der Couch im Wohnzimmer verbrachte und damit für Nina „kuscheltechnisch" verfügbar war.

Vielleicht lernte sie damals von ihrem ungläubigen Vater die erste Lektion über Gott: dass ein Vater Zuflucht bedeutet und man unendliches Vertrauen zu ihm haben kann. Ihr Urvertrauen, da ist sie sich heute sicher, hat sie vom Vater. Doch als die Ehe ihrer Eltern zerbrach, war es auch damit vorbei:

Hans Hagen zog aus. Ninas Trauer und Sehnsucht waren riesengroß. Das Bett ihrer Mutter war von nun an für sie tabu; Nina hatte Schlafzimmerverbot.

Später bezog es der Sänger und Regimekritiker Wolf Biermann, der Ninas geistiger Ziehvater wurde. Doch das Bedürfnis nach echter familiärer Liebe konnte offensichtlich nie so ganz befriedigt werden. Ninas Liebe zu ihrer Mutter schwankte zwischen Sehnsucht und totaler Irritation.

Damals kam schon die Einsamkeit zu ihr, langsam kriechend, wie ein leises Gift, das sich in ihr ausbreitete. Es war wohl weniger persönliches Versagen als der ganz normale Usus in der damaligen DDR, dass man Kinder oft allein und auch brüllen ließ. Nina meint, ihre starke Sängerlunge muss sich wohl zu jener Zeit entwickelt haben. Schon früh sang, schauspielerte und tanzte sie vor den Gästen ihrer Mutter. Sie hatte schnell den Dreh raus, wie man sich mit kleinen solistischen Einlagen interessant machte. Da waren die künstlerischen Gene, die sie ganz offensichtlich geerbt hatte, schon mal ganz hilfreich. Ein Publikum, das sie liebte, deckte zumindest einen kleinen Teil der großen Nina-Liebessehnsucht ab.

Heute, mit Mitte 50, weiß sie: Ihre Identität ist nicht das, was sie um sich herum inszeniert, der Superstar, die Angebetete, die Größte, die Hinreißende, die Göttin. Sie ist das, was sie vor Gott und durch ihn ist, was von ihr bleibt, wenn er sie ansieht. Er kennt ihre Schwächen und Verletzungen und nimmt sie mit unendlicher Liebe an. Ein manchmal armes, krankes, alleingelassenes, aber, ihm sei Dank, nicht mehr einsames Wesen.

Ihre Rettung als Künstlerin ist jedenfalls, dass sie dem tödlichen Fluch entronnen ist, sich anbeten lassen zu *müssen*. Ihr Motto lautet heute: „Praise the Lord, not me!"

Dass es Gott wirklich gibt, fand sie schon als Kind in einem ziemlichen Härtetest heraus. Als eine Nenntante, bei der sie oft die Ferien verbrachte, mit ihr eines Abends betete, beschimpfte sie Gott aufs Wüsteste und zweifelte lautstark seine Existenz an. Wenn es ihn tatsächlich gab, müsste er jetzt doch wohl so richtig sauer auf sie werden, glaubte sie. Und er wurde … Nina brach sich am nächsten Morgen um halb acht im Sportunterricht bei einer Übung am Stufenbarren das Bein.

Durch den Einzug von Wolf Biermann änderte sich das Publikum im Hause Hagen. Schräge Vögel wie Rainer Langhans, Fritz Teufel oder auch Ninas „Rock'n'Roll-Zwillingsbruder" Udo Lindenberg gaben sich die Klinke in die Hand. Der deutsche Schriftsteller Heinrich Böll, der ebenfalls mit Biermann befreundet war, brachte Nina bei jedem Besuch eine Stange Rothändle aus dem Westen mit, als wüsste er genau, dass die pubertäre Rebellin kein anderes Kraut anrühren würde.

Ihre erste große Liebe traf sie mit 14. Er verließ sie zweimal. Einmal wegen einer anderen, das zweite Mal endgültig, als er mit 23 an einer Drogenvergiftung starb.

Danach öffnete sie sich immer wieder neu für die Liebe, auch wenn diese immer wieder zerbrach und Nina dabei tausend Tode starb. Heute ist für sie die wahre Liebe nur noch die zu Gott. Der *Bildzeitung* sagte sie vor Kurzem, sie hätte seit fünf Jahren keinen Mann mehr im Bett gehabt und wüsste auch nicht, ob das in Zukunft noch nötig wäre.

„Gott ist die Liebe, und wer in der Liebe bleibt, bleibt in Gott " (1. Johannes 4,16).

Das hat sie in 40 Jahren autodidaktischer Suche nach Gott kapiert – und damit das Allerwichtigste, was es über Gott zu kapieren gibt. Und dass er barmherzig umgeht mit unseren laienhaften Versuchen, diese Liebe zu finden.

Nach der 10. Klasse hatte sie keine Lust auf weitere Jahre Penne, und nach einer kurzen Karriere als Babysitter und Stallknecht beschloss sie, sich an der Schauspielschule zu bewerben, wo sie jedoch formlos abgelehnt wurde. Später fiel ihr das Stasiprotokoll eines ihrer Telefonate mit einer Freundin in die Hände, in dem sie von der Aufnahmeprüfung erzählte. Darauf fand sich der handschriftliche Vermerk: „Verhindern!"

Nachdem dieser Traum geplatzt war, wollte sie via Polen in den Westen, nach München, wo ihr Onkel Karl-Heinz, der Bruder ihres Vaters, Chefredakteur bei der Zeitschrift *Quick* war und sie bei ihrer Flucht unterstützen sollte.

In Polen angekommen, lernte sie jedoch erst mal eine Rockgruppe kennen und wurde flugs deren Sängerin. Ihr kometenhafter Aufstieg ließ die Presse auf sie aufmerksam werden, und man brachte ein großes Bild von ihr, was auch in Berlin nicht unentdeckt blieb. Nina konnte danach nur noch die Biege machen. Der deutsche Onkel fiel auch aus, denn er wollte das Leben seines Bruders in der DDR nicht gefährden.

In einer polnischen Kirche bat Nina verzweifelt Gott um Hilfe. Sie musste ja nur an ihr längst verheiltes Bein fassen, um sich wieder daran zu erinnern, dass es ihn gab. Mit neuer Kraft machte sie sich also auf den Nachhauseweg und war bereit, alle Folgen auf sich zu nehmen: die demütigende Heimkehr zur Mutter, den Gang zur Polizei, Erziehungsheim, vielleicht sogar Knast wegen versuchter Republikflucht. Doch nichts dergleichen geschah. Honecker war gerade an die Macht gekommen und versuchte, sich durch großzügige Amnestien beliebt zu machen.

Und es kam noch besser: Nina traf auch in Berlin Musiker, mit denen sie sich ausprobieren konnte, und brachte es sogar zu einer Aufnahme im „Zentralen Studio für Unterhaltungskunst", was ihr zu einer Berufsausbildung als „Schlagersängerin" verhalf. Obwohl sie die vorgeschriebene Musik zum Kotzen fand, hielt sie durch. Immer das Ziel vor Augen: „Go West". Wer bekannt wurde, durfte in die BRD reisen, um Devisen in die Staatskasse zu singen.

Mit ihrem Berufsmusikerausweis in der Tasche tingelte Nina von nun an auf Betriebsfesten, SED- und FDJ-Veranstaltungen herum, wo sie ihren musikalischen „Süßmüll" absonderte. Erst als sie der Band *Automobil* beitrat, die auch auf Rock stand, begann sie sich langsam wohler zu fühlen. Und als der bekannte

Versschmied Kurt Demmler das unvergessliche Lied „Du hast den Farbfilm vergessen" für sie textete, hatte sie erstmals das Gefühl, wieder sie selbst zu sein. Das Lied, dessen Ironie der Obrigkeit offensichtlich entgangen war, erzählt von der Sehnsucht, der Schwarz-Grau-Weiß-Welt zu entfliehen, hin zu Orten voll Farbe und Licht, und wurde zur heimlichen Nationalhymne einer ganzen Generation.

„Nina Hagen und *Automobil*" avancierten zur Kultband. Jeder wollte sie. Jeder lud sie ein, um dieses Lied zu hören. Als sie eines Tages bei einer Veranstaltung von ORWO, dem größten Filmentwicklungslabor der DDR, singen sollte und bei der Besichtigung erkannte, unter welchen unmenschlichen und gesundheitsschädigenden Bedingungen die Angestellten dort arbeiteten, konnte sie ihre Klappe nicht halten. Nur aus Loyalität zu ihrer Band ließ sie den Auftritt nicht vollständig platzen. Aufgrund ihrer Popularität ließ man selbst das noch durchgehen.

Doch Nina bekam immer wieder neuen Ärger. Die Ausbürgerung von Wolf Bierman ermöglichte ihr endlich den legitimen Rauswurf. In einem Brief an den Innenminister argumentierte sie, dass Biermann über zehn Jahre ihr Freund, Vater und Lehrer gewesen sei, den sie liebte und verehrte. Was man ihm vorwerfe, werfe man indirekt auch ihr vor. Sie sehe keine Möglichkeit mehr, in der DDR zu arbeiten, denn sie könne nicht länger über die maßlosen Ungerechtigkeiten schweigen.

Am 6. Dezember 1976 attestierte man ihr den Rausschmiss.

Ihre ersten Wochen im Westen verbrachte sie mit Biermann, der sie mitnahm auf eine Italienreise, was für sie eine Offenbarung war, vor allem kulinarischer Art. Biermann vermittelte ihr außerdem Kontakte zur Plattenfirma CBS, die seine Werke schon früher heimlich aus dem Osten geschmuggelt und veröffentlicht hatte. Natürlich wussten die dortigen Verantwortlichen nicht, was sie mit einem DDR-Pummelchen mit rosa Fransenstola um die Hüften (um die in Italien angefutterten Spaghetti-Pfunde zu verbergen) und mit großen Kulleraugen anfangen sollten. Sie gaben ihr, Biermann zuliebe, trotzdem einen Plattenvertrag, ermutigten sie, sich erst mal umzusehen und sich über ihre musikalische Richtung klar zu werden. Nichts lieber als das!

Ihr erstes Ziel war London. Dort ging der Punk ab, im wahrsten Sinne des Wortes, und schien nur auf Nina zu warten.

Eine ehemalige Freundin, die in London auf die Filmhochschule ging, engagierte sie für die Hauptrolle ihres Abschlussfilms und verschaffte ihr Zutritt zur Musikszene. Nina fühlte sich in der Hauptstadt der Rockmusik sofort zu Hause. Sie ging zu Proben der *Sex Pistols* und der *Slits*, besuchte Konzerte von *Clash*, *Siouxie and the Banshees*, traf sich mit Sid Vicious und seiner Freundin Nancy im Coffee-Shop.

Als sie mit bis oben hin aufgeladenen Batterien nach Deutschland zurückkehrte, lernte sie die Jungs der Wessi-Band *Lokomotive Kreuzberg* kennen, die prima Musiker waren und auch etwas mit Ninas „übergeordneter" Kreativität anfangen konnten. Allerdings gehörten sie der DKP an. Das bedeutete: Mit einer Dissidentin aufzutreten ging gar nicht. Sie mussten sich entscheiden: Nina oder die Partei. Sie entschieden sich für Nina, vielleicht auch, weil die ja immerhin schon mal einen dicken Plattenvertrag mitbrachte. Das zählte wohl mehr als kommunistische Loyalität.

Aus der *Lokomotive Kreuzberg* wurde die *Nina Hagen Band* mit einem sensationellen ersten Gig im „Quartier Latin" in der Potsdamer Straße, das heute „Wintergarten" heißt. Dank eines durch die Plattenfirma arrangierten Auftritts in der Talkshow „Je später der Abend", in der Nina zum ersten Mal einen Moderator aus der Fassung brachte, kamen fast 3.000 Leute, von denen 2.000 abgewiesen werden mussten.

Die erste Platte wurde ein international beachteter Erfolg. Die *Nina Hagen Band* ging wie ein Stern am Rockhimmel auf, doch innerhalb der Gruppe fehlte es leider an Liebe, Respekt und Verständnis, und das an allen Ecken.

Als sie im April 1979 zu einem Auftritt im holländischen Fernsehen sollten, hatte Nina endgültig keinen Bock mehr auf die „verlogene Scheiße". Sie hatte am Abend zuvor mit Freunden *Magic Mushrooms* genommen, um der bedrückenden Situation innerhalb der Band zu entfliehen, und redete sich ein, das würde ihre Kreativität ins Grenzenlose öffnen. Sie lag verkatert und fertig mit der Welt im Bett, als ihre Band am nächsten Morgen auftauchte, um sie zum Bahnhof zu schleppen. Da sich dann jedoch keiner um sie kümmerte und sie mit wildfremden Leuten in einem anderen Abteil sitzen musste, zog sie die Reißleine und sprang im wahrsten Sinne des Wortes in letzter Sekunde aus dem fahrenden Zug.

Trotzdem landete sie ein paar Stunden später in Amsterdam, per Flugzeug, allerdings nicht, um mit ihrer Band zu spielen, sondern um in einem Film der holländischen Rocklegende Hermann Brood mitzuspielen. Laut Drehbuch sollten die beiden ein Paar sein, aber in der Realität verliebte Nina sich damals in den Gitarristen Ferdinand Karmelk, den späteren Vater ihrer Tochter.

Überall wo Rock 'n' Roll war, waren auch Sex und Drogen nicht weit, besonders nicht in Amsterdam. Hermann Brood, spritzte, sniffte und rauchte alles, was er in die Hände bekam, und Nina stand ihm in dieser Zeit in nichts nach. Zwei schlaflose Monate später wog sie nur noch 45 Kilo. Die Menschen um sie herum stürzten reihenweise ab. Brood sprang vom Dach des Hilton Hotels in den Tod, und der Vater ihrer Tochter, den Nina vom Heroin wegbringen wollte, starb im Alter von 38 Jahren an Aids.

Sie selbst hatte durch wochenlangen Schlafentzug und regelmäßigen Kokaingenuss den dunklen Mächten die Türe zu ihrer Seele geöffnet. Dämonische Stimmen unerlöster Seelen tobten in ihrem Kopf und bombardierten sie mit obszönen Worten. Sie schrie in dieser Zeit nach Gott, suchte mit allen Sinnen Wege aus der Finsternis. Doch Gott schwieg, ließ sie schmoren in ihrem „Schleim".

Erst als sie kurz vor einem sexuellen Übergriff stand und plötzlich als letzten Ausweg zu beten begann, übertrug sich der Sog ihres Gebets auf alle Punkies, Junkies und Funkies, mit denen sie in einem besetzten Haus lebte. Dieses Gebet bewirkte ein Wunder: Plötzlich lagen sich alle lachend und staunend in den Armen. Die Monster und Dämonen waren verschwunden, reines Licht durchflutete den Raum. In dieser Nacht schwor sich Nina, nie wieder Kokain anzurühren. Ihr Herz schien zu einer Art „Gottes-Lautsprecher" geworden zu sein. Es rief ihr zu: *„Lobet den Herrn, denn er ist das ewige Leben! Er rettet uns aus der Finsternis unserer Ungewissheit! Er lebt und will uns aus unserer Gefangenschaft retten!"*

Am 17. Mai 1981 wurde Nina zum ersten Mal Mutter einer süßen Tochter, die sie Cosma Shiva nannte. Beide Namen haben natürlich mit Ninas Erlebnissen jener Zeit zu tun: Sie hatte inzwischen auch in den USA großen Erfolg und lebte im kalifornischen Malibu; links von ihr wohnte Barbra Streisand, rechts Bob Dylan. Keine schlechte Nachbarschaft. Das war nicht mehr Berlin, Steglitz. Sie war im 4. Monat schwanger, als sie eines Nachts aufwachte, zum Fenster ging … und eine Art Raumschiff in fluoreszierenden Farben vor sich über dem Strand schweben sah. Ganz klar, sie hatte ein Ufo gesehen!

Ihre Freundin Sascha, der sie das erzählte, meinte, die Außerirdischen hätten ihr Cosma gebracht, was natürlich Blödsinn war. Aber der Name blieb hängen, und ebenso ein reges Interesse für alles, was mit Ufos zu tun hatte. Heute glaubt Nina, dass es sich bei dem vermeintlichen Ufo um Lichterscheinungen handelte, die den Menschen nichts Gutes wollen. In der Bibel wird der Teufel auch als „Herr der Lüfte" beschrieben. Also waren das damals aus Ninas heutiger Sicht keine „Aliens", sondern Mächte der Finsternis, mit denen sie auf keinen Fall etwas zu tun haben möchte.

Die Freundin Sascha hatte sie auch mit ostasiatischen Religionen in Kontakt gebracht, woraus sich der zweite Name ihrer

Tochter erklären lässt. Damals hörte man an allen Ecken und Enden von Indien. Jeder, der etwas auf sich hielt, war mindestens einmal in dem Land gewesen, in dem die älteste Religion der Welt zu Hause ist.

Wie alle (auch ich) las Nina die „Autobiographie eines Yogi" von Paramahansa Yogananda, der große Hochachtung vor dem Christentum hatte, und kam zu dem Schluss: Alle Religionen wollten letztendlich das Gleiche. Bei den einen läuteten eben die Glocken, bei den anderen vibrierte die Klangschale. Die einen zündeten Räucherstäbchen, die anderen Kerzen an. Die einen hatten Jesus, die anderen Buddha, Krishna oder Shiva.

Lange suchte sie nach einer gemeinsamen Formel. Und da sie nicht für halbe Sachen war, reiste Nina nach Indien und tauchte tief in eine fremde Welt ein. Sie erfuhr von „Sanatan Dharma", der Wahrheit aller Wahrheiten, die angeblich auch von Jesus gelehrt wurde. Nach vielen Erfahrungen, die sie in indischen Aschrams und bei Gurus gemacht hat, klingt für sie „Sanatan Dharma" heute allerdings eher wie „Satan Dharma". Sie hat eine Weile gebraucht, aber schließlich erkannt, dass eben *nicht* alle Religionen zu Gott führen. „Ich bin der Weg, die Wahrheit und das Leben", hat Jesus gesagt. Aus allen Religionen einen Mix zu machen heißt, letztlich keine für wahr zu halten. Es gibt genauso wenig ein bisschen Wahrheit, wie man ein bisschen schwanger sein kann. Jesus in Konkurrenz mit anderen zu bringen macht für Nina inzwischen überhaupt keinen Sinn mehr.

Gott hatte sich ihr gezeigt, als sie mit ihrem Vater auf dem Sofa kuscheln konnte, als sie ihn anzweifelte und auch in der polnischen Kirche. Er schickte ihr seinen Sohn während ihres LSD-Trips und rettete ihr Leben in der Drogenwelt von Amsterdam. Und jetzt klingelte er Sturm bei ihr. Ihr ältester und treuester Freund, ihr liebster Bruder, ihr Ein und Alles. Warum sollte sie ihm nicht aufmachen? Warum nicht endlich Butter bei die Fische geben?

Sie hatte das Bedürfnis, sich taufen zu lassen. Es war kein Eintritt in irgendeinen Verein, so etwas hat sie als einstiges DDR-Kind immer verabscheut. An der Taufe interessierte sie das, was unsichtbar geschah zwischen Jesus und ihr. Die Taufe war für sie die Besiegelung einer großen Liebesgeschichte. Ab jetzt sollten sie zusammengehören, für immer. Da passte nichts mehr dazwischen. Kein indischer Guru, kein Hare Krishna und auch keine Außerirdischen.

Doch für welche Konfession sollte sie sich entscheiden? Für die Katholiken mit ihren vielen Heiligen, Engeln und den Messen, die halbe Bühnenshows waren? Oder für die puristischen, manchmal recht verklemmten Protestanten, deren ganzer Schatz die Bibel ist und die nichts mit dem Papst am Hut haben?

Laut Bibel gibt es natürlich nur eine Taufe, nämlich die auf den Namen des Vaters, des Sohnes und des Heiligen Geistes. Im Epheserbrief steht: *„In uns wirkt ein Geist und uns erfüllt ein und dieselbe Hoffnung. Wir haben nur einen Herrn, nur einen Glauben, nur eine Taufe."*

Nina wurde schnell klar: Der Geist, der in der christlichen Urkirche herrschte, hatte es in seiner Reinheit in keine der heutigen Konfessionen geschafft. Ihre Wahl fiel schließlich auf die evangelisch-reformierte Kirche, der ihr zukünftiger Täufer, Friedenspastor Kalle ter Horst angehörte. Es war Nina war total sympathisch, dass man sich dort weiterentwickeln wollte, statt in dogmatischen Strukturen zu erstarren. Für sie bedeutet Christentum nämlich etwas Lebendiges, das nach gemeinsamen Aktionen verlangt: gegen Gewalt und Ungerechtigkeit, für Freiheit und die Erhaltung der Erde.

Der politisch hoch engagierte Pfarrer ter Horst hat Psychologie studiert, arbeitet therapeutisch, schreibt Bücher und ist seit vielen Jahren in der Friedensbewegung aktiv. Die beiden kannten sich aus gemeinsamen Friedensaktionen, und er freute sich total, als Nina ihm ihren Entschluss mitteilte.

Der Taufspruch, den er für sie aussuchte, berührte direkt ihre Seele: *„Wer an mich glaubt, wie die Schrift sagt, von dessen Leib werden Ströme lebendigen Wassers fließen"* (Johannes 7,38). Das passte! Ihre Tränen waren ehrlich gemeint. Tränen des Schmerzes und der Liebe. Sie braucht nur aufrichtig an Jesus zu denken und zu ihm zu beten, schon kam es aus ihr herausgeflossen. Tränen reinigen die Seele. Oder besser: Tränen lassen die Seele sprechen?

Sie wollte aus ihrer Taufe keine Show machen. Und es war Zufall, dass sie genau am 16. August 2009, dem Israelsonntag, in der reformierten Kirche zu Schüttdorf an der holländischen Grenze stattfand. Als sie fast wie durch einen Trichter entfernt die Stimme des Pastors hörte: „Ich taufe dich, Nina Hagen, auf den Vater, den Sohn und den Heiligen Geist!", konnte sie die Tränen nicht mehr zurückhalten. Sie mischten sich mit dem Taufwasser und Nina wusste: Sie war endgültig angekommen.

Es ist spät geworden, als ich im Parkhaus nach meinem Auto suche und es sofort finde, weil sonst kaum noch jemand da ist. Ich muss noch tanken, denn am nächsten Morgen soll es schon richtig früh losgehen. Wieder in die Schweiz.

Während ich durchs nächtliche München fahre, schwirrt mir noch immer Ninas prägnante Stimme mit ihren letzten Worten im Kopf herum. Kann man wirklich bei Gott ankommen und wird von diesem Moment an mit den Schwierigkeiten des Lebens besser fertig?

Sie meint Ja. Und ich?

Lorenz Schwarz
Vom Trübsalbläser zum Alphornbläser

Starkes Schneetreiben auf der Autobahn Richtung Zürich. Der Winter schlägt hier nochmal zu. Kurz vor Wattwil bricht die Sonne durch und taucht die majestätische schweizer Berglandschaft in einen glitzernden Wintertraum.

Ich bin unterwegs zu Lorenz Schwarz, seines Zeichens Alphornbläser. Volksmusik war bisher weniger mein Fall und der „Musikantenstadl" gehört nicht gerade zu meinen Lieblingssendungen. Und dann noch ein Alphornbläser, der mithilfe seines über vier Meter langen Instruments die Botschaft Jesu verkündet? Oje. Am Telefon klang er allerdings recht offen, und seine Frau rief gleich aus dem Hintergrund, dass ich natürlich zum Mittagessen eingeladen sei. Das war doch ein Wort. Hoffentlich gibt's Rösti!

Rechts und links der Landstraße türmt sich meterhoch der Schnee. Im Radio melden sie gerade einen Geisterfahrer, und ich überlege mir, dass es kein Entrinnen gäbe, wenn er hier auftauchen würde. Die meisten Geisterfahrer sollen ja potenzielle Selbstmörder sein. Wie Lorenz Schwarz. Das habe ich zumindest in seinem Buch „Ich war nicht immer Alphornbläser" gelesen.

Schluss machen, abspringen von diesem Planeten ... dem ganzen Elend den Rücken kehren. Mir ist das unverständlich! Vor allem, wenn man durch diese unberührte Schneelandschaft fährt, die einen irgendwie versöhnlich stimmt, jedenfalls wenn man im gut geheizten Auto sitzt.

Das Ortsschild von Wattwil taucht vor mir auf. Hier lebte er also. Er lotst mich per Handy zu einem mindestens 20-stöckigen Hochhaus aus grauen Eternitplatten. Nichts ist mit romantischer Almhütte mit Holzbalkon und knarzender Eingangstür. Schade eigentlich. Das hatte ich mir irgendwie anders vorgestellt. Dafür entschädigt aber der Blick oben vom 16. Stock aus über ein weites Tal des Toggenburgerlandes. Zentralheizung, gute Isolierung und heißes Wasser aus einem funktionierenden Wasserhahn sind schließlich auch nicht zu verachten. Vor allem, wenn man so langsam in die Jahre kommt. Ich gebe zu, bei mir geht's auch schon los. Während es mir früher nicht abenteuerlich genug sein konnte, schaue ich heute schon genauer hin, wo ich mein müdes Haupt bette.

Lorenz Schwarz wirkt trotz schicker Wohnung wie der Almöhi persönlich. Etwa 60 Jahre alt, grauer Vollbart, warme braune Augen. Mitten im Raum auf dem Boden liegt unübersehbar das Alphorn, auseinandergeschraubt, in zwei Teilen. Am Ende, wo es sich trichterförmig öffnet, ist mit feinem Pinselstrich eine Gams vor schneebedeckter Bergkulisse aufgemalt.

Die Begrüßung fällt sehr herzlich aus. Auch mit Ehefrau Andrea und der 15-jährigen Tochter Rahel. Der Tisch ist bereits gedeckt und aus der Küche riecht es lecker nach würzigem Gulasch. Und da dies ein musikalischer Haushalt ist, wird vor dem Essen gesungen statt gebetet: „Halleluja", dreistimmig: Bass, Alt und Sopran. Ich lausche nur. Will den harmonischen Dreiklang nicht stören.

Erstes Beschnuppern während des Essens. Da ist kein Misstrauen mir gegenüber, obwohl ich bestimmt erst mal keinen besonders frommen Eindruck mache. Allein die Tatsache, dass ich mich mit Menschen beschäftige, die sich mit Haut und Haaren Gott verschrieben haben und seine Botschaft in die Welt hinausposaunen, ob mit Alphorn oder auf andere Weise, öffnet mir viele Türen. Man darf ja heute wieder über Gott sprechen. Sogar öffentlich. Aber natürlich erst, seit es Thomas Gottschalk, Nina Hagen und Hape Kerkeling tun, sonst würde ich es natürlich auch nicht wagen. So ist eben unsere Gesellschaft.

Statt Rösti gibt's Kartoffelbrei. Auch in Ordnung.

Lorenz Schwarz erzählt von seiner Kindheit: neun Kinder. Er war der Zweitjüngste. Wer nicht schnell genug war und sich schnappte, was er zu essen brauchte, ging leer aus. Die Familie lebte in einem kleinen Bergdorf im Engadin und betrieb einen Bauernhof. Jedes der Kinder hatte eine bestimmte Begabung, und so fand sich dementsprechend eine Aufgabe, für die er oder sie dann auch gelobt wurde.

Lorenz Schwarz hatte zu nichts Talent und wurde auch für nichts gelobt. Im Gegenteil: Er machte alles nur falsch. Das Einzige, was man ihm zutraute, war, die Ziegen des Dorfes zu hüten. Damit war er jedoch glücklich. Hier entdeckte er sein Talent, zu singen und vor allem zu jodeln. Hier gab es vor allem keine Kritik. Die Ziegen meckerten immer so oder so. Nicht anders als heute, wenn er vor menschlichem Publikum singt und spielt. Da kommt es immer mal vor, dass sich jemand aufregt und rausgeht. Das lässt Lorenz kalt. Dann denkt er einfach an die Ziegen auf der Alm.

Als junger Mensch war er davon überzeugt, ein Taugenichts zu sein, was ihn schon als kleiner Junge verzweifeln ließ. Mit 8 Jahren rauchte er bereits Kette, um wenigstens irgendetwas besser zu können als seine Kameraden, die sich dann übergeben mussten. Für diese kleine Anerkennung klaute und betrog er, wo immer es ging. Auch für den Umgang mit Mädchen war das Rauchen förderlich. Man konnte Zigaretten anbieten oder Feuer geben. Umso besser, wenn die Auserwählte das Streichholz ausblies. Das bedeutet nämlich, dass man sie küssen durfte.

Mit 12 Jahren brach er in eine Berghütte ein und stahl mehrere Flaschen Wein, die er auf der Stelle leer trank. Er merkte, dass man im Alkoholrausch jegliche Hemmung verlor, und entdeckte auf diese Weise das Jodeln. Seine Herde war natürlich über alle Berge, als er nach ein paar Stunden wieder der Realität ins Auge sehen musste.

Nachdem er die Hauptschule abgeschlossen hatte, flüchtete er in die Stadt, machte eine Lehre als Elektroinstallateur und war anschließend erst mal arbeitslos. Das Einzige, was ihn noch über Wasser hielt, war seine Stimme. Doch da er noch kein Profi war, setzte ihm das Lampenfieber gehörig zu. Um auch öffentlich in Kneipen singen zu können, ohne dass ihm die Stimme versagte, begann er zu trinken. Dann kamen der Applaus und die Anerkennung, nach der er sich so sehnte. Er hätte nicht einen Schluck gebraucht, weil er singen und jodeln konnte wie kein Zweiter, aber die Angst, die Texte plötzlich zu vergessen, setzte ihm zu. Hatte er jedoch diese Schwelle mit der Hilfe des Alkohols überwunden, war ihm alles egal. Dann grinste er höchstens, wenn der Text mal weg war, und machte einen Witz. Das Publikum lachte und hielt ihn für einen super spontanen Kerl.

Lorenz verdiente zum ersten Mal Geld, bekam seinen Applaus und auch noch dauernd einen ausgegeben. Der Teufelskreis begann.

Er wurde immer mehr zum Gelegenheitstrinker. Suchte geradezu nach Gelegenheiten, um trinken zu können. Er sang auf Hochzeiten, Geburtstagen und jeder Art von Festen. Am besten kamen Lieder an, die sich über die Kirche und die Frauen lustig machten. Das ist wahrscheinlich auch ein Grund dafür, dass er nach seiner Hinwendung zu Gott erst einmal nicht mehr sang. Denn Gesang und Musik standen für ihn für Gotteslästerung. Erst viel später entdeckte er die Musik für die Verkündung wieder.

Je länger er auf dieser Achterbahn fuhr, desto schlimmer wurde seine Sauferei. Nach 5 Jahren kam die große Krise. Seine damalige Freundin lernte jemand anderen kennen und für Lorenz brach eine Welt zusammen. Selbst sein bester Freund, der Alkohol, konnte ihn nicht mehr trösten. Er fiel in schlimmste Depressionen, ging tagelang nicht aus dem Haus. Weinte nur noch. Leere machte sich breit. Seine Exfreundin hatte ihm glücklicherweise noch eine Wohnung besorgt und drei Monate im Voraus die Miete bezahlt.

Der Tag war so schwarz wie die Nacht. Seine unglückliche Kindheit holte ihn wieder ein. Die Worte seines Vaters, als er mit

18 den heimatlichen Hof verlassen hatte, schallten immer wieder in seinen Ohren: „Du wirst es sowieso nicht schaffen … Du kannst froh sein, wenn du wieder nach Hause kommen darfst!"

Die alte Wunde war wieder aufgerissen. Er rief sogar zu Hause an, um seinem Vater zu sagen, dass dieser recht gehabt hatte. Doch nichts wäre schlimmer gewesen, als ihm so unter die Augen zu treten. Nicht einmal der Tod.

Er hatte als Unteroffizier in der schweizer Armee gedient. Deshalb stand auch noch seine Waffe im Schrank. Mit 24 Schuss Munition. Tagelang schlich er um den Schrank herum, bis er es nicht mehr aushielt.

Es war früher Abend, als er sich auf einen Stuhl setzte, die Waffe zwischen seine Beine stellte und den Lauf von unten gegen sein Kinn richtete.

Dann drückte er ab.

Ein Klick.

Sonst nichts.

Ein Ladefehler?

Lorenz erschrak, heulte. Konnte sich das alles nicht erklären. Wagte aber keinen neuen Versuch. Stattdessen stieg er aufs Dach des fünfstöckigen Wohnhauses. Kletterte über das schmiedeeiserne Sicherheitsgeländer. Dahinter befand sich ein etwa 50 Zentimeter breiter Sims. Dort stand er eine Weile wie festgenagelt, hielt sich am Geländer fest, wollte springen, aber er konnte nicht. Es war, als ob ihn jemand zurückhielt. Als ob ihn etwas umfasst hielt und ihm sagte: „Nein!"

Natürlich war da niemand, der sein Leben retten wollte. Und an Gott glaubte er nicht. Damals noch nicht.

Er kehrte unverrichteter Dinge in seine Wohnung zurück, kratzte sein letztes Kleingeld zusammen und ging ins Vergnügungsviertel von Zürich, um sich die Kante zu geben. Unmittelbar vor seiner Stammkneipe standen zwei junge Mädchen und verteilten Zettel. Im ersten Moment glaubte er, es gäbe irgendwas umsonst, und ließ sich ansprechen. Doch es ging nur um eine christliche Veranstaltung, zu der sie ihn einluden. Normalerweise pöbelte er solche Menschen an: „Euch geht's doch nur ums Geld", doch in diesem Fall handelte es sich um zwei besonders hübsche Mädchen. Wenn er mit ihnen in Kontakt kommen wollte, musste er wohl oder übel auch ihre Botschaft mit in Kauf nehmen. Also folgte er ihnen zum Veranstaltungsort, wo ein Filmvortrag stattfand, der ihn nicht besonders interessierte.

Doch die Verabschiedung, die ein junger Mann von der Bühne aus vornahm, blies ihn quasi vom Stuhl. Er fragte nämlich: „Wenn du heute stirbst, bist du dann bereit, Gott zu begegnen?"

Lorenz fühlte sich bis ins Mark getroffen. Der Mann konnte unmöglich wissen, wie nah er diesem Augenblick gerade noch gewesen war. Wenn es einen Gott gab, dann hatte er ihm genau im richtigen Moment diese Frage zukommen lassen.

Ziemlich verwirrt stiefelte er nach Hause und machte dabei einen Riesenbogen um seine Stammkneipe. Nein, dort wollte er jetzt auf keinen Fall aufschlagen. Er war zu erschüttert, zu erschrocken über die Endgültigkeit dieser Aussage.

Nein! Er war nicht bereit, vor Gott zu treten. Nicht mit dem Leben, das er bisher geführt hat. Auf keinen Fall. Ausgeschlossen. Aber er wäre beinahe dort gewesen. Nur um ein Haar an dieser Begegnung vorbeigeschrammt.

Als er seine Wohnungstür aufschloss, starrte ihn seine Waffe, die immer noch an den Stuhl gelehnt stand, vorwurfsvoll an. Er packte sie zurück in den Schrank, kniete nieder und betete. Zum ersten Mal in seinem Leben. Nicht irgendein heruntergeleiertes Gebet, sondern ein aufrichtiges Bitten. Es war auch kein Dankgebet, denn in diesem Moment hatte er noch keinen Schimmer, warum er überhaupt noch lebte: „Herrgott, wenn es dich gibt, zeig dich!"

Bisher hatte er dieses Wort nur zum Fluchen benutzt oder wenn ihn etwas spontan ärgerte.

Nach diesem Erlebnis ging es bergauf. Nicht von einem Moment auf den anderen, aber stetig. Sein psychischer Zustand stabilisierte sich wieder. Er konnte seine Wohnung verlassen, fand Aushilfsjobs und begegnete immer öfter Menschen, die eine tiefe, lebendige Beziehung zu Gott hatten. Ob auf irgendwelchen Baustellen oder beim Konditor: Wo immer er eine Maschine anschloss, traf er auf Menschen, die auf völlig unterschiedliche Weise ihren Glauben lebten. Manche eher konservativ, andere liberal, wieder andere sehr tiefgründig mit einer ganz persönlichen Beziehung zu Jesus …

Ähnliches erlebe ich selbst ja gerade. Warum suche ich diese Menschen auf, die in diesem Buch auftauchen? Weil ich einem Trend folge, ein erfolgreiches Buch schreiben möchte oder weil in meinem Leben irgendetwas fehlt, das ich durch diese Begegnungen finden möchte? Ich denke, ich werde es wissen, wenn dieses Buch beendet ist.

Lorenz taten diese Menschen gut; sie bestätigten ihn darin, etwas verändern zu wollen. Er fühlte sich zwar immer noch als Opfer, wollte aber diese Rolle nicht mehr weiterspielen. Einer dieser Menschen brachte ihm die Bibel nahe. Doch Lorenz glaubte nicht daran, dass es für ihn Versöhnung oder irgendeine Art von Gnade geben könnte. Mit Paulus, dem einstigen Christenverfolger, der sich nie für gut genug hielt, Apostel zu sein, fühlte er sich damals verbunden. Er sah sich als eine unzeitige Geburt, eine Missgeburt. Als jemand, der zu viel falsch gemacht, Gott zu sehr abgelehnt und sogar in seinen Liedern verspottet hatte. Nur wenn Gott ihm einen Menschen mit mehr Fehlern zeigte, dem er Gnade erwiesen hatte, würde er ihm glauben.

Einige Tage später nahm ein Freund ihn mit auf eine christliche Großveranstaltung mit 2.000 Menschen, die im Kongresshaus Zürich stattfand. Dort sprach ein Amerikaner, ein ehemaliger Gangleader, Drogendealer und mehrfacher Mörder, der durch den Glauben an Jesus eine neue Richtung für sein Leben gefunden hatte. Auf eine solche Person hatte Lorenz nur gewartet.

Doch als dieser Mann jeden Einzelnen im Publikum zur Umkehr, zur Bekehrung aufrief, war für Lorenz der Ofen aus. Eine dicke Mauer des Widerstands baute sich in ihm auf. Der Prediger forderte die Leute auf, nach vorne zu kommen. Jeder, der erkannt hatte, welchen Mist er in seinem Leben gebaut hatte, sollte sich aufraffen. Doch kein Mensch rührte sich. Man hätte eine Stecknadel zu Boden fallen hören können. Keiner dieser Tausenden schien irgendetwas auf dem Kerbholz zu haben. Das waren offensichtlich alles nur brave Mustersöhne und -töchter.

Lorenz war enttäuscht; er wollte echte Sünder sehen. Das war einer der Hauptgründe, warum er hier war. Doch noch immer bewegte sich keiner. Der Mann vorne auf der Bühne begann zu beten. Er sprach mit Jesus, als ob dieser neben ihm stehen würde, sagte ihm, er hätte seine Botschaft verkündet, der Rest sei jetzt seine Sache. Ein so persönlicher Dialog war für Lorenz etwas gänzlich Neues. Er kannte nur einen übermächtigen Gott, der irgendwie über den Wolken war ... nicht fassbar, nicht ansprechbar.

Der Mann betete auf so ruhige, ehrliche Weise weiter, dass es Lorenz die Tränen in die Augen trieb. Er wischte sie weg, schämte sich. Schließlich war er ein Mann von 24 Jahren. Doch irgendetwas in ihm brach in diesem Moment auf. Er erkannte zum ersten Mal, was für ein „Arschloch" er war. Dass er für seine eigenen Fehler immer andere zur Rechenschaft gezogen hatte: seine Eltern, seine Exfreundin, deren neuen Freund und letztendlich das gesamte gesellschaftliche System, in dem er lebte. Nicht die anderen waren schuld – er war es. Er ganz allein. Er hatte sich von Gott getrennt.

Und in diesem Moment wusste er die Antwort auf die Frage: „Wenn du heute stirbst, bist du dann bereit, vor Gott zu treten?"

Die Antwort hieß schlicht und ergreifend: „Nein."

Er stand auf oder, besser gesagt, etwas ließ ihn aufstehen, von der Empore steigen, wo er in der letzten Reihe saß, die Treppe hinunter und mit gesenktem Kopf durch den Mittelgang entlang an Tausenden von Menschen nach vorne gehen. Er schämte sich, nicht so sehr vor Gott als vielmehr vor all diesen Menschen. Es war eine Art Spießrutenlauf. Er fühlte sich splitternackt, ohne seine Maske des „tollen Typen". All die anderen Menschen hatten ihre Masken noch aufbehalten. Er nicht. Ein merkwürdiges, ein fremdes, ein schutzloses, ein beängstigendes Gefühl.

Er sah weiter nur auf den Boden. Seine Gedanken purzelten wild durcheinander. Er fühlte sich schmutzig. In diesem Zustand konnte er niemals vor Gott treten. Vergebung war seine einzige Chance. Zu verlieren hatte er nichts.

Vorne angekommen, schloss er die Augen, um nur niemanden zu sehen und vor allem von niemandem erkannt zu werden. Der Amerikaner legte die Hand auf seine Schulter und fragte: „Darf ich für dich beten?"

Das ging an Lorenz' Grenzen. Trotzdem flüsterte er: „Ja." Er fühlte sich so weit unten wie noch nie. Das Gebet tat ihm gut. Und plötzlich merkte er, dass er nicht mehr allein, sondern von Hunderten von Menschen umringt war, die alle auf die Bühne gekommen waren. Offensichtlich hatte er den Weg geebnet.

Anschließend verbrachte er zwei Stunden in einem Nebenraum mit einem Seelsorger, der ihm von der Gnade Gottes erzählte, die für jeden der Weg aus dem Elend sein konnte. Sein ganzes verpfuschtes Leben erschien vor seinem inneren Auge, die Saufgelage, die Frauengeschichten, die vielen Vorwürfe und Schuldzuweisungen …

Und was sollte er jetzt mit diesem ganzen Schrott machen?

Ihn so, wie er war, Jesus übergeben?

Ohne schöne Verpackung?

War das die Befreiung?

Langsam verstand er, dass Jesus durch das Kreuz im übertragenen Sinn unseren Schrott auf sich nahm. Macht ja auch Sinn.

Denn würden wir ihn weiter mit uns herumtragen, kämen wir bestimmt auf keinen grünen Zweig. Und erst recht nicht dahin, eines Tages in einem Zustand vor Gott zu treten, der einigermaßen zumutbar ist.

Die Vorstellung, auch wenn es nur eine Vorstellung war, alles losgeworden zu sein, rief ein völlig neues Gefühl bei Lorenz hervor: Dankbarkeit. Es war wie ein weiches Kissen, in das er sich fallen lassen konnte.

Er dankte Gott mit seinen eigenen Worten. Brauchte keinen Rosenkranz, kein Vaterunser, sondern nur dieses eine Wort, das offensichtlich Türen öffnen kann, die er bisher für verschlossen hielt. Er bedankte sich für die Menschen, die ihm geholfen hatten, den Schlüssel zu finden, und bekam die tiefe Gewissheit, dass seine Sünden vergeben waren.

Diesmal weinte er aus Freude und Erleichterung. Es war, als ob in diesem Moment Tonnengewichte von ihm abfielen.

Die Bibel spricht von Wiedergeburt. Nicht mit Reinkarnation zu verwechseln. Jesus sagte zu Nikodemus, er müsse „von Neuem geboren werden durch Wasser und Geist" (Johannes 3,3.5).

Wenn ihm das noch vor kurzer Zeit jemand gesagt hätte, wäre Lorenz in höhnisches Gelächter ausgebrochen. Das wäre ja so, als hätte jemand gesagt: „Dir kann geholfen werden, wenn du aufhörst, zu trinken oder rumzuhuren."

Doch die Begegnung mit Gott traf ihn mitten ins Herz. Machte ihm auf eine geheimnisvolle, liebevolle Art klar, wer er ist. Bis heute fehlen ihm dafür die Worte, und er kann nur jedem Menschen, der sein Leben ändern möchte, ein solch tiefgehendes Erlebnis wünschen, das kein Sterblicher dem anderen vermitteln kann. Denn wenn wir Menschen uns gegenseitig auf unsere Fehler hinweisen, verletzt das meist und ruft als Erstes Widerstand hervor. Funktioniert also nicht. Gott dagegen trauen wir zu, uns besser zu kennen als jeder andere. Vielleicht sogar besser als wir uns selbst.

Dass Jesus Christus ihn durch den Heiligen Geist von Sünde und Schuld befreit hatte, war die größte Therapie in Lorenz' Leben. Ist Glaube also Therapie? Im guten Sinne bestimmt. Auch in der nichtreligiösen Therapieszene ist man von der klassischen Psychoanalyse abgekommen, die alle Probleme bis ins Detail aufarbeitet und damit vielleicht immer größer macht. Der „Jesus-Weg" scheint da praktikabler: Ich erkenne meine Fehler an, gebe sie an Jesus ab, und dann auf zu neuen Ufern. Was hat man davon, sein Leben lang tonnenschwere Rucksäcke mit sich herumzuschleppen? Damit belastet man nur sich selbst und andere.

Es war weit nach Mitternacht, als Lorenz nach diesem ereignisreichen Abend über die Limatbrücke nach Hause ging. Er blieb dort einen Augenblick stehen und schaute ins Wasser. In diesem Moment fühlte er sich zum ersten Mal so, dass er Gott mit gutem Gewissen gegenübertreten könnte, wenn er jetzt sterben würde. Die Lichter der Straßenlaternen spiegelten sich im Wasser, und es schien ihm, als glitzerte alles nur für ihn. Tief in ihm regte sich der Wunsch, das, was er soeben erlebt hatte, auch weiterzugeben.

Er legte sofort los.

In seinen Stammkneipen in Niederndorf, auf der Straße, zwischen Junkies und Nutten, Zuhältern und Dealern erzählte er, wie Jesus sein Leben verändert hatte. Wie gut er ohne Alk zurechtkam, wie frei er sich fühlte. Er erlebte den gleichen Widerstand, wie er ihn früher solchen „Predigern" entgegengebracht hatte, doch es störte ihn nicht. Er wusste ja, warum er das tat.

Er trat in eine freikirchliche Gemeinde ein und begann dort, in der Jugendarbeit mitzumachen. Fühlte sich leicht wie ein Vogel und musste nicht mehr wie ein Ertrinkender mit jedem hübschen Mädchen ins Gespräch kommen, um sich zu beweisen, was für ein toller Hecht er war. Die Verletzung, die er durch die Trennung von seiner Freundin erfahren hatte, schien wie ausgelöscht. Auch diesen Rucksack hatte er abgegeben.

Wir finden meist dann zum Glauben, wenn es uns schlecht geht, es uns an etwas mangelt. Wenn ein Mensch immer in dem Gefühl lebte, es reicht sowieso nicht, und dann plötzlich Fülle spürt, ihm das Herz überläuft mit positiven Gedanken und Gefühlen, ist das ein Erlebnis der ganz besonderen Art. Der Weg vom dunklen Loch zu einem neuen hellen Standpunkt ist so faszinierend und zugleich so überzeugend, dass dann auch der „Glaube" überzeugt.

Etwas, das einmal funktionierte und so lebensverändernd wirkt, wird auch weiter funktionieren, wenn man vertraut. Und damit schließt sich der Kreis. Glaube ist Vertrauen. Auf Gott, auf andere, auf sich selbst.

In der Bibel sagt Gott immer wieder zum Menschen: „Du bist einzigartig und wertvoll. Ich habe dich gemacht und gewollt, so wie du bist." Lorenz konnte sich zum ersten Mal im Spiegel anlächeln: „Hey, ich bin jemand!"

Früher stellte er sich immer die Frage: „Wie muss ich mich verhalten, damit ich meinem Gegenüber passe? Was muss ich machen, dass es für den oder die stimmt, für die Eltern, für den Chef, für die Freundin?" Dadurch setzte er sich einem Druck aus, der nicht zu bewältigen war. Selbst wenn er sich alle Mühe gab. Dem einen passte seine Nase nicht, dem anderen nicht, wie er schaute, dem dritten nicht, was er sagte. Immer stimmte etwas nicht …

Und plötzlich sagte da Gott: *„Du bist wertvoll."* Und David sagt: *„Ich danke dir, dass ich wunderbar gemacht bin"* (Psalm 139).

Mir ist inzwischen auch ziemlich egal, was die Menschen über mich denken. Und es ist bestimmt eine schöne Vorstellung, dass da einer ist, der mich geschaffen hat und für den ich wertvoll bin. Und ich glaube, jemand, der sich einigermaßen im christlichen Sinn nach Gott ausrichtet, ist für sein Gegenüber allemal erträglich.

Das versuchte auch Lorenz umzusetzen. Er fand zurück zu seinem eigentlichen Ich. So wie Gott ihn ursprünglich haben wollte. Die alten vernichtenden Sätze waren plötzlich verschwunden. Er konnte von diesem Moment an sowohl sich selbst als auch andere für wertvoll erachten.

Er brauchte keinen Alkohol mehr, um die Anerkennung von Menschen zu bekommen. Er hatte schon die von Jesus. Und der half ihm sogar dabei, mit dem Rauchen aufzuhören. Zigmal hatte er es versucht, doch Kopfschmerzen, Schlaflosigkeit, Unruhe und Antriebslosigkeit ließen ihn nach drei Tagen meist schon wieder zur Zigarette greifen.

Doch eines Tages, während er die Bibel las, glaubte er eine Stimme zu hören: „Warum rauchst du eigentlich?"

Antwort: „Ich bin süchtig danach."

„Du glaubst doch an Jesus. Wie wäre es mit Beten?"

Okay, also betete er: „Jesus Christus, ich bin abhängig vom Nikotin, ich glaube an dich, daran, dass du alles kannst, ich möchte davon frei werden. Bitte hilf mir."

Er drückte die Zigarette aus, zerbrach die, die noch in der Schachtel waren, und vernichtete sogar die drei Packungen, die er als eiserne Reserve in der Schublade hatte. Von diesem Moment an rührte er keine Zigarette mehr an. Bis heute.

Natürlich gab es in den 32 Jahren, in denen er nun Christ ist, Höhen und Tiefen. Auch ein fester Glaube garantiert keine permanenten Höhenflüge. Doch die Gewissheit, auch weiterhin geliebt zu sein, selbst wenn etwas nicht so gut läuft, wenn er Fehler macht, hält ihn in der Spur. Er fühlt sich getragen und investiert keine Energie in Verzweiflung.

In seiner Gemeinde war er eine Art Senkrechtstarter. Er besuchte eine Kurzbibelschule beim Janz-Team im Schwarzwald, ein international tätiges christliches Missionswerk, das die Botschaft Jesu vor allem durch Musik verbreitet. Solisten, Instrumentalisten und Chöre mit Hunderten von Stimmen machten sich damals in der christlichen Musikszene einen Namen und füllten in der Schweiz riesige Hallen und Zelte.

Lorenz wurde wieder neu auf seine musikalische Begabung aufmerksam. Er konnte zwar keine Noten lesen, spielte aber inzwischen gut Gitarre. Auch das Jodeln zog wieder in sein Leben ein. Jodeln ist ein Ausdruck von Freude, hat mit jauchzen zu tun. In Psalm 100 steht: *„Jauchzet dem Herren, dienet dem Herrn mit Freuden, kommet vor sein Angesicht mit Frohlocken…"*

Genau das sieht Lorenz heute im Jodeln. Es ist Ausdruck seiner Befindlichkeit. Inzwischen arbeitet er als professioneller Jauchzer und Jodler. Er nutzt sein musikalisches Talent auch, indem er die Menschen auf seine ganz persönliche und einzigartige Weise auf den Gottesdienst einstimmt. Wenn sie gestresst vom Alltag ankamen, sollten sie sich zuerst einmal zurücklehnen, entspannen und durch seine Musik beschenken lassen. Er sah die Predigt als ein Geschenk an die Menschen, das sie während der Woche umsetzen und dadurch sich selbst und ihrem Umfeld das Leben erleichtern konnten.

In den Regularkirchen ist der Zeitablauf einer Messe genau festgelegt. Deshalb lassen die meisten das ganze Brimborium einfach über sich ergehen. Erst spielt die Orgel, dann kommt ein bestimmtes Gebet, dann beginnt die Predigt. Für eine Klostergemeinschaft ist das natürlich in Ordnung, aber die normale Bevölkerung braucht etwas mehr Vorbereitung.

In seiner Gemeinde lernte Lorenz auch seine Frau Andrea kennen, mit der er ins Engadin ging, wo er die Betreuung eines christlichen Gästehauses übernahm. Während der sogenannten Andachten spielte er auf der Gitarre und jodelte, sehr zur Freude seiner Gäste. Durch die vielen Veranstaltungen, die bei ihnen stattfanden, wurde er in der christlichen Szene bald auch über die schweizer Grenzen hinaus bekannt.

Mit 44 Jahren kam das Alphorn in sein Leben. Schon als Bub hatte ihn dieses Instrument fasziniert. Während einer Tagung der Gideon-Gruppe spielten draußen auf dem Vorplatz drei Alphornbläser für die Touristen. Da sich der Vortragsredner gegen die mächtigen Töne dieses Instruments nicht durchsetzen konnte, gingen alle nach draußen, um ebenfalls zuzuhören. In

Lorenz kam wieder der alte Kinderwunsch hoch, und er fragte einen der Bläser, ob er sich nicht irgendwo ein Alphorn ausleihen könnte. Der versprach, ihm ein paar Tage später sein Ersatzalphorn vorbeizubringen, und hielt Wort. Lorenz war hoch erfreut. Er setzte das Alphorn an seine Lippen und brachte auf der Stelle Töne heraus, was eher ungewöhnlich ist. Nach wenigen Wochen trat er bereits öffentlich auf.

Das Publikum war begeistert, was ihn auf den Gedanken brachte, in Zukunft das Evangelium mit dem Alphorn zu verkündigen. Als Christ wollte er schließlich alle seine Talente anwenden. Und mit der Zeit entwickelte er sogar eine Technik, freihändig darauf zu blasen und gleichzeitig noch Gitarre zu spielen. Eine einmalige Kombination und zugleich ein durchschlagender Erfolg.

Lorenz war tief überzeugt, dass dies eine ganz besondere Brücke war, um die Botschaft Jesu zu verkünden. Doch wie sollte er das auf Dauer umsetzen? Er hatte inzwischen vier Kinder – zwei in der Schule, zwei in der Ausbildung. Seine Frau sollte und konnte nicht allein für die Familie aufkommen. Sollte er dafür das Gästehaus aufgeben? Beides zu schaffen war unmöglich. Er wollte keine Anstellung bei der Kirche und auch keinen Fördererkreis, der ihn finanziell trug.

Er ging eine Woche in die Stille und fastete. Nach dieser Woche erwartete er eine Antwort von Jesus. Sie kam – vier Tage später. Er war mit einer christlichen Gruppe auf einer Wanderung unterwegs und hatte sein Alphorn dabei. Als er vor malerischer Bergkulisse spielte, fragte ein Tourist, ob er ihn filmen dürfe. Lorenz stimmte zu und bat den Mann im Gegenzug, eines seiner Traktate anzunehmen, die er immer bei sich trug. Als der Tourist sich erkundigte, ob er das selbst verfasst hätte, verneinte Lorenz ehrlicherweise.

Später kamen sie an einen Bergsee, wo Lorenz ebenfalls spielte. Diesmal kamen zwei junge Burschen daher, die ihn dort fotografieren wollten. Und wieder gab ihnen Lorenz im

Gegenzug seine Traktate. Und auch sie wollten wissen, ob er das selbst geschrieben hätte. Lorenz schüttelte den Kopf.

Auf dem Heimweg begegnete ihnen eine 80-jährige Frau, die auf einer Bank saß und Lorenz aufforderte, doch ein kurzes Ständchen für sie zu spielen, was er ihr nicht abschlagen konnte. Anschließend überreichte er ihr sein Traktat. Und die Frau fragte genau das Gleiche wie anderen: „Haben Sie das selbst geschrieben?"

Es war, als ob er Gottes ungeduldige Stimme hörte: „Hast du's jetzt endlich kapiert?"

Am Tag darauf schrieb er seinen ersten eigenen Text im Zweifingersuchsystem auf dem Laptop seiner Tochter. Abends tauchte ein etwas merkwürdiger Mann auf und fragte nach einer Unterkunft. Das Gästehaus war voll und Lorenz konnte ihm nur noch eine Kammer auf dem Dachboden mit einem Notbett anbieten. Doch das schien ihm zu genügen.

Die beiden kamen ins Gespräch. Lorenz erzählte seine Geschichte und zeigte ihm den Text, der fast fertig war. Es fehlte nur noch ein passendes Foto als Deckblatt. Und als wäre es vorherbestimmt, entpuppte sich der Mann als ein berühmter schweizer Maler und bot Lorenz an, ihn zu porträtieren – samt Alphorn. Und da der Maler seine Begabung ebenfalls als Berufung sah und sich freute, einen Seelenverwandten getroffen zu haben, war man sich über den Preis schnell einig.

Als Lorenz fragte, was ihn denn der Spaß kosten würde, stellte der 70-Jährige die Gegenfrage: „Und was kostet dein Text?"

Nichts natürlich.

Einige Wochen später hielt er die fertige Leinwand in der Hand.

Die Entscheidung war gefallen. Auch Andrea war einverstanden. Blieb nur noch die Frage, wer sich von nun an um das Gästehaus kümmern sollte. Doch auch das wollten sie „dem da oben" überlassen. Schließlich hatte er ihnen das Ganze eingebrockt.

Und der ließ sich auch nicht lumpen. Ein paar Monate später tauchte ein Ehepaar auf, das seine Berufung darin sah, ein christliches Gästehaus zu leiten. Für Lorenz ein klarer Beweis, dass Jesus Christus Realität ist und sich um die Menschen kümmert, die an ihn glauben. Glaube ist nicht nur irgendeine Idee, sondern täglich erlebbar.

Lorenz' Text wurde inzwischen weit über 10.000-mal gedruckt und in viele Sprachen übersetzt. Seit 8 Jahren ist er freischaffender Musiker und Prediger. Er singt, jodelt, spielt und predigt fast überall auf der Welt. Weit über 200 Auftritte absolviert er jährlich in den USA, Kanada, Indien, Israel und vielen europäischen Ländern. Und wann immer es möglich ist, begleitet ihn seine Familie. Nebenbei organisiert er Konzertwochenenden, Berggottesdienste, Alphorn-, Sing- und Bibelwochen und kümmert sich um die Freizeitgestaltung eines Hotels in seiner Nähe.

Manchmal wird ihm das Ganze ein bisschen zu viel, und wenn er ganz ehrlich ist, würde er gern so in ein bis zwei Jahren aufhören. Aber eine Berufung hängt man eben nicht so einfach an den Nagel. Martin Luther sah Beruf und Berufung auch aus der paulinischen Warte: *„Jeder bleibe in der Berufung, in der er berufen wurde",* also: „Schuster, bleib bei deinen Leisten." Außerdem war er der Meinung, jeder äußere Beruf eines Menschen beruhe auf einer inneren Berufung durch Gott, und jeder Einzelne erfahre sie aufgrund ganz besonderer Qualitäten und Fähigkeiten zum Dienst am Nächsten und für Gott. Damit wurde die Stallmagd dem Fürsten gleichgestellt, eine Sichtweise, die ja auch bezweckt war. Und dann ging Luther noch weiter: Er verstand letztlich jegliche Berufserfüllung im weiteren Sinn als Gottesdienst. *Halleluja, ihr Banker!,* fällt mir da nur ein.

Und ich? Bin ich dazu berufen oder dazu verdammt, wie eine Zigeunerin durch die Gegend zu reisen und all diese Geschichten zu sammeln? Diese Schicksale aufzuzeichnen, die sich mit Gottes Hilfe immer wieder zum Positiven wendeten?

Will „der da oben" sich vielleicht auf diese Weise bei mir Gehör verschaffen?

Gut, dass ich jetzt erst mal ein paar Tage Pause habe, bevor es weitergeht. Ich werde sie nutzen, um über diese Fragen nachzudenken.

Fotios Kefalianakis
Widerstand zwecklos!

Ich bin auf dem Weg nach Schorndorf, nördlich von Stuttgart. Treu den Anweisungen von *Google Map* folgend, verfahre ich mich prompt. Passiert mir nicht zum ersten Mal. Immer kurz vor dem Ziel, sobald man die Autobahn verlässt und sich auf das verwirrende Netz der Bundesstraßen einlässt, wird's haarig. Kilometerlang gibt es keine Möglichkeit umzudrehen, geschweige nach guter alter Manier jemanden zu fragen. Ich habe zwar einen guten Orientierungssinn, inzwischen auch viel Gottvertrauen, aber vielleicht sollte ich mir doch irgendwann ein Navi zulegen.

Nachdem ich zum zweiten Mal eine Runde im Kreisverkehr gedreht habe, entdecke ich in letzter Sekunde ein Schild mit dem Ortsnamen „Schorndorf" darauf. Und auch das Krankenhaus für Intensiv- und Notfallmedizin wird schon angezeigt. Fotios Kefalianakis arbeitet dort als Anästhesist.

Mir ist immer ein bisschen unwohl, wenn ich ein Krankenhaus betrete, nicht nur wegen der Keime, sondern wegen des Leids und der Schmerzen, die die Menschen hier auszuhalten haben. Und die „Halbgötter in Weiß", die hier herumschwirren, sind eben doch nur Menschen mit begrenzten Möglichkeiten, die normalerweise keine Wunder vollbringen können. Manchmal jedoch greift Gott ihnen unter die Arme. Dann, wenn's richtig brenzlig wird, wenn keiner mehr weiß, was er noch tun soll. Solche Situationen hat der Mann, den ich gleich treffen werde, schon oft erlebt.

Er war schon immer davon überzeugt gewesen, dass Gott existierte. Und sein naturwissenschaftliches Studium tat dem keinen Abbruch, im Gegenteil. „Wissenschaft", sagte er mir am Telefon, „bietet dem Menschen zwar viele Möglichkeiten, zeigt ihm aber zugleich auch sehr deutlich seine Grenzen."

Nachdem ich kurz vor dem OP-Bereich sein Büro gefunden habe, werde ich von der Sekretärin noch einmal hinaus in den Flur komplementiert. Dr. Kefalianakis sei noch in einem Gespräch, aber es werde nicht mehr lange dauern. Ich nehme auf einem der Stühle Platz, die dort an der Wand stehen, und entdecke in einem Prospektständer eine Broschüre der *Mercy Ships*.

Deshalb bin ich überhaupt hier. Ein Freund hatte mir von dem christlich orientierten Hilfswerk erzählt, das ausgediente Passagier- und Frachtschiffe aufkauft und zu schwimmenden Hightech-Krankenhäusern umbaut, die in afrikanischen Hafenstädten vor Anker gehen, um den Ärmsten der Armen zu helfen. Ein Projekt, das mich nicht nur als Kapitänstochter vom ersten Moment an begeisterte.

Ich machte mich also im Internet schlau und versuchte, jemanden aus Deutschland ausfindig zu machen, der auf einem dieser Schiffe als Arzt gearbeitet hatte. Die Pressestelle verwies mich dann schließlich auf den griechischstämmigen Anästhesisten.

Dr. Fotios Kefalianakis ist groß, Mitte 40, hat dunkle Haare und warme braune Augen, die mich etwas skeptisch anblicken, als würde er nicht ganz verstehen, was ich eigentlich von ihm will. „Auf alle Fälle keine Narkose", versuche ich die Stimmung in seinem Sprechzimmer ein bisschen aufzulockern.

An der Wand hinter seinem Schreibtisch hängen verschiedene gerahmte Fotos. Eines zeigt typische griechische Häuser mit blauen Fensterläden, ein anderes Fischerhafenidylle. Fotios gehört zur sogenannten zweiten Generation von Emigranten. Er ist 1964 in Stuttgart geboren und aufgewachsen. Seine Eltern stammen aus einem kleinen Dorf auf Kreta, wo die Armut so groß war, dass selbst die sorglose griechische Mentalität nicht mehr dagegen ankam. Also wanderten sie aus, wie damals viele. Ins „Gelobte Land". Zuerst hieß es, nur für ein Jahr, schließlich wurde daraus ein Leben.

Der Vater fand als Zimmermann im Bauboom der 1960-Jahre sofort Arbeit, und der kleine Fotios musste lernen, mit zwei völlig unterschiedlichen Lebensweisen zurechtzukommen. In der Welt der gleichförmigen Sozialbauten im Ausländerghetto fehlten ihm besonders die weißen Kieselstrände seiner Heimat, wo er in den Ferien so herrlich spielte. Er hatte wenig Unterstützung durch seine Eltern, für die ja auch alles neu und ungewohnt war.

Vormittags ging er in die deutsche Schule, nachmittags, wenn die deutschen Kumpels im Hof kickten, in die griechische, um die eigenen Wurzeln nicht absterben zu lassen. Schließlich war ja noch immer eine baldige Rückkehr geplant.

Fotios hatte viele Interessen, doch wenige Möglichkeiten, sie umzusetzen. Als Ausländer war es unmöglich, einfach irgendeinem Verein beizutreten, und so musste er zum Beispiel selbst dafür sorgen, dass er Geigenunterricht bekam.

Die deutsche Schule bereitete ihm große Schwierigkeiten. Er kam immer wieder mit den berüchtigten blauen Briefen nach Hause, deren Vordrucke nie ausreichten, um all die Fächer einzutragen, in denen er eine 5 oder 6 zu erwarten hatte. Jedes Mal musste er sich im zweiten Halbjahr extrem auf den Hosenboden setzen, um das Klassenziel mit Ach und Krach zu erreichen.

Mit 12 bekam er seine erste Bibel geschenkt, die er von Anfang bis Ende durchlas. Von da an war Gott sein Freund, auf den er sich in Notsituationen immer verlassen konnte. Selbst während einer schwierigen Klassenarbeit.

Als er 13 Jahre alt wurde, waren seine Noten tatsächlich so gut, dass er aufs Gymnasium wechseln konnte. Nachdem er sein Abitur mit einem mehr als ordentlichen Durchschnitt abgelegt hatte, wollte er erst mal nichts mehr mit Schule zu tun haben, vielmehr stand ihm der Sinn danach, so richtig ins Leben einzutauchen. Allerdings verstand er darunter nicht das, was mir nach dem Abitur so vorgeschwebt hatte: mit dem

VW-Bus in Richtung Indien abhauen, am Strand rumhängen und nette Leute kennenlernen. In seinen Augen war das reine Zeitvergeudung. Das hätte ihn unruhig gemacht. Das hätte er als ineffizient angesehen. Fotios wollte etwas für andere tun, genauer gesagt für Kinder.

1983 meldete er sich für ein freiwilliges soziales Jahr in Westberlin und arbeitete in einem Heim für geistig und körperlich behinderte Kinder. Es erfüllte ihn, den Hilflosen zu helfen; darin sah er seine Lebensaufgabe.

Eine engagierte Mitarbeiterin der Agentur für Arbeit in Berlin motivierte ihn dazu, sich für ein Medizinstudium zu bewerben. Er konnte strukturiert denken und hatte viel Gefühl für Menschen – die ideale Voraussetzung für den Arztberuf. Er selbst war davon weniger überzeugt und wollte viel lieber weiter mit behinderten Kindern arbeiten. Trotzdem tat er der Dame den Gefallen – und bekam aufgrund der Ausländerquotenregelung tatsächlich einen Studienplatz. Glücklich machte ihn das nicht. Und genau diese Art von vorläufigem Unglück sollte sich noch ein paar Mal in seinem Leben wiederholen. Ein Phänomen, das ich selbst gut kenne. Man setzt sich gegen eine Situation zur Wehr, deren Sinn einem erst viel später bewusst wird. Selbst dieses Buch, die Beschäftigung mit Gott, mit dem Glauben und dadurch auch mit mir selbst stand nicht unbedingt ganz oben auf meiner Prioritätenliste. Doch irgendwann haben sich die Umstände so ergeben, dass ich gar nicht mehr anders konnte, als es jetzt und genau zu diesem Zeitpunkt in Angriff zu nehmen. Irgendwann schwindet der Widerstand, und das Gefühl, vielleicht doch das Richtige zu tun, nimmt überhand. Die Frage, ob man dabei von jemandem geführt wird, einer höheren Macht folgt, ist letztlich unerheblich.

Als Fotios sein praktisches Jahr im Krankenhaus absolvierte und im OP zum ersten Mal auf Anästhesisten traf, stand für ihn sofort fest: Er würde sich mit allem anfreunden können, nur nicht mit diesem Bereich. Und wieder geschah genau das, was nicht er, sondern offensichtlich jemand anderes wollte. Während seiner Doktorarbeit musste er sich so viel mit Narkosen beschäftigen, dass er Anästhesie als Wahlfach belegte. Außerdem hatte er gehört, dass man dort am meisten über Notfallsituationen lernte, auf die er als Mediziner zweifellos immer wieder stoßen würde. Im OP ließen ihn die älteren Kollegen von Anfang an selbstständig und mit voller Verantwortung agieren, was nicht nur sein Selbstbewusstsein als Anästhesist festigte, sondern auch die Überzeugung, am richtigen Platz zu sein. Wieder ein Paradebeispiel dafür, dass er in seinem Leben Dinge tat, die er ursprünglich abgelehnt hätte. Er hatte auch nie vorgehabt, in einem großen Krankenhaus zu arbeiten, trotzdem war er nun seit 20 Jahren in einem beschäftigt.

Ob das im Nachhinein gesehen alles weise Führung war oder ob er es nur so interpretiert, um keinen Frust zu schieben, kann ich nicht beurteilen. Aber vielleicht steckt hinter solchen „Fügungen" ja auch etwas viel Größeres. Ich selbst habe jedenfalls immer mehr das Gefühl, Teil eines riesengroßen Räderwerks zu sein, in dem jedes Rädchen seine Aufgabe erfüllt. Selbst die, die nicht so gut geschmiert sind.

Während des Studiums lernte Fotios seine spätere Frau kennen, ganz klassisch eine Krankenschwester, urschwäbisch, mit der er inzwischen vier Kinder hat. Einen Sohn von 18, Zwillinge von 17 Jahren und eine 14-jährige Tochter.

Doch dann passierte, was bei vielen Familienvätern, die beruflich stark eingespannt sind, immer wieder vorkommt: Burnout! Berufliche, persönliche und familiäre Probleme gaben sich die Klinke in die Hand. Fotios fühlte sich vollständig überfordert.

In der Anfangszeit drehte sich alles nur um die Kinder, die kurz hintereinander kamen. Er konnte jahrelang nicht durchschlafen. Besonders die Zwillinge machten ihm und seiner Frau das Leben schwer. War der eine gerade eingeschlafen, meldete sich der andere, und dann war der eine natürlich wieder wach.

Auch wenn vieles an seiner Frau hängen blieb – er selbst hatte oft 48 Stunden Bereitschaftsdienst und war weg von zu Hause –, hinterließ diese Zeit ihre Spuren.

Fotios war dick geworden, litt an Herzrhythmusstörungen, Rückenschmerzen und Schlaflosigkeit. Das alles konnte und wollte er sich als „kretischer Sturkopf" natürlich nicht eingestehen und machte immer weiter, bis sich die ersten Anzeichen eines Herzinfarktes ankündigten. Erst da zog er die Reißleine. In dieser Zeit fand er wieder zu sich, zu seinem eigentlichen Glauben und zu Gott.

In deutschen Gemeinden hatte er eine ganz andere Form von Gottesdienst erlebt, als er ihn aus seiner Heimat kannte. Alles war viel lockerer. Man durfte selbst in der Bibel lesen und Gott alles sagen, was einem gerade auf dem Herzen brannte. Die griechisch-orthodoxe Kirche dagegen gab in ihrer strengen Liturgie klare Verhaltenskorridore vor, die schon seit Urzeiten existieren und sich seitdem kaum verändert haben. Vieles hat dort symbolischen Charakter, und die meisten Gesänge werden in Altgriechisch zelebriert, sodass man die Inhalte nur erahnen kann.

Inzwischen hat Fotios seine ursprüngliche religiöse Heimat für sich wiederentdeckt. Die tiefe Anbetung Gottes in einer orthodoxen Kirche ist für ihn bis heute ein unvergleichbares Erlebnis. Schon als Kind hatte ihn die heilige Atmosphäre jener dunklen, in sich abgeschlossenen Kirchen stark berührt. Dort hatte er zum ersten Mal Gottes Anwesenheit *gespürt*, vielleicht noch nicht wie heute, aber die Sehnsucht nach diesem Gefühl ließ ihn nie wieder los.

Oft wird alten Traditionen ja der Vorwurf gemacht, Menschen emotional zu manipulieren. Doch Fotios sieht in ihnen einen roten Faden, der bis heute weitergeknüpft wird zu einem Teppich mit wunderbaren Farbmustern. Er fühlt sich als Teil dieses Teppichs und singt heute im Chor einer orthodoxen Gemeinde. Jedes Mal, wenn er als Vorsänger auf der rechten Seite des Altars steht, ist er von Neuem begeistert vom Reichtum des Gesangs, sowohl musikalisch als auch inhaltlich. Wenn die Menschen diese Texte besser verstehen könnten, davon ist er überzeugt, würden die Kirche und ihr Traditionsbewusstsein bestimmt wieder mehr geschätzt werden. Es sind ganz konkrete Aussagen, die auch für die heutige Zeit ihre Gültigkeit haben. Hilfestellungen im musikalischen Kontext, ähnlich dem, was der große evangelische Kirchenlieddichter Paul Gerhardt viel später versucht hat: dem Einzelnen einen persönlichen, emotionalen, sinnlichen Zugang zu Gott zu vermitteln.

Ich denke an Augustinus, den großen Kirchenvater, der im 3. Jahrhundert nach Christi lebte und mich immer wieder in Erstaunen versetzte, als ich seine Schriften las. Vieles, was man heute in modernen Lebenshilfebüchern liest, war offensichtlich schon immer ein Thema. Der Mensch ändert sich nicht, auch nicht durch den Fortschritt der Technik. Seine seelischen Probleme und Fragen bleiben die Gleichen.

Apropos Problem. Ich erfahre von meinem Gegenüber, dass es ein griechisches Wort ist und übersetzt bedeutet: „eine zum Lösen vorgelegte, unentschiedene, zweifelhafte Aufgabe." Also: Wenn wir ein Problem haben, so ist das nichts weiter als eine ungelöste Aufgabe!

Fotios schätzt die Menschen seiner kleinen Gemeinde. Und wieder hat er sie sich nicht ausgesucht, sondern wurde dort hingeführt. Durch ein Gemeindemitglied bekam er Kontakt zu einem Sportverein und fühlte sich dort zum ersten Mal wieder als Mensch, nicht nur als karrierebewusster Mediziner, Arbeitspferd, Vater oder Ehemann. Dank des Ansporns seiner neuen Freunde nahm er durch regelmäßiges Joggen 20 Kilo ab und lief sogar einen Halbmarathon mit. Mit diesen Menschen, die nichts mit seinem Beruf zu tun hatten, führte er tiefe Gespräche, die ihm halfen, wieder zu sich selbst zu finden. Sie riefen ihn an oder besuchten ihn, wenn sie länger nichts von ihm gehört hatten, und boten sogar an, sich um seinen Garten zu kümmern, für den er nie Zeit fand. Er lernte wieder, Respekt zu haben vor Menschen, die vielleicht nicht das Wissen hatten, über das er verfügte, aber deren Wertvorstellungen und Zuneigung ihn wieder auf den Teppich brachten.

In der schlimmsten Phase seiner beruflichen und privaten Belastungen erzählte ihm eine Kollegin von den *Mercy Ships*, der christlichen Organisation, die nur mithilfe von Spenden ausrangierte Fracht- und Passagierschiffe zu modernen Krankenhausschiffen umbaut. Rund 500 Mediziner, Ingenieure, Seeleute, aber auch Menschen ohne besondere Ausbildung bringen dort ehrenamtlich Zeit ein, von zwei Wochen bis zu mehreren Jahren. Sie kommen sogar noch selbst für Flug, Unterbringung und Verpflegung auf. In den OPs werden Tumore, Verwachsungen, Augenfehler und Brüche operiert – alles Eingriffe, die sich ein normalsterblicher Afrikaner niemals leisten könnte.

Fotios lehnte mit aller Entschlossenheit ab. Was sollte er in Afrika? Er hatte vier Kinder, befand sich mitten in einer Ehekrise, und die Arbeit im Krankenhaus wuchs ihm sowieso täglich über den Kopf. Doch als er während eines Vortrags, zu dem er sich hatte überreden lassen, ein Video von der Arbeit auf den Schiffen sah, fühlte er sich unwiderstehlich angezogen. Besonders die Kinder gingen ihm ans Herz, die oft mit schlimmen Missbildungen auf die Welt kamen und dadurch keine Chance hatten, später ihren eigenen Lebensunterhalt zu verdienen.

Seine alte Leidenschaft für kleine Patienten kam sofort wieder hoch. Kindern zu helfen, auch auf der nicht medikamentösen Schiene, ihnen ohne gängige Beruhigungsmittel die Angst zu nehmen, eine gute Beziehung zu den Eltern aufzubauen, ihnen auf Herzensebene beizubringen, wie sie mit ihrem Kind am besten umgehen – das war schon immer sein großes Talent gewesen, doch in seinem jetzigen Job konnte er es nur bedingt einsetzen.

Obwohl alles dagegen sprach, konnte er nicht anders, als sich zu bewerben.

Bereits nach einem knappen Jahr saß er im Flieger Richtung Liberia. Über Frankfurt, Paris, Nairobi. Je südlicher er flog, erinnert er sich noch ganz genau, desto schwärzer wurden die Mitpassagiere, bis er ganz am Schluss der einzige Weiße im Flugzeug war.

Als er in der Hauptstadt Monrovia aus dem Flugzeug stieg, empfing ihn zu seinem Erstaunen ein Geruch, den er nur zu gut kannte: Es roch nach Hafenstadt, wie bei ihm zu Hause in Griechenland. Die Leute saßen einfach nur da, gingen keiner besonderen Arbeit nach. Auch wie in Griechenland. Irgendwie beruhigend, fand er. Es war heiß und staubig, der Verkehr chaotisch. Ebenfalls wie in Griechenland. Sein Herz schlug schneller. Er fühlte sich positiv angeregt wie schon lange nicht mehr. Voller Tatendrang. Der Burnout, die Depression, die Probleme mit der Familie – alles schien hier wie weggeblasen.

Die *Africa Mercy*, das neueste und größte Schiff, empfing ihn mit einem Haufen ungewohnter Eindrücke. Nach einer kurzen Einweisung stand er schon am nächsten Morgen im OP. Neue Menschen, fremde Sprachen. Ein Mischmasch aus verschiedenen Kulturen. Während der Arbeit wurde nur Englisch gesprochen. Die Abläufe waren ihm geläufig, ungewohnt war nur, dass das Personal ständig wechselte, da es viele sogenannte „Shorttermer" (Kurzzeitmitarbeiter) gab.

Die Motivation und dadurch die gesamte Stimmung schien jedoch eine völlig andere als im OP im Schwabenland. Hier ging es nicht um Hierarchie, Karriere oder Geld, sondern ums Helfen und Dienen mit christlicher Überzeugung. Der Glaube spielte eine wichtige Rolle. Vor jeder Operation wurde ganz konkret gebetet, sowohl für den Patienten als auch für alle Mitarbeiter.

Fotios empfand das als etwas extrem Wohltuendes und eigentlich Vertrautes. Auch er betet in seinem Klinikalltag, wann immer er kann. Aber meist still für sich, für seine Kollegen von außen nicht wahrnehmbar. Es wirkt auf mich fast so, als schäme er sich ein wenig, als hätte er Angst, sich in den Augen der säkularen Ärzteschaft lächerlich zu machen. Ärztliche Kunst und Religion. Wissenschaft und Glaube. Größere Gegensätze gibt es ja kaum. Und trotzdem, für Fotios gehören sie zusammen. Es heißt ja nicht umsonst: *Ora et labora*. „Bete und arbeite." Fotios weiß genau, die Tätigkeit, die er ausübt, hängt nicht allein von ihm ab, sondern von einem liebenden Vater, der hinter ihm, vor ihm und in ihm ist. Dessen ist er sich sicher. Gott steht immer mit am OP-Tisch. Das hat Fotios mehr als einmal erlebt.

Bei einer seiner ersten OPs in Schorndorf wäre ihm fast ein Säugling gestorben. Der Beatmungsschlauch war herausgerutscht, und eine enorme Anschwellung des Atembereichs machte es unmöglich, ihn wieder in der Luftröhre zu platzieren. Das Baby war bereits blau angelaufen und stand kurz vor dem Herzstillstand. In diesem Moment rief Fotios laut: „Vater!" Es platzte einfach aus ihm heraus, und es scherte ihn nicht im Geringsten, was seine Kollegen dachten. Und tatsächlich – der Schlauch rutschte wie durch ein Wunder von ganz allein wieder hinein. Das Kind konnte beatmet werden, sein Leben war gerettet. Zufall? Ich glaube nicht. Jetzt nicht mehr. Und Fotios erst recht nicht.

Leider passiert es aber auch, dass Kinder sterben, was für die Hinterbliebenen, aber auch für den Arzt entsetzlich schlimm ist.

Auf der *Africa Mercy* behandelte Fotios gleich am ersten Tag ein völlig unterernährtes kleines Mädchen, das nur Haut und Knochen war. Er hatte zu entscheiden, ob man das Kind in diesem Zustand operieren konnte oder nicht. Fotios lehnte ab. Er war sicher, das Kind würde die Narkose nicht überleben, und verordnete stattdessen Infusionen und Bluttransfusionen. Die Kleine erholte sich langsam, verschluckte sich dann jedoch beim Stillen an der Muttermilch, die in die Luftröhre gelangte. Fotios musste einen Luftröhrenschnitt setzen. Der Kapitän des

Schiffs hatte sogar noch veranlasst, dass auf der Pinnwand an der Rezeption dazu aufgerufen wurde, für das Mädchen zu beten. Und das ganze Schiff, vom Maschinenraum bis in die Küche, war in Gedanken bei der kleinen Patientin gewesen, doch trotz aller Bemühungen starb das Kind.

Der Tod eines Kindes gehört für Fotios zu den größten Irritationen in seinem Leben. Er ist zwar überzeugt, dass Gott einen höheren Plan vor Augen hat und genau weiß, wen er warum und wann abberuft. Trotzdem ist es immer wieder schwer zu begreifen, warum gerade Kinder manchmal so früh gehen müssen. Da reichen Logik und Verstand nicht aus. Da muss man seine Grenzen akzeptieren und lernen, diese Irritation anzunehmen, ohne Widerstand.

Fotios fühlt sich in solchen Momenten ein bisschen wie seine eigenen Kinder, als sie klein waren und etwas nicht nach ihrem Kopf lief. Dann würde er sich am liebsten wie sie auf den Boden werfen und mit den Füßen strampeln. Und genau wie seine Kinder dann ihren Vater brauchten, der sie in den Arm nahm und tröstete, braucht er Gott. In solchen Momenten ist seine Liebe am meisten vonnöten und auch am tiefsten spürbar, falls man sich darauf einlässt.

Ich glaube, wir sind unter anderem auf der Erde, um das verstehen zu lernen: Ohnmacht anzunehmen, ohne an ihr zu verzweifeln, und gleichzeitig Trost bei Gott zu suchen.

Bei seinem zweiten Aufenthalt auf der *Africa Mercy*, diesmal in Togo, hatte Fotios eine noch extremere Situation zu bewältigen: Er traf auf den 6 Monate alten Opre, der eine Missbildung im Gesicht hatte. Seine Mutter war mit ihm über 200 Kilometer zu Fuß aus Benin gekommen. Auf der langen Reise hatte sich der Kleine eine Lungeninfektion zugezogen und war vollkommen abgemagert. Und wieder stand Fotios vor der Entscheidung: Kann das Kind operiert werden oder ist es zu schwach für eine Narkose? Wieder war der Zustand so schlecht, dass es zuerst aufgepäppelt werden musste.

Ein paar Tage später wurde Fotios nachts angerufen: Opre ginge es schlecht, er möge sofort zu ihm kommen. Fast die gleiche Situation wie vor einem Jahr in Liberia! Und um noch eins draufzusetzen, hatte sogar die gleiche Schwester Dienst wie damals in der Unglücksnacht. Fotios flehte zu Gott: „Bitte nicht schon wieder!"

Bereits eine Woche zuvor hatte er einen Säugling notfallmäßig intubieren müssen, der gerade reanimiert wurde. Und das Kind war ihm unter den Händen weggestorben. Was sollte er jetzt tun? Fotios hatte große Angst, dass mit dem kleinen Opre das Gleiche geschehen könnte wie mit dem Mädchen. Die Situation war kritisch und erforderte es eigentlich, das Kind künstlich zu beatmen. Trotzdem entschied er sich diesmal für eine Notoperation. Der verantwortliche Chirurg wurde aus dem Bett getrommelt und man sprach das übliche Gebet. Direkt nach dem „Amen" wollte Fotios die Narkose setzen, als er zufällig auf den Monitor sah. Alle Parameter waren wie durch ein Wunder im Normbereich. Nicht nur etwas besser, sondern völlig normal. Es bestand keine Notwendigkeit mehr zu operieren!

Der kleine Junge konnte selbstständig atmen, erholte sich und wurde später im Gesicht operiert, als Fotios schon nicht mehr auf dem Schiff war. Leider bekam er dann vor ein paar Tagen eine Mail, in der ihm die gleiche Schwester mitteilte, dass Opre doch gestorben war.

Wieder Irritation, große Irritation.

Doch natürlich gab es auch die Überlebenswunder, die einen immer wieder aufbauten und dafür sorgten, dass man dranblieb. So ein „Wunderkind" war der kleine Arthur, etwa ein halbes Jahr alt, mit einem bösartigen Tumor am Hals, der fast so groß war wie sein Kopf.

Zum Zeitpunkt der Geburt saß eine erbsengroße Geschwulst hinter dem Ohr, die sich dann im Lauf von nur wenigen Monaten um ein Vielfaches vergrößert hatte. Der Tumor quetschte die Luftröhre bereits zusammen und würde dem Kind in kürzester Zeit vollständig die Luftzufuhr abdrücken.

Man entschied sich zu einer sofortigen OP. Zwei hochkarätige Chirurgen aus den Staaten und drei Anästhesisten standen bereit. Alles war bestens vorbereitet. Wie üblich wurde vorher gebetet. Gerry Parker, einer der Chirurgen, der seit 40 Jahren auf diesen Schiffen arbeitete, fragte Fotios: „Alles okay? Fühlen Sie sich gut?"

Und Fotios antwortete: „Ja, und das macht mich skeptisch!" Seine persönliche Erfahrung war, dass gerade wenn alle Außenbedingungen perfekt schienen, besondere Vorsicht angebracht war. Das hatte er auch immer seinen Kollegen eingeschärft.

Er setzt die Narkose. Alles lief nach Plan. Der Tumor lag frei. Plötzlich eine unvorhergesehene Bewegung des Chirurgen und der Beatmungsschlauch rutschte heraus. Ein neuer war sofort zur Hand. Die OP konnte fortgesetzt werden. Kurz darauf geschah das Gleiche noch mal. Fotios löste das Problem erneut, doch ein paar Minuten später stotterte die Beatmungsmaschine und gab nach einigen Sekunden vollends ihren Geist auf.

Es war unmöglich, das Gerät zu reparieren. Fotios musste das Kind per Hand mithilfe einer kleinen Gummipumpe beatmen, bis aus dem Nachbar-OP ein Ersatzgerät gebracht wurde. Alle Schläuche und Kabel wurden abgehängt. Fotios stand der Schweiß auf der Stirn. Er pumpte, so regelmäßig er konnte, ohne zu wissen, ob das Kind überhaupt noch lebte. Erst als alles wieder angeschlossen war, konnte das Team aufatmen. Das Kind war am Leben!

Fotios fühlte sich völlig erschöpft. Er fand, sie bräuchten jetzt unbedingt Hilfe von oben. Nicht auszudenken, wenn jetzt noch einmal etwas schiefging! Auf sein Bitten hin zog sich eine Kollegin kurz zurück und schickte ein Gebet für das Kind und die Operateure zum Himmel.

Von diesem Moment an verlief alles reibungslos.

Als der kleine Opre aus der Narkose erwachte und Fotios ihn in den Armen hielt, liefen ihm die Tränen übers Gesicht. Er ging an Deck und dankte Gott von ganzem Herzen.

Die Geschichte schickte er per Mail seiner Tochter Zoe, deren Name auf griechisch „Leben" bedeutet (geistiges Leben im Unterschied zu *bios*, dem physischen Leben. Christus sagt in der griechischen Übersetzung der Bibel: *am zoe* – „Ich bin das Leben."). Er schrieb ihr: „Wir haben gebetet und gesehen, Gott ist *zoe*. Gott ist Leben!"

Und noch am selben Tag mailte seine Tochter zurück: „Papi, lange Zeit habe ich meinen Namen nicht gemocht, aber jetzt bin ich stolz auf ihn! Das nächste Mal, wenn du auf die *Africa Mercy* gehst, komme ich mit und helfe dir."

Als er im folgenden Jahr wieder nach Togo aufs Schiff ging, war die 14-jährige Zoe tatsächlich dabei. Sie arbeitete in der Küche, half beim Einkaufen und kellnerte in der Kantine. Fotios nahm sie so oft wie möglich mit zu seinen Patienten, die teilweise schwer entstellt waren. Seine Tochter hielt sich super, und es entstand ein sehr herzlicher Kontakt, vor allem zu den Kindern.

Von da an besuchte Zoe regelmäßig die Tumorstation, und besonders die kleinen Patienten blühten auf, wann immer sie auftauchte. Es war für sie etwas ganz Besonderes, regelmäßig Besuch von einem weißen Mädchen zu bekommen. „Zoe", das Leben, war Wirklichkeit, war Fleisch geworden.

Für Fotios sind das Geschichten, die mit dem langfristigen Wirken Gottes zu tun haben, Momente, die er nie vergessen wird. Inzwischen fühlt er sich geführt und folgt diesem Weg ohne Widerstand. Denn er weiß, Gott realisiert viele Dinge, die man eben erst viel später begreift.

Auf einem Krankenhausschiff verläuft der klinische Alltag so wie überall. Mit einem kleinen Unterschied: Durch die Enge entsteht viel mehr Kontakt zwischen den Menschen. Da alle zusammenleben und niemand nach Dienstschluss nach Hause geht, wachsen Beziehungen sowohl zwischen den Mitarbeitern als auch den Patienten viel schneller und intensiver. Natürlich liegt das auch am Naturell der Afrikaner, die viel offener sind als Europäer und auch ihre Dankbarkeit viel freier zum Ausdruck bringen. So boten Patienten oft den Ärzten ihr Essen an, weil sie besorgt waren, dass diese vor lauter Arbeit nicht genug zu sich nahmen.

Da es in den meisten afrikanischen Ländern keine vergleichbare medizinische Versorgung gibt, sind die Menschen auf die *Mercy Ships* angewiesen. Es ist für sie etwas ganz Besonderes, wenn ein solches Schiff anlegt, und das lassen sie die Crew auch spüren. Fotios bekommt immer wieder Briefe, deren Inhalt von einer Tiefe und Dankbarkeit zeugt, wie sie in Deutschland selten anzutreffen sind.

Aber auch zwischen den Kollegen entstand in dieser Extremsituation viel Persönliches. Das rührte hauptsächlich daher, dass man auch seine Freizeit miteinander verbrachte und sich gemeinsam für verschiedene „Landprojekte" einsetzte, die *Mercy Ships* ebenfalls unterstützt.

Sie besuchten gemeinsam ein Waisenhaus, spielten dort mit den Kindern und unternahmen mit ihnen Ausflüge. Die handwerklich Begabten bauten Kinderbetten, reparierten das Vordach und bauten einen neuen Brunnen. Die Mediziner untersuchten die Kinder und ihre Betreuer. Ginette, ein etwa 5-jähriges Mädchen, freute sich immer ganz besonders, wenn Fotios kam, und wich in dieser Zeit nicht mehr von seiner Seite. Als die Kids zum Abschied für die *Mercy Ship*-Mitarbeiter auf Englisch beteten und sangen, fing die Kleine plötzlich bitterlich an zu weinen. Sie spürte wohl, dass Fotios nicht so schnell wiederkommen würde.

Er wusste gar nicht, was er tun sollte, außer das Kind in den Arm zu nehmen, die Tränen zu trocknen und das zu sagen, was Erwachsene immer sagen: Das wird schon wieder, sie solle nicht traurig sein. Wenn sie in der Schule gut aufpasste, würde sie später bestimmt auch ein gutes Leben haben ... bla, bla, bla ...

Am nächsten Tag sollten zwei Kinder aus dem Heim aufs Schiff kommen, um einem Chirurgen wegen einer eventuellen OP vorgestellt zu werden. Als sie an Deck auf ihren Termin warteten, kam Fotios vorbei, und eines der Kinder stupste ihn an und deutete auf eine etwas entfernt stehende Bank. Da saß Ginette mit schüchternem Lächeln. Die Kinder hatten wohl gemerkt, wie gut sich die beiden verstanden, und ihm das Mädchen als Überraschung noch einmal mitgebracht. Freudentränen auf beiden Seiten und eine dicke Umarmung. Natürlich kaufte Fotios ihr sofort in der schiffseigenen Konditorei eine riesige Waffel mit Erdbeeren und Schlagsahne drauf.

Trotz all der Emotionalität, die gerade in armen Ländern viel ausgeprägter ist, machen solche Situationen deutlich, wie viel man zurückbekommt, wenn man gibt. Fotios dachte ursprünglich, er gehe nach Afrika, um Leute zu beschenken, um den Menschen mit seiner Qualifikation etwas zu geben. Aber die kleine Ginette hatte ihn um ein Vielfaches reicher beschenkt. Er spürte so stark wie noch nie diese allumfassende Liebe, die nur von Gott kommen kann. Andere mögen das als Gefühlsduselei abtun, er ist überzeugt, in diesem Kind Jesus begegnet zu sein.

Genau zum richtigen Zeitpunkt, um sein Leben wieder ins Lot zu bringen.

Dreimal ist Fotios inzwischen auf der *Africa Mercy* gewesen. Inzwischen arbeitet er zusätzlich an einem Projekt, das ein amerikanischer Urologe ins Leben gerufen hat. Er operiert in abgelegenen Gegenden junge Frauen, die aufgrund viel zu früher und deshalb schwerer und langwieriger Geburten inkontinent geworden sind.

Da es in vielen ländlichen Regionen Afrikas kaum geburtshilfliche Einrichtungen, geschweige denn ausgebildetes medizinisches Personal gibt, das einen Kaiserschnitt durchführen könnte, liegen junge Frauen nicht selten bis zu einer Woche in den Wehen. In dieser Zeit drückt der Kopf des Kindes konstant auf das mütterliche Gewebe, das nicht mehr durchblutet wird und abstirbt. Der Beckenboden erschlafft, oder es bilden sich Fisteln und daraus dann Gänge, durch die Urin und Stuhl völlig unkontrolliert abfließen. Fast immer werden sie dann aufgrund ihres ständigen unangenehmen Geruchs vom Ehemann verstoßen. Auch ihre Familienangehörigen, manchmal sogar die ganze Dorfgemeinschaft wenden sich von ihnen ab. Sie leben völlig isoliert außerhalb der Dörfer in großer Armut und Scham. In Depressionen und Angstzuständen gefangen, sehen sie oft nur in der Selbsttötung einen Ausweg. Über zwei Millionen solcher Frauen leben derzeit in Afrika.

Neben den gynäkologischen Ursachen entstehen Fisteln aber auch nach brutalen Vergewaltigungen, die in Bürgerkriegsländern zur Kriegsstrategie gehören. Dabei werden Frauen mit Stöcken, Flaschenhälsen oder Gewehrläufen penetriert, was ebenfalls zur Zerstörung des kompletten Vaginalgewebes führen kann.

Eine einfache Operation von einer Stunde kann diese Frauen retten, ihnen ihre Würde zurückgeben und damit auch die Möglichkeit, sich wieder in die Gesellschaft zu integrieren. Es ist für sie wie eine neue Geburt.

Fotios war oft eingeladen, wenn auf der *Africa Mercy* nach einer Fisteloperation so ein „zweiter Geburtstag" gefeiert wurde. Jede operierte Frau bekam zu diesem Anlass ein besonders schönes Kleid geschenkt, erzählte allen Eingeladenen ihre Leidensgeschichte und bedankte sich dann auf herzergreifende, überwältigende Weise bei ihrem Operateur.

„Diese Frauen", erzählt er mir, „sind die personifizierte Unschuld. Die meisten sind unter fünfzehn, sehen aus wie elf und wurden teils schon mehrfach geschwängert."

Dem Griechen gingen diese „Geburtstagspartys" so nahe, dass er beschloss, gemeinsam mit dem amerikanischen Urologen, der an der *Washington University* in St. Louis die gynäkologische Abteilung leitet, diesen Frauen auch außerhalb der Reichweite von *Mercy Ships* zu helfen.

Mit einer befreundeten OP-Schwester begannen sie mitten im tiefsten Nigeria in einem kleinen Leprakrankenhaus. Alles auf eigene Kosten. Instrumente und Narkotika wurden im Handgepäck aus Europa mitgenommen. Die OPs selbst waren auf das Nötigste beschränkt. Doch sie funktionierten und bescherten den Frauen eine ganz neue Lebensqualität.

Daraus ist ein Projekt entstanden, das Fotios unterstützt, sooft er kann. Selbst wenn er sich nur eine Woche freischaufeln kann, fliegt er nach Niame und von dort mit einer kleinen Cessna zu der Missionsstation, die das Krankenhaus betreibt und dafür sorgt, dass die Frauen der umliegenden Dörfer erfahren, dass die Ärzte wieder im Land sind. Trotz des muslimischen Glaubens, der in dieser Region vorherrscht und Männern verbietet, sich verheirateten Frauen zu nähern, geschweige sie anzufassen, schaffen es die Ärzte, zu operieren, ohne von fanatischen Ehemännern attackiert zu werden. Die Missionsstationen haben gute Vorarbeit geleistet und auf diese Weise das Projekt überhaupt erst möglich gemacht.

Inzwischen plant man, dort ein Krankenhaus aufzubauen, das nur Frauen mit Fisteln behandelt und auch eine Art Reha nach der Operation anbietet. Man vermutet, dass allein in dieser Gegend etwa 100.000 Frauen dieses Problem haben. Bisher gibt es nur in Addis Abeba eine Klinik, die solche Fälle behandelt, mit Wartezeiten von bis zu zwei Jahren und für die meisten Frauen natürlich unerschwinglich.

Fotios hat sein Leben heute wieder im Griff, obwohl er nicht weniger arbeitet als früher, vielleicht sogar mehr. Aber er fühlt sich nicht mehr ausgebrannt. Jedes Mal, wenn er aus Afrika zurückkommt, sieht er wieder einen Sinn in dem, was er tut. Er lädt seine Batterien dort auf. Das gibt ihm mehr, als jeder Urlaub in einem Luxushotel in der Karibik bringen könnte.

Das Projekt in Nigeria wird mehr und mehr zu seiner Lebensaufgabe. Gott führte ihn trotz innerer Widerstände dorthin und er ist ihm heute sehr dankbar dafür.

Als ich das Krankenhaus verlasse und zurück zu meinem Auto gehe, weiß ich gar nicht, wo mir der Kopf steht. Themen, die mit Afrika zu tun haben, berühren mich immer besonders. Der Kontinent, der nicht auf die Füße kommt, macht sofort ein schlechtes Gewissen. Vielleicht steht Afrika deshalb so wenig im Fokus der Medien und damit der westlichen Gesellschaft. Auch wenn es eigentlich zu den Grundsätzen christlicher Ethik gehört, den Schwachen zu helfen. Doch daran erinnern sich offensichtlich nur wenige Menschen. Christliche Hilfsorganisationen wie *Mercy Ships* und die Menschen, die dahinterstehen, kommen mir deshalb vor wie Lichtinseln in unserer oft recht finsteren Wohlstandswelt, in der sich jeder selbst der Nächste ist.

Natürlich spende ich auch Geld, zur Weihnachtszeit und manchmal auch an Ostern, aber mir ist klar, dass es etwas völlig anderes ist, selbst vor Ort zu sein, selbst in die Augen dieser Menschen zu sehen und vielleicht so etwas wie wirkliches Mitgefühl zu spüren. So wie Fotios. Denn dann ist es wahrscheinlich unmöglich, nicht zu helfen.

Als ich spät abends zu Hause ankomme, muss ich noch alles für den nächsten Tag vorbereiten. Bahnticket ausdrucken, neue Tonbänder und Batterien für das Aufnahmegerät einstecken, Handy aufladen. Es geht wieder in die Schweiz, diesmal nach Zürich. Ich bin dort mit einer jungen Frau verabredet, die während des Kriegs im Libanon einer terroristischen Partei angehörte und beinahe zur Selbstmordattentäterin geworden wäre. Irgendjemand muss das verhindert haben ...

Jamila Kaufmann
Vom Krieg und seinen Dämonen

Wir sind auf dem Bahnhof verabredet, unter der großen Anzeigetafel, wo sich alle treffen. Ich habe keine Ahnung, wie Jamila aussieht. Nachdem ich bereits zweimal eine falsche Frau angesprochen habe, klingelt mein Handy. Ein Lukas Kaufmann ist dran. Ich blicke hoch und schaue direkt in das Gesicht eines sympathischen jungen Mannes, ebenfalls mit Handy am Ohr.

Wir lachen.

„Jamila wurde noch aufgehalten", erzählt mir ihr Mann, „sie müsste aber gleich da sein."

Ein paar Minuten später stehe ich ihr gegenüber: eine fröhliche, extrovertierte, selbstbewusste Frau mit schwarzen, lockigen Haaren, feurigen Augen und der Energie eines Stromgenerators. Sie ist gerade Mutter geworden, was ihr zusätzlich eine besonders weibliche Ausstrahlung verleiht.

Irene, ein junges Mädchen, dem sie noch gute Ratschläge für die nächsten Stunden gibt, hat ihr Baby auf dem Arm, dann ziehen die beiden ab. Jamilas Fröhlichkeit steckt mich sofort an. Das „Du" ist selbstverständlich, und schon nach fünf Minuten gehen wir untergehakt durch die Altstadt, auf der Suche nach einem Ort, an dem wir uns in Ruhe unterhalten können. Rundum tobt noch immer der Karneval, der hier Fasnacht heißt.

Zum Thema des Buches passend steht mitten im Strom der Narren ein junger Mann von der Heilsarmee auf einem Kistchen und liest laut aus der Bibel vor. Die närrischen, wild maskierten Menschenmassen rennen ihn fast um. Vielleicht ist das für ihn eine Art Härtetest: Predigen unter extremen Bedingungen?

Im Frühstücksraum eines kleinen Hotels in einer Seitengasse finden wir ein ruhiges Plätzchen. Jamila legt sofort los. Wie aus einem Maschinengewehr kommen die Sätze geschossen und entführen mich in eine völlig fremde Welt.

Sie wurde während des Bürgerkriegs 1975 im Libanon geboren. Noch heute kann sie sich genau an das Haus in Beirut erinnern, in dem sie als kleines Kind lebte. Es gab keinen Bunker, sondern nur ein Loch im Boden, in das sie sich mit ihrer Mutter flüchten musste, wenn die Bomben fielen. Einmal ließ die Mutter sie dort allein, um ihren kleinen Bruder zu holen. Schreckliche Momente in Jamilas frühem Leben, die ihr noch heute präsent sind. Sie schrie wie am Spieß und war überzeugt, ihre Mutter würde getötet. Seit dieser Zeit konnte sie ihren kleinen Bruder nicht mehr leiden.

Als sie drei Jahre alt war, floh ihr Vater nach Deutschland und holte die Familie nach. Die erste Zeit verbrachten sie in einem Ausländerviertel in Berlin. Da die Beziehung der Eltern schon länger gestört war, lebte die Mutter von Beginn alleine mit ihren Kindern und ging schon bald mit ihnen nach Gelsenkirchen, wo sie ihre erste richtige Bleibe fanden. Eine gute Freundin, die sich bereits in Berlin um sie gekümmert hatte, brachte sie dort in Kontakt mit einer freikirchlichen Gemeinde. Vor allem der Pastor und seine Familie kümmerten sich um die beiden Kinder und organisierten Möbel, während Jamilas Mutter arbeiten ging. Als Analphabetin blieb ihr nur ein Job als Putzfrau oder als Fabrikarbeiterin. Schon bald war klar, dass sie es allein nicht schaffen würde, und so suchte das Jugendamt Pflegeeltern für ihre beiden Kinder.

Jamilas kleiner Bruder wurde sofort genommen, doch sie zu vermitteln, war nicht so leicht. Niemand schien ihrer Mutter gut genug. Da sprang spontan die Pastorenfrau in die Bresche: Bei drei Kindern käme es auf ein viertes auch nicht mehr an, meinte sie, außerdem hätte sich Jamila doch längst bei ihnen eingelebt.

Mit ihrer ungefähr gleichaltrigen Pflegeschwester war sie dick befreundet und ging mit ihr in die Sonntagsschule und den Kindergottesdienst. Jamilas Mutter legte keinen großen Wert auf eine islamische Erziehung. Sie trug nicht einmal ein Kopftuch und galt auch schon im Libanon als recht liberal.

1983 ging der Krieg im Libanon zu Ende. Jamila war gerade sieben Jahre alt und hatte das erste Schuljahr hinter sich. Viele Flüchtlinge wurden aus Deutschland ausgewiesen, darunter auch ihre Familie. Es war bereits alles gepackt, als im Libanon erneut der Bürgerkrieg ausbrach. Sie hätten in Deutschland bleiben können, doch Jamilas Mutter wollte nicht wieder ein Asylgesuch einreichen. Sie wollte vorerst nach Kuwait, wo sie Verwandte hatte, um von dort dann später zurück in ihre Heimat zu gehen.

Ein paar Monate darauf wohnten sie wieder in Beirut, am Anfang in einem dunklen Kellerloch mitten im Zentrum. Tagelang wurde Jamila meist bei einer Tante oder Freundin „abgestellt". Ihr Arabisch hatte sie in Deutschland fast verlernt und so nannten die anderen Kinder sie oft hänselnd „die Deutsche". Außerdem galt sie in der arabischen Welt mit acht Jahren fast als Frau und wusste schon bald mit älteren Jungs umzugehen. In dieser Hinsicht hatte sie bereits früh ihre Erfahrungen gemacht: Bekannte ihrer Mutter küssten sie schon als Kind auf den Mund und brachten ihr bei, was Männern so Freude machte.

Eines Tages tauchte Ali auf, ein hübscher junger Mann, der Mitglied der schiitischen Partei „Harakat Amal" war, eine Art Vorgänger der schiitischen Hisbollah. *Amal* bedeutet „Hoffnung" und die vier Buchstaben stehen für „Bataillone des libanesischen Widerstandes". Neben Anschlägen auf die Israelis und Christen im Land engagierte sich die Gruppe aber auch sozial. Ali sorgte beispielsweise dafür, dass Jamila eine Halbwaisenrente bekam. Man ging davon aus, dass ihr Vater tot war, allerdings hörte sie später von Verwandten, dass er bei ihnen zu Besuch gewesen sei. Das ließ ihr keine Ruhe, und sie bat Ali, herauszubekommen, wo ihr Vater eigentlich steckte. Dabei stellte sich heraus, dass er gar nicht ihr leiblicher Vater war, sondern nur der ihres kleinen Bruders. Sie selbst war die Tochter eines Zyprioten, der jedoch eine eigene Familie in Zypern hatte.

Das war ein Schock. Doch das Leben ging weiter. Ali kümmerte sich immer intensiver um Jamila. Er machte ihr die Koranschule schmackhaft und bot ihr an, entsprechende Kleider zu kaufen, wenn sie sich verschleiern wollte. Alles natürlich freiwillig – soweit man bei einer Achtjährigen von freiem politischem Willen sprechen kann. Doch Jamila war glücklich, dass sich überhaupt jemand ihrer annahm, und dankte es ihm mit den Mitteln, die sie kannte.

Ali interessierte sich jedoch im Grunde mehr für Jamilas Mutter und ging mit ihr schließlich die im Islam geduldete „Ehe auf Probe" ein. Jamila war extrem eifersüchtig und distanzierte sich immer mehr von ihrer liberalen Mutter. Um Ali zu imponieren, vertiefte sie sich mit größter Inbrunst in den Islam.

Mädchen mussten sich erst ab dem neunten Lebensjahr strikt an die Gesetze des Korans halten, Jungs mit zwölf. Jamila absolvierte mit acht das volle Programm: Sie betete fünfmal täglich, fastete konsequent am Ramadan und legte sogar den schwarzen Tschador an, den man eigentlich nur im Iran trug. Sie wurde als jüngstes Mitglied in die Partei aufgenommen und erhielt den Namen „Islam".

Tagtäglich wurde mit Lügengeschichten und Kriegspropaganda ihr Hass gegen Israel und die Juden geschürt. Sie war oft wochenlang nicht zu Hause, was ihre Mutter jedoch kaum bemerkte. Und irgendwann war sie bereit. Bereit, auch ihr Leben für ihr Land zu geben …

Schon als kleines Mädchen hatte sie mit dem Gedanken gespielt, ihrem Leben ein Ende zu setzen, da sie sich ungeliebt und nirgendwo dazugehörig fühlte. Eine solche Einstellung passte natürlich genau in das Konzept ihres neuen Glaubens. Eine Karriere als Selbstmordattentäterin war vorprogrammiert.

Jamila fühlte sich in dieser Zeit zum ersten Mal gebraucht. Sie war stolz, zu dieser Gruppe von Aktivisten zu gehören, die bereit waren, für ihren Glauben alles zu geben. Oft saß sie mit den Männern am Checkpoint der christlich besetzten Gebiete, fühlte sich eingebunden und stark. Sie erhielt eine Einweisung in den Umgang mit Schusswaffen und wurde immer wieder dazu eingesetzt, unter ihrem Tschador Waffen zu schmuggeln. Während einer Pilgerreise nach Syrien war sie die Einzige, die eine Waffe bei sich trug, denn als junges Mädchen durfte sie von den männlichen Grenzpolizisten nicht durchsucht werden.

Einmal brachte sie sogar einem Parteimitglied, das im Kampf schwer verletzt worden war, seine Pistole ins Krankenhaus, in dem striktes Waffenverbot galt. Als im Aufzug jemand eine Bemerkung machte, die nicht gerade islamfreundlich war, hätte sie am liebsten durchgeladen und geschossen. Mit der Waffe fühlte sie sich stark und sicher. Unbesiegbar in einer Welt voller Angst.

Bei den offenen Straßenkämpfen 1984 zwischen Drusen, Muslimen und Israelis lag sie flach auf dem Boden hinter einer Schutzmauer von Sandsäcken und übte Schießen. Damals kroch die Angst in jede Faser ihres Körpers und setzte sich dort fest.

Während des Gebets ist es strenggläubigen Muslimen verboten, zur Seite zu sehen, sonst müssen sie wieder von vorn anfangen. Jamila blickte sich eigentlich dauernd um. Sie litt unter Verfolgungswahn und geriet in Panik, wenn sich irgendwo auch nur das Geringste bewegte. So verbrachte sie manchmal Stunden mit einem einzigen Gebet, weil sie immer wieder von Neuem beginnen musste. In ihrer Brust wohnten zwei Seelen: eine starke, die sich in dieser Religion voller Gewalt wohlfühlte, und die andere, die sich noch immer nach Geborgenheit sehnte, aber keine fand.

Doch vorerst war sie beseelt von ihrer Aufgabe, die sie eines Tages für Allah erfüllen würde.

Ihr großes Ziel war es, in die Selbstmordattentäterschule zu gehen, in der Gläubigen beigebracht wurde, wie sie mit Sprengstoff umzugehen hatten. Sobald sie groß genug war, dass ihre Füße das Gaspedal eines Autos erreichen konnten, würde ihr lang ersehnter Einsatz kommen. Sie lebte nur noch dafür und träumte bereits davon, sich in einem Auto in die Luft zu sprengen, an einem Ort, an dem sich möglichst viele Israelis aufhielten. Immer wieder sah sie sich Videoaufnahmen von Selbstmordattentätern an, die sich von der Welt verabschiedeten und im Namen der Partei zu ihrem Vorhaben bekannten.

Wenn ich die junge Frau vor mir ansehe, immer ein Blick auf das Handy gerichtet – es könnte ja ihre Babysitterin anrufen –, kann ich diese zwei Situationen kaum zusammenbringen.

Das liberale, areligiöse Leben ihrer Mutter passte immer weniger in das Weltbild, das Jamila von der Partei vorgegeben wurde. Sie erzählte also ihren Parteifreunden pikante Details von zu Hause, die für strenggläubige Muslime Todsünden waren. Als daraufhin ein Attentat gegen ihre Mutter geplant wurde, war Jamila Feuer und Flamme. Eifrig nahm sie an den Diskussionen teil, wann, wo und mit welchem Sprengstoff man am besten vorgehen konnte. Wie er aufs Dach montiert werden sollte, sodass die Explosion nur nach unten losging und die umliegenden Häuser nicht beschädigt wurden.

Die Aktion fiel dann aber glücklicherweise aus, da die allgemeine Kriegssituation alle Aufmerksamkeit der Partei beanspruchte. Durch die neu entstandene Situation verloren sich das Interesse und auch der Kontakt, denn Jamila musste immer abgeholt und in die Parteizentrale gebracht werden, wenn sie an irgendwelchen Treffen teilnehmen wollte. Das war mit der Zeit für alle Beteiligten zu umständlich. Außerdem wurden die Auseinandersetzungen mit den Palästinensern, Israelis und Christen immer schwieriger, und Ali hatte anderes zu tun, als sich um ein achtjähriges Mädchen zu kümmern.

Das war bitter für Jamila. Sie lechzte nach Nähe. Immer öfter fragte sie sich, warum sie mit Allah eigentlich nicht sprechen, keine persönliche Beziehung zu ihm aufbauen konnte.

Sie erinnerte sich daran, dass sie in Deutschland oft mit Jesus geredet hatte. Mit seiner Hilfe hatte sie damals sogar mal ein verloren gegangenes Stofftier wiedergefunden. Das war in ihrer Pflegefamilie ganz normal gewesen – mit Jesus konnte man überall sprechen, sogar auf dem Klo. Im Libanon war das völlig anders. Hier durfte sie nur auf ihrem Gebetsteppich beten und immer nur das gleiche auswendig gelernte Zeug. Oft verstand sie nicht mal, was sie da brabbelte.

Wegen der unaufhörlichen Kriegszustände waren fast alle Schulen geschlossen, was eine kontinuierliche Ausbildung unmöglich machte. Jamilas Mutter, die für ihre Tochter im Libanon keine Zukunft mehr sah, hatte inzwischen wieder Kontakt zu ihrer ehemaligen Pflegefamilie aufgenommen. Die Pastorenfamilie lebte zwar jetzt in der Schweiz, war aber trotzdem sofort bereit, Jamila noch einmal bei sich aufzunehmen.

Vom Islam zum Christentum, vom Christentum zum Islam und wieder zurück. Jamila war es gewohnt, sich anzupassen. Der Islam hatte sie bereits früh gelehrt: Wer keine Schwierigkeiten wollte, bediente sich „weißer Lügen". So wie sie auf ihrem Teppich die Suren des Korans mit Inbrunst auswendig hersagte, betete sie jetzt die Psalmen der Bibel herunter.

In ihrem Inneren sah es jedoch ganz anders aus: Sie war allem gegenüber skeptisch, hatte vor allem Angst. Es war ihr fast unmöglich, nachts allein in ihrem Zimmer zu sein. Die ersten Dämonen meldeten sich, zeigten sich als Schatten an der Wand, die sie verfolgten. Und immer wieder der gleiche Traum: Sie kommt von der Schule nach Hause, geht in die Küche. Dort liegt ihre ganze Familie abgeschlachtet in ihrem eigenen Blut. Panisch rennt sie aus dem Haus hinaus auf die Straße, spürt die Angst im Nacken und kann sich nicht mehr bewegen. Wartet völlig gelähmt auf ihr eigenes Ende.

Meist wachte sie in diesem Moment schweißgebadet und weinend auf. Fühlte sich allein und von aller Welt verlassen. Wann immer sie nach Hause kam, rief sie erst mal laut: „Hallo", um sicherzugehen, dass alle noch lebten.

Als eines Tages niemand antwortete, was recht ungewöhnlich war, brach Jamila zusammen. Sie zitterte am ganzen Körper, Schweiß strömte ihren Rücken hinunter, und wie in ihrem Traum konnte sie sich eine ganze Weile nicht mehr bewegen. Dabei hatte sie nur zufällig eben mal keiner gehört.

Niemand wusste damals, was in ihr vorging. Keiner sah die Angst, die sie mit eisernem Griff umklammert hielt. Sie gehörte zu ihrem Leben wie ihre Kleider, ihre Schulsachen. Sie sprach mit niemandem darüber, dachte, das sei nur ihr Problem und sie müsse selbst damit fertig werden. Nach außen war sie fröhlich und spielte gern den Clown. Eine Bekannte sagte einmal zu ihr: „Wer wie du auf der Bühne stehen und vor 200 Leuten ein Solo singen kann, der hat keine Komplexe!"

Musik war schon immer ihre ganze Freude gewesen. Sie beteiligte sich in der christlichen Kinder- und Jugendarbeit und sang regelmäßig in einem Bandchor. Mit 18 ließ sie sich gemeinsam mit ihrer älteren Pflegeschwester taufen. Ihr Taufspruch, Jesaja 43, drückt aus, was dahintersteckte: *Ich habe dich erlöst, ich habe dich bei deinem Namen gerufen, du bist mein.*

Es ging ihr darum, irgendwo dazuzugehören. Doch so etwas wie Heilsgewissheit stellte sich trotzdem nicht ein. Es war Jamila unmöglich, Gott als liebenden Vater zu sehen. Zu tief saß ihr das Gottesbild des Islam in den Knochen. Sie fühlte sich nur als Mitläuferin. Die Ängste quälten sie weiter.

Allerdings suchte sie die Schuld dafür nicht bei Gott. Sie fühlte sich sowieso nicht wert, von ihm geliebt zu werden. Stattdessen sah sie ihn immer auf der anderen Seite einer Mauer mit verschränkten Armen und enttäuschtem Blick, der sagte: „Du wirst es sowieso nicht schaffen!"

Sie wusste, Gott liebte die Menschen, aber das galt nur für die anderen, niemals für sie selbst. Wahrscheinlich hätte er sich am liebsten ganz von ihr ferngehalten und tat es nur deshalb nicht, weil er ein gerechter und guter Gott war … nicht etwa, weil sie es wert gewesen wäre. Sie gehörte nicht zu den Auserwählten.

Nach dem Schulabschluss entschied sie sich für eine Ausbildung zur Krankenschwester. Oft schien es ihr kaum fassbar, dass sie die eine oder andere Prüfung tatsächlich bestand.

1996 brach sie endgültig zusammen. Sie war im ersten Ausbildungsjahr, als sie bemerkte, dass ihre Sehkraft nachließ, sie dauernd mit starkem Durst und Konzentrationsschwierigkeiten zu kämpfen hatte. Aufgrund ihrer medizinischen Kenntnisse war ihr schnell klar, was das bedeutete: Diabetes!

Das Ergebnis des Urintests war erschütternd: 5 Prozent. Ihr Blutzucker ergab einen Wert von 42,8.

Ab auf die Intensivstation. Hatte sie sich bisher nur ein bisschen müde gefühlt – dort, mit tausend Schläuchen an verschiedene Geräte angeschlossen, fühlte sie sich so richtig krank. Heute hat sie längst kapiert: Die Krankheit passte perfekt zu ihrer seelischen Verfassung.

Diabetes ist eine Autoimmunkrankheit, das heißt, der Körper beginnt, sich selbst zu zerstören. In ihrem Fall die Zellen, die das lebenswichtige Insulin nicht mehr produzieren. Sicher ist nicht jeder Diabetiker ein „Komplexhaufen", aber in ihrem Fall war es eindeutig so. Wie oft hatte sie über Selbstmord nachgedacht oder war mit dem Kopf gegen eine Wand gerannt. Diese Selbstverachtung und Selbstzerstörung übernahm nun ihr Körper für sie.

Erst langsam wurde Jamila klar, was dieser Befund für ihre Zukunft bedeutete. Von jetzt an hieß es immer eine Handtasche mit ihrer Insulinspritze dabeizuhaben, ein Gräuel für jemanden, der lieber wie ein Junge herumlief und schon von Natur aus vergesslich war. Es bedeutete auch viele Termine bei der Ernährungsberatung, der Diabetesgesellschaft, regelmäßige Tests und Arztbesuche. Das Schlimmste war jedoch, dass man ihr im

Krankenhaus nahelegte, ihre Ausbildung für ein halbes Jahr zu unterbrechen, bis sie den Zucker in den Griff bekommen hatte.

Zudem hatte sie auch noch schweren Liebeskummer, und dann starb ein Arbeitskollege, den sie sehr mochte, mit nur 25 Jahren bei einem Autounfall. Dazu kam noch, dass sie in der darauffolgenden Nacht zum ersten Mal allein zu Hause war, da ihre Eltern sich im Urlaub befanden. Und genau zu diesem Zeitpunkt wurde versucht einzubrechen. Jamila schlief zwar vor lauter Angst immer bei abgeschlossener Tür, aber als sie morgens die eingeschlagenen Scheiben sah, bekam sie eine so starke Panikattacke, dass sie sofort und ohne sich umzudrehen das Haus verließ und Hilfe holte.

Sie sah kein Licht mehr am Horizont. Gott war immer noch auf der anderen Seite der Mauer und schaute sie nach wie vor vorwurfsvoll mit verschränkten Armen an. Als sie bei einem Telefonat erfuhr, dass die Gefühle des Mannes, in den sie hoffnungslos verliebt war, inzwischen abgekühlt waren, brach der dünne Boden, auf dem sie stand, endgültig ein. Sie hatte keine Kraft mehr und wollte sich das Leben nehmen.

Doch ihr Freund merkte glücklicherweise, was mit ihr los war, holte sie von zu Hause ab und fuhr sie in die Psychiatrie. Als sie jedoch mitbekam, wohin es gehen sollte, sprang sie aus dem fahrenden Auto. Sie hatte nur ein Ziel: den nahe gelegenen Fluss. Das Gewässer würde sie für immer erlösen.

Doch ein Satz, den ihr einmal jemand gesagt hatte, hämmerte von innen gegen ihren Kopf: „Spätestens, wenn du im Nassen bist, fängst du an zu schwimmen!" Was, wenn sie wirklich zu schwimmen beginnen würde? Außerdem hatte sie während ihrer Ausbildung gehört, dass es Männern öfter gelang, sich umzubringen, während es bei Frauen meist beim Versuch blieb.

Das durfte ihr auf keinen Fall passieren. Sie spritzte sich alles Insulin, das sie dabeihatte, auf einmal. Ein ziemlich sicheres Todesurteil, zumindest aber drohte eine schwere Hirnschädigung für den Rest ihres Lebens. Jamila erinnert sich noch genau, wie sie zu Gott schrie: „Nimm mich zu dir! Ich bin nicht für diese Welt geschaffen. Ich will bei dir sein, deine Liebe spüren, deinen Frieden, deine Geborgenheit …"

Das Insulin verhinderte den Todessprung. Spaziergänger fanden sie bewusstlos am Flussufer und brachten sie ins Krankenhaus. Doch offensichtlich erkannte dort keiner so richtig die Schwere ihrer Probleme, denn nach drei Tagen bekam sie die Erlaubnis, in ihr Personalzimmer zu gehen und ihre Sachen zu holen. Auf dem Bett lag noch alles so, wie sie es hinterlassen hatte, als ihr Freund sie abholte: Insulin, Schlaftabletten und ein Messer. Jetzt hatte sie noch einmal die Chance, ihren Todeswunsch endgültig zu erfüllen. Man erwartete sie erst in drei Stunden im Krankenhaus zurück. Das würde ausreichen …

Doch plötzlich überfiel sie eine nie gekannte Ehrfurcht vor dem Leben. Und zum ersten Mal hatte sie den Eindruck, dass Gott tatsächlich mit ihr sprach: „Ich gebe dir noch eine Chance, aber du selbst musst etwas daraus machen!"

Jamila konnte es kaum glauben. Sie packte auf der Stelle ihre Sachen zusammen und räumte Insulin, Messer und Tabletten weg.

Zurück im Krankenhaus kamen sofort wieder die Zweifel hoch: Hatte sie sich das alles nur eingebildet? Waren diese Worte einfach nur eine Wahnvorstellung gewesen, so wie sie schon viele in ihrem Leben gehabt hatte? Sie brauchte einen Beweis.

Ihr Lieblingssong war damals „Lean on me" von Bill Withers. Sie hatte ihn oft während der Pausen in der Schwesternschule auf der Gitarre gespielt:

Wenn Gott sie tatsächlich liebte, wäre es doch eine Kleinigkeit für ihn, dieses Lied jetzt für sie im Radio spielen zu lassen. Und tatsächlich, kurze Zeit später, ertönte es aus dem Radiowecker an ihrem Bett!

Jamila war platt. Doch schon eine Stunde später sprach wieder ihr Verstand. Zufall, das war bestimmt reiner Zufall gewesen! Sie wusste, man konnte mit Gott verhandeln. Immerhin hatte Abraham das ja auch getan. Der muslimische Teil in ihr hätte so etwas natürlich niemals gewagt. Zu groß war die Ehrfurcht.

Doch was hatte sie schon zu verlieren? Sie forderte Gott wieder heraus: „Mach's noch mal!"

Nur eine halbe Stunde später quäkte es erneut aus dem Radio: „Lean on me!"

Sie war angemessen beeindruckt, doch dieser Beweis reichte noch immer nicht. Sie versprach hoch und heilig, mit diesem Kram aufzuhören, wenn sie das Lied ein drittes Mal hören würde. Bis heute versteht sie nicht, wie ein Radio-DJ so blöd sein kann, an einem Nachmittag kurz hintereinander das gleiche Lied dreimal zu spielen!

Aber es war so. Gott hatte sich ihr auf diese Weise gezeigt. Ein ganz persönlicher Liebesbeweis. Davon ist sie bis heute überzeugt. Und von diesem Moment an wagte sie es, mit Gott zu reden. Die Mauer zwischen ihm und ihr begann zu bröckeln.

Um die Klinik zu verlassen, brauchte sie ein psychiatrisches Gutachten. Das heißt, sie musste beweisen, dass sie in der Lage war, ihr Leben selbst in die Hand zu nehmen. Also trumpfte sie mit großen Plänen auf – lauter Dinge, die sie sich eigentlich nicht zutraute: den Motorradführerschein machen, Klettern, Tanzen und das Schwierigste: sich eine eigene Wohnung nehmen.

Ihr Arzt war begeistert und wollte sie sofort entlassen. Doch das war für sie wie ein Schlag ins Gesicht. Wieder hatte sie das Gefühl, niemand nähme ihre Ängste ernst. Alle sahen in ihr die starke Kämpferin, die viel zu sehr am Leben hing, um es wegzuwerfen. Doch das war eben nur die eine Seite ihrer Persönlichkeit.

Jamila unterzog sich einer Therapie und verwirklichte ihre Pläne. Sie besuchte Hip-Hop-Kurse und hatte schon bald ihre eigene Gruppe mit Auftritten auf der Straße. Der Tanz wurde für sie zum Gebet. Beim Tanzen spürte sie Gott, spürte eine große Dankbarkeit für ihren Körper, für ihr Dasein auf dieser Welt. Sie schaffte es auch, weg von zu Hause zu gehen und in eine WG zu ziehen. Doch die Dämonen zogen leider mit um. Stürzten sie wieder in Hilflosigkeit und Ohnmacht. Sie fühlte sich ständig verfolgt, hatte Angst, umgebracht zu werden. Falltüren öffneten sich vor ihren Augen, um sie zu verschlingen. Sie spürte die Gegenwart Satans, der stärker war als sie, stärker als Gott, dem sie noch immer nicht völlig vertrauen konnte. Die Angst, die nicht gehen wollte, sprach dagegen.

1999 lernte sie ihren ersten Mann kennen. Er wusste, dass sie ein Kriegstrauma hatte. Wann immer sie ein Flugzeug hörte, egal, wo das war, musste sie sich verkriechen. Auch Sexualität war ein Problem. Schon der Besuch beim Frauenarzt löste Panik bei ihr aus. Doch die beiden glaubten, die Probleme gemeinsam in den Griff bekommen zu können.

Leider gelang es ihnen nicht. Silvester 2001 glitt Jamila erneut in eine schwere Depression. Glücklicherweise lernte sie eine christliche Therapeutin kennen, der es offensichtlich gelang, Jamila endlich Gott als Vater nahezubringen. Ihm 100 %-ig zu vertrauen und damit auch dem Leben. Sie machte Jamila klar, dass Gott sie bereits liebte, als sie geboren wurde, sie im übertragenen Sinn in den Arm genommen hatte und sich über alle Maßen über sie freute.

In diesem Moment muss es wohl *klick* gemacht haben. Jamila war von da an in der Lage, Gott „Vater" zu nennen, und betete sich im wahrsten Sinne des Wortes frei: frei von okkulten Ritualen des Islam, an denen sie teilgenommen hatte, frei von finsteren Zaubersprüchen, von ekstatischen Teufelsaustreibungen, vom bösen Blick oder dämonischen Figuren, die im Libanon aus Blei gegossen wurden, wenn jemand krank war.

Mir war diese Seite des Islam, ehrlich gesagt, kaum bewusst. Doch Jamila erzählt, dass noch heute auf dem Land die Annahme grassiert, dass man seine abgeschnittenen Fingernägel nicht wegwerfen und kein Salz verschütten darf, da man es sonst im Jenseits mit den Wimpern aufsammeln muss. Aha!?

Sie spürte, wie ein Kampf zwischen Hell und Dunkel in ihr tobte. Sie verstand zum ersten Mal: Das, wovor sie Angst hatte, war so etwas wie ein Löwe, der brüllte, weil er eingesperrt war, ihr aber eigentlich nichts anhaben konnte.

Immer öfter schaffte sie es nun, auch mal allein zu sein. Wenn nachts die Fratzen an der Wand erschienen, war sie in der Lage, mit ihnen zu sprechen, sie in ihre Schranken zu weisen: „Ich habe keine Angst vor euch. Ihr habt keinen Anspruch auf mich. Ihr könnt ruhig bleiben, wo ihr seid … aber ich schlafe jetzt!"

Die Fratzen verwandelten sich daraufhin in etwas Harmloses, um dann erneut, oft noch furchterregender, zu erscheinen. Doch Jamila konnte zum ersten Mal der Wand den Rücken zuwenden, ohne das Gefühl zu haben, jeden Moment von hinten angegriffen zu werden, und sogar einschlafen.

In dieser Zeit trennte sie sich von ihrem Mann und lernte Lukas kennen. Die beiden hatten einen schwierigen Start, auch wenn sie sich auf Anhieb gut verstanden. Die Scheidung und ihre seelische Veränderung beutelten Jamila jedoch so sehr, dass sie in eine psychiatrische Klinik musste. Sie wusste überhaupt nicht mehr, ob sie generell in der Lage war, eine Beziehung zu führen. Lukas, der um einige Jahre jünger ist, war das Ganze nicht geheuer, und er schlug ihr vor, sich erst wieder zu treffen, wenn die Scheidung vorbei war und es ihr besser ging.

Doch als sie zum ersten Mal tief in sich hineinhörte, merkte sie, dass sie das nicht wollte, obwohl es eigentlich typisch für sie gewesen wäre, sich anzupassen, klein beizugeben. Aber diesmal traf sie eine eigene Entscheidung und stellte Lukas vor die Wahl: entweder jetzt oder nie.

Sie gab ihm eine Bedenkzeit und wartete 45 Minuten auf die Antwort, ohne ihm aus Angst vor Ablehnung die Entscheidung abzunehmen. In der Vergangenheit hätte sie sowieso nur mit einer negativen Antwort gerechnet. Doch inzwischen wusste sie, egal, wie Menschen zu ihr stehen: „Ich falle nie tiefer als in Gottes Hand."

Also konnte sie dieses Risiko eingehen.

Lukas entschied sich für „Jetzt" und hat es nie bereut.

Nach ihrer Entlassung begann sie, zum ersten Mal Alltägliches zu genießen. Gutes Essen, ein paar neue Schuhe. Sonnenschein und auch Regen. Sie fühlte sich freier, weicher und empfänglicher für andere Menschen. Es wurde Tag in ihrem Leben. Sie konnte endlich bewusst an sich arbeiten. An ihrer Angst, nicht gut genug zu sein, der Angst vor Kritik, der Sucht, von allen geliebt werden zu wollen. Denn die Zeit allein heilt bekanntlich nicht alle Wunden.

Heute ist ihr klar, sie wäre dort nie hingekommen, wenn sie nicht diesen steinigen Weg gegangen wäre. Doch andererseits musste das alles auch einen Sinn für ihre Zukunft haben. Dieser Gedanke ließ sie nicht mehr los. Gott hatte etwas mit ihr vor. Aber was? Und vor allem, wie?

Ihr war klar, dass sie Menschen mit ähnlichen Problemen, wie sie selbst sie hatte, helfen wollte. Jungen Menschen mit Traumata, Ängsten, Selbstmordabsichten.

Lukas war davon weniger begeistert. Er machte eine Ausbildung als Sport- und Biologielehrer und hatte erst mal den Kopf voll mit Prüfungsstress. Sie bat trotzdem Gott, ihren Wunsch in Lukas' Herz zu pflanzen. Denn zu zweit würden sie viel mehr bewegen können.

Doch Lukas, der behütet aufgewachsen war, hatte mit Gott erst mal wenig am Hut. Er fühlte sich auch allein stark und selbstbewusst. Zwar war er katholisch erzogen worden, doch für ihn hatte Religion immer etwas Restriktives gehabt. Zu viele Verbote. Zu viel Furcht. Er erinnert sich, dass er es als Kind nie wagte, sich in der Kirche umzudrehen, weil ihm die Story von Lots Frau, die deshalb zur Salzsäule erstarrt war, nie mehr aus dem Kopf gegangen war. Später glaubte er, wenn er sein Leben mit Gott leben würde, könnte er nicht mehr AC/DC hören. Und schon gar nicht das Lied „Highway to Hell".

Lange Diskussionen über den Glauben bestimmten den Anfang ihrer Beziehung. Jamila versuchte Lukas nicht zu bekehren. Sie liebte ihn und vertraute darauf, dass Gott ihr trotz allem den richtigen Mann geschickt hatte. Und tatsächlich, der ursprüngliche Einzelgänger Lukas blühte in ihrer Beziehung immer mehr auf. Brachte Freunde und Studienkollegen mit nach Hause, die ihre Probleme offenherzig auf den Küchentisch legten. Immer öfter kamen Leute unangemeldet zum Essen, blieben manchmal länger, meist auch über Nacht. Ganz selbstverständlich.

Und dann hatten beide ungefähr zur gleichen Zeit dieselbe Vision: Sie wollten eine Anlaufstelle sein für Menschen, die kein eigenes Zuhause hatten, in dem sie sich wohlfühlten. Ein Zuhause, in dem junge Menschen mit persönlichen Schwierigkeiten Nestwärme finden konnten. Sie hatten zwar nicht die geringste Ahnung, wie das praktisch funktionieren sollte, aber der Gedanke ließ sie nicht mehr los.

Jamila hatte während ihrer Ausbildung in der geschlossenen Psychiatrie ein Praktikum absolviert und später in die Kinder- und Jugendpsychiatrie hineingeschnuppert, fand aber den Umgang, der dort mit den Patienten gepflegt wurde, ziemlich ätzend. Aus Krankenberichten wurden oft Tratschgeschichten. Die Aussagen und Bemerkungen mancher Betreuenden konnte Jamila einfach nicht nachvollziehen. Aufgrund ihrer eigenen Geschichte tat ihr das besonders weh. Sie wusste ja nur zu genau, was manche nachts mitmachten. Sie kannte die Schatten an der Wand, die Fratzen, die mit ihren langen Zungen oder Fangarmen nach einem griffen. Sie wusste um das Gefühl, zu sterben, weil man vor lauter Angst keine Luft mehr bekam.

Wenn Gott sie in diesem Bereich gebrauchen wollte – und daran bestand für sie kein Zweifel mehr –, musste sie selbst etwas auf die Beine stellen.

So war es nicht erstaunlich, dass Jamila und Lukas eines Tages Irene, einem Mädchen, das sie aus ihrer Gemeinde kannten, ihr Zuhause öffneten. Schon bald verbrachte sie die Wochenenden bei den Kaufmanns und zog kurze Zeit später bei ihnen ein. Man erkennt sich oft an seinen Problemen. Auch Irene hatte mit dem Gedanken gespielt, sich umzubringen, und konnte sich Jamila gegenüber zum ersten Mal öffnen.

Schließlich flog der Heimtrainer aus dem Büro ihrer Dreizimmerwohnung, stattdessen wurde ein Gästebett angeschafft, um Irene eine Schlafmöglichkeit zu geben. Damals wusste Jamila: Jetzt war der Grundstein für ihr gemeinsames Projekt gelegt. Denn auch Lukas hatte erkannt, dass ihre Idee umsetzbar war. Sie hatte ihn nicht überreden müssen. Der Wunsch kam ganz von allein aus seinem Herzen. Auch wenn er seine Zukunft ursprünglich mehr im Eigenheim mit Garten, Katzen und zwei Kindern gesehen hatte.

Kurz darauf rief Jamilas ehemalige Therapeutin an und fragte, ob sie ein Mädchen aufnehmen könnten, das unbedingt von zu Hause wegmüsste und deren Eltern sogar bereit waren, ein bisschen Wohngeld dazuzugeben. Jamila war Feuer und Flamme, obwohl sie eigentlich keinen Platz hatten. Da kam es wie gerufen, dass unter ihnen ein Apartment frei wurde. Ein Freund spendierte für die ersten Monate die noch fehlende Miete. Schon bald kam ein drittes Mädchen dazu, das Jamila aus ihrer Tanzgruppe kannte.

Das Jugendamt konnte ihnen nicht unter die Arme greifen. Wer über 18 ist, rutscht durchs soziale Netz, denn unser System geht davon aus, dass Volljährige in der Lage sind, ein eigenständiges Leben zu führen. Das ist ja meist auch so, zumindest dann, wenn sie noch von ihren Eltern unterstützt werden. Falls das aber nicht läuft und sie dann auch noch psychisch labil sind, werden sie oft zum Sozialfall oder landen in der Psychiatrie.

Das Projekt der Kaufmanns knüpfte genau an diesem Punkt an und bekam immer größere Flügel. Auf dem gleichen Stockwerk wurde eine weitere Wohnung frei, dazu kamen noch zwei Mansarden. Schon bald lebten sie zu acht in dem Haus. Klar, dass so eine ganz andere Art von Vertrauen entsteht als in einer wöchentlichen Therapiestunde. Trotzdem maßen sich die beiden nicht an, „vom Fach" zu sein. Für professionelle Beratung ziehen sie Fachleute hinzu. Sie selbst sind für die Nestwärme zuständig. Das heißt jedoch auch, dass sie informiert werden wollen, wohin ihr Schützlinge gehen und wann sie nach Hause kommen.

Das Wichtigste ist von allem, dass die Jugendlichen wissen: Sie werden geliebt und angenommen, wie sie sind.

Selbst an den Wochenenden oder Feiertagen fährt kaum jemand nach Hause. Meist geht's sogar gemeinsam in den Urlaub. Echtes Familienleben eben. Deshalb tut es auch besonders weh, wenn jemand geht. Wie zum Beispiel die junge Frau, die immer wieder in ihre alten Verhaltensmuster zurückfiel und nicht bereit war, an sich zu arbeiten oder sich Kritik auszusetzen.

Es kann aber auch umgekehrt laufen: Ein anderes junges Mädchen musste wegen einer Falschaussage eine hohe Geldstrafe zahlen und verlor ihre Stelle. Jamila stand diese Zeit mit ihr durch und setzte sie nicht vor die Tür, was für das Mädchen völlig unverständlich war. Inzwischen hat sie ihre Fehler eingesehen. Um den Einstieg in eine zukünftige Ausbildung zu erleichtern, gab Jamila ihr eine Tagesstruktur mit Aufgaben im Haushalt vor. Zudem führten sie verschiedene Renovierungsarbeiten rund ums Haus aus und restaurierten alte Möbel. Daraus entwickelte sich eine echte Leidenschaft für die Schreinerei.

Menschen nicht aufzugeben, wenn sie etwas falsch gemacht haben, ist aus Jamilas Sicht der einzige Weg, um ihnen dabei zu helfen, ihr Selbstwertgefühl und ihre Würde wiederzufinden. Und auch sie selbst wird auf diese Weise immer wieder mit ihren eigenen Verhaltensmustern konfrontiert, muss dranbleiben, muss an ihnen schleifen.

Inzwischen haben Jamila und Lukas ein großes Haus auf dem Land gemietet, das sie allerdings monatlich mehr kostet, als beide zusammen zur Verfügung haben. Doch Jamila macht daraus eine Art Erziehungsprinzip: Hätten sie mehr Geld, wäre es viel schwerer, den jungen Menschen ihren Weg zu zeigen, ihnen vorzuleben, wie man mit wenig auskommen kann und trotzdem genug für andere hat, die noch bedürftiger sind.

Durch diese Geldknappheit sind sie stets auf Gott angewiesen, denn die finanzielle Situation kann sich zu jeder Zeit ändern. Ihnen bleibt oft nichts anderes übrig, als ihm zu vertrauen. So verkündeten beispielsweise eines Tages drei Jugendliche, dass sie innerhalb kürzester Zeit ausziehen wollten. Wie sollten sie nun die Miete zahlen? Jamila lebte damals mit dem Spruch: „Pflanze noch einen Baum, auch wenn morgen die Welt untergeht!"

Sie war überzeugt, wenn Gott der Meinung wäre, sie sollte aufhören, dann würde er das bestimmt anders äußern als dadurch, dass er ihr einfach den Geldhahn abdrehte …

Und tatsächlich wendete sich alles wieder zum Guten. Plötzlich interessierte sich eine Stiftung, die betreute Lehrstellen anbot, für eine Zusammenarbeit. Auf diese Weise haben sie eine stabilere finanzielle Grundlage, und Lukas muss nicht mehr ganztags arbeiten, sondern kann sich verstärkt der Betreuung der Jugendlichen widmen. Aber damit nicht genug: In einem anonymen Briefumschlag flatterten plötzlich 1.000 Franken ins Haus. Die Medien zeigten erstes Interesse, und das Fernsehen machte einen Film über Suizidgefährdete, in dem viel über ihr Projekt berichtet wurde. Darauf gab es viele Reaktionen, die sich in regelmäßigen Spenden äußerten.

Als sich dann auch noch herausstellte, dass Jamila schwanger war, schien das Glück perfekt, wenn auch die Sorge groß war, das Baby könne wegen der Diabetes mit einer Missbildung geboren werden. Um die Schwangerschaft überhaupt zu überstehen, bekam Jamila eine Insulinpumpe, die dem Körper regelmäßig Insulin zuführt.

Sie brachte ein gesundes Baby zur Welt, was für sie bis heute der letzte große Gottesbeweis ist. Auch Lukas hat inzwischen einen neuen Blick gewonnen und sein Leben ebenfalls in Gottes Hand gelegt. Denn sonst, davon ist er überzeugt, würde ihm der Rückhalt fehlen, um mit einem Haus voll Jugendlicher mit tragischen Geschichten fertig zu werden, die finanziellen Engpässe zu überstehen, nebenbei noch eine gute Partnerschaft zu führen und ein Kind großzuziehen.

Lukas ist ein gutes Beispiel dafür, dass ein Mensch, der behütet mit viel Liebe aufgewachsen ist, trotzdem Verständnis für schwierige Schicksale aufbringen kann. Für die jungen Mädchen im Haus ist er die einzige männliche Vertrauensperson, die sie akzeptieren, denn die meisten haben keine besonders positiven Erinnerungen an Männer, an Vaterfiguren.

So trägt Lukas eine große Verantwortung auf seinen Schultern. Er sieht es heute als seine Aufgabe an, das Männerbild „seiner" Mädchen wieder in Ordnung zu bringen. Dessen war er sich lange nicht bewusst. Viele Mädchen wachsen ohne Väter oder mit wenig Vaterliebe auf und haben später ganz gehörige Schwierigkeiten mit ihren Beziehungen. Sie wissen nicht, wie Männer ticken, fühlen sich oft vor den Kopf gestoßen und stoßen dadurch die Männer vor den Kopf. Der erste „Geliebte" eines Mädchens ist der Vater. Und wenn hier ein echtes Vertrauensverhältnis entsteht und er seine Sache gut macht, ist eine reelle Chance gegeben, dass auch die künftigen Beziehungen von Vertrauen geprägt sind.

Ich habe einen guten Freund, der ein bisschen die Vaterrolle in meinem Leben übernommen hat. Wir kennen uns jetzt über 30 Jahre. Gleich zu Anfang hat er mir etwas versprochen, das die Basis unserer Freundschaft wurde. Er sagte zu mir: „Ich werde darauf achten, dir niemals wehzutun." Das hat er gehalten und das werde ich ihm nie vergessen.

Inzwischen lebt auch Jamilas Mutter in der Großfamilie. Durch ihre Anwesenheit erlebt Jamila manchmal wieder ihre eigenen Ängste. Die Angst vor dem Alleinsein, vor Dunkelheit, vor Flugzeuglärm, vor knallenden Geräuschen. Dieses Gefühl, keine Luft zu bekommen. Die Angst vor dem Tod. Die Mutter versucht bis heute, alles mit sich allein auszumachen, denn in ihrer Kultur spricht man nicht über solche Dinge. Nicht einmal mit Gott.

Jamila und Lukas bringen mich zum Bahnhof, wo noch immer die Fasnacht tobt. Als neben uns ein „Schweizer Kracher" hochgeht, merke ich, wie Jamila kaum spürbar zusammenzuckt. Doch als ihr von der Seite jemand mit einer Papiertröte ins Gesicht bläst, lacht sie nur und macht eine Bemerkung im schweizer Dialekt, die ich nicht verstehe.

Die beiden sind auf dem richtigen Weg. Es ist ein Weg mit Gott, und so langsam muss ich mir wirklich eingestehen, dass da etwas dran sein *muss*. Ich habe mich sogar schon dabei ertappt, dass ich mit ihm rede, so nach dem Motto: „Schon gut, ich hab's ja kapiert!"

Als die beiden sich sehr herzlich von mir verabschieden, laden sie mich ein, beim nächsten Mal unbedingt bei ihnen zu Hause vorbeizuschauen. Diesmal ging das leider nicht, denn es grassierte ein übler Grippevirus, und den kann ich gar nicht brauchen.

Denn ein letzter wichtiger Besuch, den ich mir bis zum Schluss aufgehoben habe, liegt noch vor mir. Man kann fast sagen, ich treffe eine historische Persönlichkeit, die im Vertrauen auf Gott viel für die deutsche Wiedervereinigung getan hat.

Christian Führer
Kerzen statt Waffen

Selten ist mir ein Mensch begegnet, der so fest im Sattel durchs Leben reitet, mit einem Schalk in den Augen, der seinesgleichen sucht, und einer Ruhe, die nur eines bedeuten kann: Vertrauen, totales Gottvertrauen. „Na gut", gebe ich fast neidlos zu, „schließlich ist er ja auch Profi und nicht jemand, der hin und wieder ein paar Reitstunden genommen hat und glaubt, er hätte Chancen, ein Rennen in Ascot zu gewinnen."

Ich treffe ihn in seiner Wohnung in der Leipziger Innenstadt. Ein hübsch renoviertes Jugendstilhaus mit Holz getäfeltem Treppenhaus und geschliffenen Glasfenstern. Dank des kriminellen Baulöwen Jürgen Schreiber erstrahlt ja heute halb Leipzig wieder im Glanz der Jahrhundertwende.

Alles ist schon auf meinen Kurzbesuch vorbereitet. Auf dem Tisch im Arbeitszimmer steht eine Flasche Wasser mit zwei Gläsern. Ich habe nur zwei Stunden, danach steht schon der nächste Termin an.

Christian Führer ist ein bekannter und dadurch viel beschäftigter Mann, der immer wieder Interviews gibt und Vorträge im In- und Ausland hält. 2009 ist seine Biografie mit dem Titel „Wir sind dabei gewesen" erschienen.

In Jeans und Weste, so wie er auf fast allen Fotos abgebildet ist, sitzt er mir gegenüber und legt auch sofort los. Ich habe leichte Befürchtungen, es könnte ihn nerven, seine Geschichte zum tausendsten Mal zu erzählen. Doch nichts dergleichen. Er vermittelt mir das Gefühl, die Erste zu sein, und ich fühle mich durch seine lebendige Erzählweise sofort in die heiße Zeit im Oktober 1989 zurückversetzt, als das größte aller deutschen Wunder geschah.

Dass allerdings Jesus damals seine Hand im Spiel hatte und deshalb die sogenannte Wende ohne einen einzigen Toten vonstatten ging, war mir bisher nicht bekannt. Und auch nicht, dass diese friedliche Revolution ihre Wurzeln in der Leipziger Nikolaikirche hatte, deren Pfarrer Christian Führer fast 30 Jahre lang gewesen ist.

Er stammt aus einer alten Pfarrerdynastie, die bis ins 18. Jahrhundert zurückreicht. Und auch seine älteste Tochter Katharina studiert wieder Theologie. Dass er allerdings einmal in einer solch turbulenten Zeit wie 1989 in der DDR durch die Worte Jesu und sein unerschütterliches Gottvertrauen Geschichte schreiben würde, war ihm zu Beginn seiner Laufbahn sicherlich noch nicht bewusst.

Die ersten vier Jahre seines Lebens verbrachte er, wohlbehütet von der Mutter und zwei älteren Schwestern, in Langenloiba-Oberhain, einem typischen Straßendorf zwischen Leipzig und Chemnitz. Als sein Vater aus der Kriegsgefangenschaft heimkehrte, blieb er auch weiterhin der „kleine Prinz" und erfuhr das Prinzip „Gott ist Liebe" jeden Tag neu. Nie wurde in seiner Familie Gott als fingerzeigender Pädagoge missbraucht, nach dem Motto: „Der liebe Gott sieht alles, reiß dich bloß zusammen!"

Vor allem die Weihnachtsfeste sind ihm bis heute herrlich in Erinnerung geblieben. Er glaubte damals, so müsste das himmlische Reich Gottes aussehen, und setzte dieses nie mit dem Tod gleich, sondern immer mit der Geburt von Jesus. Vielleicht ein Grund, warum er niemals Todesangst hatte oder überhaupt Angst – Angst vor Denunziationen, vor Verhaftungen, vor Folter.

Er lernte im wahrsten Sinne des Wortes in der Kirche zwischen Taufstein und Lesepult laufen. Auch seine ersten Buchstabierversuche fanden dort statt: *„Ich bin bei euch alle Tage bis an das Ende der Welt"* (Matthäus 28,20) konnte er schon mit vier „entziffern". Später machte er sich über die Bibliothek seines Vaters her, entdeckte die Bibel für sich und nahm schon früh *„den Kampf, der uns verordnet ist"* (Hebräer 12,1) auf.

So widersprach er schon in der 1. Klasse seinem Lehrer, der die Bibel als Märchenbuch abtat, aufs Heftigste. Er fragte ihn provokativ: „Kennen Sie irgendjemanden, der an Schneewittchen oder Hänsel und Gretel glaubt?"

Der Lehrer musterte ihn nur irritiert und schüttelte den Kopf. „Tja", feixte der kleine Christian, „aber an Jesus und Gott glauben die Menschen auf der ganzen Welt."

Darauf hatte der Lehrer keine Antwort.

Der „kleine Revoluzzer" trat auch bereits in der 6. Klasse aus der Pionierorganisation aus. Er begriff schnell, dass es hier nicht nur um Fußballspielen und fröhliches Beisammensein ging, sondern um frühe Staatsindoktrination und kirchenfeindliche Propaganda. Auch die Jugendweihe, die nicht kirchliche Alternative zur Konfirmation oder Firmung, zu der man statt der Bibel das Werk „Der Sozialismus – deine Welt" geschenkt bekam, fiel in seiner Klasse aus. Die ließ sich geschlossen von seinem Vater konfirmieren.

Pfarrerskinder hatten es in der DDR generell nicht leicht. Das bekam auch Christian zu spüren. Man verweigerte ihm die Zulassung zur erweiterten Oberschule. Er musste sein Elternhaus verlassen, um in Eisenach, wo es eine der wenigen kirchlichen Bildungseinrichtungen gab, das Abitur zu machen. Dort wurde zu seiner Freude Griechisch unterrichtet, eine gute Voraussetzung für die Erfüllung seines Wunsch, selbst einmal Pfarrer zu werden.

Dieser Gedanke hatte sich schon früh in ihm festgesetzt, da er als Kind sehr schwächlich und oft krank war. Und bei Jesus, das hatte er gelernt, galt nicht nur der Starke etwas, nicht der Erfolgreiche, nicht der Durchsetzungstyp. Jesus reichte den am Boden Liegenden die Hand, half ihnen aufzustehen und ließ sich weder vom religiösen noch vom politischen Establishment davon abbringen. All das hatte sich tief in Christians Herz eingegraben.

Wann immer er jemandem davon erzählte, löste das lange Dispute und Widerstände aus, was ihn jedoch nur anspornte, das Evangelium noch intensiver zu studieren. Jesus' eigentliche Intention wurde ihm immer deutlicher: Er sprach nicht aus dem Tempel heraus zu den Menschen, sondern draußen, wo sie sich mit ihrem Leben abplagten. Er beherrschte ihre Sprache. Er konnte einfach und einleuchtend zugleich argumentieren.

Der junge Christian liebte diese Streitgespräche und wurde mit jedem Tag geübter darin, seine Position glaubwürdiger und verständlicher zu vertreten. 1961 begann er sein Studium an der Karl-Marx-Universität in Leipzig, dasselbe Jahr, in dem die Grenzen der DDR dicht gemacht wurden. Wie die meisten glaubte auch er damals nicht an die Lüge vom antifaschistischen Schutzwall. Es galt, diejenigen festzuhalten, die raus wollten. Unter den Studenten war das Brecht-Zitat vom 17. Juni 1953 in fast aller Munde: „Wäre es nicht einfacher, die Regierung löste das Volk auf und wählte ein anderes?"

Während seiner Studienzeit lernte Christian seine spätere Frau Monika kennen, die Pharmazie studierte und ihn dazu motivierte, sein Staatsexamen mit der Note 1 abzuschließen. Seine erste Pfarrstelle trat er 1968 in Lastau an, einem kleinen Ort nicht weit von seinem Elternhaus entfernt. Im gleichen Jahr wurde die Universitätskirche von Leipzig gesprengt. Es gibt davon eine Foto-Serie, die erst nach 1989 veröffentlicht wurde und im Nachhinein wie eine Vorsehung auf ihn wirkte. Auf dem ersten Bild sieht man die noch intakte Kirche, auf dem zweiten den Zeitpunkt der Sprengung, auf dem dritten den Einsturz und auf dem vierten die mächtigen Umrisse der dahinter stehenden Nikolaikirche, die durch den lichten Staub sichtbar wird.

Selbst auf dem Land war das Leben als Pfarrer in der DDR alles andere als einfach. Immer mehr Menschen, vor allem Jugendliche, wandten sich von der Kirche ab. Wenn sie beispielsweise in der Schule gefragt wurden, welchen Beruf sie ergreifen wollten – und egal, welchen sie wählten –, warnte man sie vor der Konfirmation, dann würde es nämlich schwierig werden, in diesem Beruf erfolgreich zu sein. Christian Führer verwahrte sich öffentlich gegen diese Repressionen, sprach in Schulen, Kindergärten und Betrieben vor, besuchte die Menschen zu Hause und konnte letztendlich auch immer wieder Erfolge verzeichnen.

So war es nur noch eine Frage der Zeit, bis das Landeskirchenamt den „Pfarrer der Tat" nach Leipzig berief, und zwar an die Nikolaikirche. Die inzwischen fünfköpfige Familie fühlte sich auf dem Land zwar sehr wohl, folgte aber trotzdem diesem Ruf.

Dort wurde der frischgebackene Stadtpfarrer zum ersten Mal mit der sogenannten „Friedensdekade" konfrontiert, einer Vereinigung der evangelischen Jugendvereine in Ost und West, die sich gegen die geplante Aufstellung von Mittelstreckenraketen wandte. Die Idee kam ursprünglich aus Holland, um das Engagement der Kirche für Friedensfragen zu stärken. Zehn Tage im Jahr sollten in besonderer Weise zum Nachdenken und einem signalhaften Handeln anregen: gegen Aufrüstung, gegen Kriegseinsätze, gegen jede Art militärischen Handelns.

Genau das Richtige für die Nikolaikirche und ihren Führer. Die Militarisierung des Denkens in den Schulen, insbesondere im Wehrkundeunterricht, war Christian schon lange ein Dorn im Auge. Die GST (Gesellschaft für Sport und Technik) hielt er für eine paramilitärische Organisation, die Elftklässler in sogenannte „Lager für Zivilverteidigung" schickte.

So fand die erste Friedensdekade vom 8. bis 18. November 1981 in Leipzig statt und war der Startschuss für das, was Führer später „die friedliche Revolution, die aus der Kirche kam" nannte.

Er hatte ein rohes Holzkreuz anfertigen und auf den Kirchenboden legen lassen, damit die Jugendlichen begriffen, was es bedeutete, „aufs Kreuz gelegt", gebunden oder genagelt zu werden.

Das Kreuz als Marterinstrument des römischen Imperiums, an dem Regimekritiker zu Tode gefoltert wurden. Mit Blick auf dieses Kreuz durfte jeder laut mitteilen, was ihm auf dem Herzen brannte, und eine Kerze, entweder mit oder ohne Gebet, darauf abstellen. So wurde aus dem Folterkreuz ein Lichtkreuz, ein Symbol der Auferstehung Christi.

Auch Jesus war politisch, erklärt mir Führer mit vollster Überzeugung, sonst hätten sie ihn ja gemütlich und betagt im Bett sterben lassen. Jesus wirkte mit vollem Gottvertrauen und vollem Risiko. Das, was er vorlebte, waren keine Lehrsätze, die man kopieren und umsetzen konnte, sondern *er selbst* wurde zum Wort Gottes, das in seiner Gestalt ein Gesicht mit Hand und Fuß bekam. Das, was auch heute noch zählt, ist ein menschliches Vorbild. Worte allein vergisst man wieder. Aber nicht den, der dahinter steht und danach handelt.

Das Gespräch am Kreuz sollte der Einstieg zur Friedensdekade sein, entwickelte sich aber schnell zum Hauptgeschehnis. Die Kirche war damit zu einem Raum der Freiheit geworden. Hier wurde niemand gezwungen, die Meinung der anderen zu teilen. Das brachte den Pfarrer auf eine Idee, die ihn nicht mehr losließ: Was, wenn er die Kirchentür nun für all jene öffnete, die draußen diffamiert und von der Regierung zum Verstummen gebracht wurden? Dieser Gedanke war überwältigend. Die kommunistische Propaganda, die behauptete, die Kirche sei nur ein Ort für alte Leute, wäre *ad absurdum* geführt. Er tat damit genau das, was Jesus forderte: Die Kirche muss für alle offen sein, auch für Rand- und Protestgruppen. Von nun an hing ein Schild am Portal, auf dem es hieß:

„Nikolaikirche – offen für alle."

Die Reaktion von staatlicher Seite war natürlich vorhersehbar. Man forderte ihn auf, er solle das Schild wieder abhängen und gefälligst die Öffnungszeiten auf ordentliche Weise bekanntgeben.

Das Schild blieb. Und die Leute kamen.

Durch die totale Ablehnung jeglicher Weltanschauung außer der eigenen verhalf der DDR-Staat der Kirche unfreiwillig zu neuer Kraft. Diese konzentrierte sich wieder auf das, wovon sie lebte und lebt, nämlich auf den gekreuzigten und auferstandenen Jesus Christus. Führer sieht heute die 40 Jahre DDR als ein 40-jähriges Trainingslager des Glaubens.

Nur einmal im Jahr 10 Tage für Frieden, Gerechtigkeit und Bewahrung der Schöpfung zu beten war den Menschen zu wenig. Sie wollten mehr. Am besten einmal die Woche.

Führer brachte ihr Anliegen vor den Kirchenvorstand – und hatte Erfolg. Seit dem 20. September 1982 finden bis heute jeden Montag in der Nikolaikirche die sogenannten Friedensgebete statt. Die Themen, die dort erörtert wurden und werden, waren immer aktuell. Das hieß, es musste nicht erst etwas angeschoben werden, um später auch eine Aktion zu starten. Die Menschen waren voll im Thema.

Die Tür der Nikolaikirche öffnete sich aber auch für Musikgruppen, deren Mitglieder schwarzes Leder, Metallketten und Stachelarmbänder trugen, was in der DDR als Erregung öffentlichen Ärgernisses gesehen wurde. Die Band *Wutanfall* gab dort mehrere Konzerte. Ihre Botschaft war: „Wir sind kein Herdenvieh, wir lassen uns nicht euer blaues Tuch um den Hals binden. Ich bin ich." *Gut, dass es die Nikolaikirche gibt*, dachte Führer damals, *sonst hätten sie sich ihre Texte nur gegenseitig ins Ohr flüstern können.*

Immer mehr Menschen, auch Nichtchristen, fühlten sich von der Nikolaikirche und ihrem Pfarrer angezogen. Niemand musste besondere Kenntnisse haben. Für die Inhalte, die Jesus vermittelte, war weder Bildungsstand noch Milieu ausschlaggebend. Christian Führer ging immer in die Vollen und zauderte auch nicht, den Sänger und verhassten Regimekritiker Wolf Biermann öffentlich zu zitieren:

Du, lass dich nicht verhärten
In dieser harten Zeit
Die allzu hart sind, brechen
Die allzu spitz sind, stechen
Und brechen ab sogleich.

Der Pfarrer erhielt solche Texte sozusagen frei Haus und wurde im Anschluss an die Andacht oft gefragt, ob man sich das eine oder andere abschreiben dürfte. Noch befand er sich auf einer Gratwanderung zwischen Anpassung und Widerstand, doch es ging immer mehr in Richtung Widerstand.

Ich frage ihn, warum es so etwas wie die Nikolaikirche in der Nazizeit nicht gab. Warum sich die Kirche damals nicht gegen den Faschismus zur Wehr gesetzt hat.

Der Mann in der Jeansweste lächelt mich fast entschuldigend an: „Es gehört zu den größten Verirrungen der Kirche, dass sie über viele Jahrhunderte glaubte, Thron und Altar gehören zusammen."

Gemäß dem, was er erlebt hat, müsste es heißen: Straße und Altar gehören zusammen. Jesus hat sich nie in Kirchen versteckt. Die Weimarer Verfassung sorgte damals in Deutschland zwar für eine Trennung zwischen Staat und Kirche, aber praktisch gesehen änderte sich lange Zeit nichts. Es gab nach wie vor Pflicht-Religionsunterricht an den Schulen und die Kirchensteuer. Die Nazis wickelten viele Christen mit ihrer Parole „Ein Reich, ein Volk, ein Führer, eine Kirche!" ein. Und diese Gleichschaltung versetzte die Menschen in einen wahren Rausch, der ihren Blick für die Realität trübte. Es gab sogar christliche Priester, die nicht mit dem Talar, sondern mit der Naziuniform in die Kirche gingen. Sie beteten statt dem Kreuz ein Hitlerbild an. Jesus war der Messias von gestern, Hitler der von heute und morgen.

Gefangen von Hitlers und Göbbels' Psychomanagement, merkten viele Menschen erst nach 1934, dass sich der Staat an die Stelle Gottes gesetzt hatte. Die „Theologische Erklärung von Barmen" war 1934 letztendlich das entscheidende Papier, das die Übergriffe des faschistischen Staates verbalisierte. Kirche muss frei bleiben. Und sie kann erst recht keinem Führerprinzip unterstellt werden, das auf nationalistisch-rassistischen Gesichtspunkten basiert.

Nach dem Ende des Zweiten Weltkrieges bekannte die Kirche in den berühmten „Stuttgarter Schuldbekenntnissen" 1947 ihre eigentliche Untreue gegenüber Jesus. Sie wurden zur Grundlage für eine neues Kirchenverständnis. Die Ehe „Thron und Altar" war endgültig vorbei.

Eigentlich eine gute Ausgangsposition. Das Frühwarnsystem griff bei den Kirchen der jungen DDR auch ziemlich schnell. Die in der Nazizeit umgekommenen christlichen und politischen Märtyrer waren allen noch gut im Gedächtnis. Jedes Verbrechen, jede Ungerechtigkeit muss die Menschen und damit auch die Kirchen auf den Plan bringen und uns zum Widerstand reizen. Zu jeder Zeit.

„Lässt Gott vielleicht auch deshalb Verbrechen, Terror, Kriege zu?", frage ich vorsichtig. „Um uns auf den Plan zu bringen, um uns aufzurütteln aus dem Phlegma der Wohlstandsgesellschaft?"

„Blödsinn!", schießt er zurück. „Die Menschen haben das Gebot ‚Du sollst nicht töten', und wenn sie sich nicht daran halten, kann man nicht Gott dafür die Schuld geben. Dass der Mensch einen freien Willen hat, kann man einerseits beklagen, andererseits gilt, hätte uns Gott wie die Ameisen geschaffen, könnten wir nur das tun, was in uns vorprogrammiert ist. Ameisen machen alles richtig, sie führen auch keine Kriege. Wir haben den sogenannten freien Willen und sind damit tatsächlich Gottes Ebenbild. Wir können unterscheiden zwischen Gut und Böse, wir können entscheiden, ob wir Kriege führen wollen, für Öl, für Geld, für Macht – oder nicht. Und wenn ja, ist das eine Sünde. Doch die Menschen erkennen ihre Sünden nicht an."

Das Wort „Sünde" wurde in der DDR sogar ins Lächerliche gezogen. Wenn ein paar Damen, die vielleicht mit ihrem Gewicht zu kämpfen hatten, sich ein Törtchen leisteten, dann hieß es: „Wir gehen heute mal ‚sündchen'." „Sünde" kommt jedoch von dem Wort *Sund*, so wie in Stralsund. Das heißt „Bucht, großer Graben". Sünde verursacht immer einen Graben zwischen mir und Gott, zwischen mir und meinen Mitmenschen. Dadurch vereinsamt, vereinzelt der Mensch. Doch das nimmt, zu Christian Führers großem Kummer, heute kaum jemand mehr ernst.

Es heißt in der Beichte: „… gesündigt in Gedanken, Worten und Werken." Wer auch nur ein bisschen über sich selbst nachdenkt, weiß, dass er oft genug Gedanken hegt, Worte ausspricht oder Taten begeht, die nicht ganz lupenrein sind. Es ist für Christian Führer das größte Manko unserer Gesellschaft, dass keiner sich mehr für einen Sünder oder eine Sünderin hält.

Ich werfe ein, dass dies doch zu keiner Zeit anders war, und erinnere mich stolz (trotz mangelnder Bibelfestigkeit) an die Geschichte mit der Ehebrecherin, die vor Jesus geschleift wird, damit er sein Urteil über sie fällt. Vom beteiligten Lover ist übrigens an keiner Stelle die Rede. Führer unterbricht mich: Dies sei eine Geschichte, die auch er besonders möge, weil sie Jesus' Geschick und sein Streben nach Gewaltlosigkeit in den Vordergrund stellte.

Wie das in einer typischen Männergesellschaft üblich ist, war den Anklägern die Frau völlig egal; sie hatte ihr Leben sowieso schon verwirkt. Sie wollten jedoch von Jesus hören, wie er sich zu dem Fall stellte. Wenn er gesagt hätte: „Nur zu, steinigt sie, wie es im Gesetz Mose steht", wären sie zufrieden gewesen. Und wenn er dagegen gewesen wäre, hätte er sich als Regimegegner geoutet. Eine andere Möglichkeit hatte er nach ihrer Ansicht nicht. Jesus schwieg jedoch, nahm ein Stöckchen und malte etwas in den Sand, was die Ankläger leicht verunsicherte, und sagte dann: *„Wer unter euch ohne Sünde ist, der werfe den ersten Stein"* (Johannes 8,7).

Es sprach dann allerdings doch für die Ankläger, dass einer nach dem anderen den Stein, den er bereits in der Hand hatte, fallen ließ. Jesus verurteilte aber auch die Frau nicht, sondern schickte sie mit dem Rat nach Hause, das nie wieder zu tun. Eine scheinbar unvermeidliche Gewalttat wurde auf wunderbare Weise abgewendet, ohne dass Jesus die Sünde entschuldigt oder verharmlost hatte.

Nein, wir brauchen keine Kriege oder Terroranschläge, um auf den Plan zu kommen. Jeder hat genug zu tun mit seinem eigenen menschlichen Versagen. Mit Beziehungskatastrophen, mit Arbeitslosigkeit, mit Krankheit, mit Altern, mit Sterben. Wer braucht da diese verrückte Taliban, dieses unversöhnliche Israel. *Shalom* (Hebräisch für „Frieden") und *Salam* (Arabisch für „Frieden"), nichts ist heute weiter entfernt als diese beiden Begriffe.

Aber wenn schon diese Sünden begangen werden, dann sollte man sie nicht einfach vorübergehen lassen, sondern die Herausforderung annehmen. Wir sind schließlich Protestanten. *Protestare* kommt aus dem Lateinischen und meint „öffentlich als Zeuge auftreten, beweisen, dartun; öffentlich aussagen, laut verkünden". Eine offene Kirche kann aus jeder Not ein Zeugnis der Betroffenheit machen und öffentlich dafür eintreten, so wie in den Friedensgebeten. Das Gebet sollte immer an erster Stelle stehen, erst dann das Handeln. Wer gleich in Aktionismus verfällt, ermüdet schnell.

„Die Hände, die zum Beten ruhen, die macht er stark zur Tat, und was der Beter Hände tun, geschieht nach seinem Rat", zitiert Führer Jochen Klepper. Auch die Bibel ist in diesem Zusammenhang sehr realistisch. Paulus sagt: *„Das Gute, das ich will, das tue ich nicht. Sondern das Böse, das ich nicht will, das tue ich"* (Römer 7,19). Das ist die Realität. So ist der Mensch.

Der Lockruf der Macht und verwandter Ideologien ist so stark, dass es noch stärkere Gegenkräfte braucht, um dagegen anzukommen – und die sind oft mit hohem Risiko behaftet.

1987 organisierte der mutige Pfarrer Führer im Rahmen des Olaf-Palme-Friedensmarsches, einer offiziellen Veranstaltung zur Erinnerung an den schwedischen Premierminister, der am 28. Februar 1986 ermordet wurde und als entschiedener Gegner des atomaren Wettrüstens galt, einen eigenen Pilgermarsch. Während der offizielle nur dem Staat dazu diente, etwas mehr Weltoffenheit zu demonstrieren, nutzte Führer seinen Marsch für deutliche Forderungen gegen die Abgrenzungspolitik der DDR, Entmilitarisierung, Abschaffung der Wehrpflicht und, und, und. Die Sicherheitsorgane waren gezwungen, diese offene Provokation zu schlucken, die für alle Teilnehmer ein mutmachendes Zeichen der Hoffnung war.

Doch nicht alle Demonstrationen liefen so glimpflich ab.

Zum Abschluss der Leipziger Dokumentarfilmwoche 1987 mit vielen ausländischen Gästen hatte sich Honecker angekündigt. Eine der Basisgruppen, die sich innerhalb der Nikolaikirche gegründet hatten, wollte sich stumm mit Kerzen in der Hand vor das größte Kino setzen. Eine unmissverständliche Botschaft an die Oberen des Staates, der die Menschen so lange gezielt verdummt hatte, bis sie von alleine verstummten. Pfarrer Führer hielt das für zu gefährlich, denn die Stasi wusste bereits Bescheid und hatte eine unmissverständliche Warnung ausgesprochen. Um die Situation nicht eskalieren zu lassen, schlug er vor, das Ganze in die Kirche zu verlegen. Trotzdem ließen sich einige ihr Vorhaben nicht ausreden und wurden auch prompt „weggeräumt". Im DDR-Jargon hieß das „Zuführung". Mehrere erhielten Haftstrafen von über zwei Jahren wegen Teilnahme an einer Demonstration. Alltag in der ehemaligen DDR.

Am 17. Januar 1988 gingen die Menschen am offiziellen Gedenktag der Ermordung von Karl Liebknecht und Rosa Luxemburg in Berlin auf die Straße. Auf mehreren Plakaten stand ein Satz, den die Revolutionärin 1917 selbst geschrieben hatte: „Freiheit ist die Freiheit der Andersdenkenden." Das war natürlich nicht im Sinne der Obrigkeit. Daraufhin wurden brutale Massenverhaftungen vorgenommen, mit denen sich die Regierung den finalen Schlag gegen alle Oppositionellen erhoffte, zugleich aber auch ihre verlogene „Verehrung" für Rosa Luxemburg offenbarte.

Die Jugendlichen der Nikolaikirche forderten tägliche Fürbitte-Andachten für die Berliner Verhafteten, was Christian Führer beim Kirchenvorstand auch durchsetzte. Allerdings beschwerte sich nun eine andere Gruppe, für die Führer inzwischen auch ein Forum geschaffen hatte: die sogenannten „Ausreisewilligen", eine Randgruppe, mit der sich niemand gern befasste und die meist mit Beschimpfungen wie: „Haut doch endlich ab in den Westen, ihr habt euch doch sowieso hier schon abgemeldet!" bedacht wurde.

Im Gegensatz zu den Berliner Verhafteten wollte sich niemand um ihre Belange kümmern. Der Staat hatte sie längst fallenlassen und zu vielen Bereichen der Gesellschaft war ihnen der Zugang versperrt. Wieder eine Randgruppe, die ungerecht behandelt wurde. Das konnte und wollte Führer nicht auf sich beruhen lassen und organisierte einen Vortragsabend unter dem Motto: „Leben und Bleiben in der DDR".

Von oben hieß es zwar wieder, das hätte doch nichts mit Religion zu tun, aber das sah der Pfarrer anders. Auch Jesus sagte einst zu seinen Jüngern: *„Wollt ihr auch weggehen?"* (Johannes 6,67).

Als die Ausreisewilligen sich diesen Satz auf der Zunge zergehen ließen, waren sie berührt. Allen kam der gleiche Gedanke: Hier bist du geboren und zur Schule gegangen, hier wohnen deine Eltern. Bist du erst mal im Westen, kannst du vielleicht nie mehr zurückkommen.

Nachdenklichkeit, Zweifel, Frust kamen auf. So konnte der Hirte seine Schäfchen natürlich nicht nach Hause gehen lassen. Doch in weiser Voraussicht hatte er bereits den passenden Psalm herausgesucht: *„Gott macht fröhlich, was da lebet im Osten wie* *im Westen"* (Psalm 65,9). Natürlich glaubten erst einmal alle, das hätte er jetzt schnell erfunden.

Alle Zusammenkünfte, die in kirchlichen Räumen stattfanden, standen unter scharfer Beobachtung von Seiten der Sicherheitsorgane, und so war jeder auf der Hut, um nicht unnötig zu provozieren. Denn sonst hätte die Kirche als Bühne für Hetze und Streit die Spur Jesu verlassen und alle Glaubwürdigkeit verloren. Für Führer war es immer wieder wichtig, sich des Fundaments zu versichern. Einer der stärksten Grundpfeiler ist für ihn noch immer die Bergpredigt. Hier kommt die Radikalität Jesu, das radikale Lieben und das radikale Sich-Verlassen auf Gott am deutlichsten zum Ausdruck. Die Bergpredigt beinhaltet die „steilsten Worte", die je auf dieser Erde gesprochen wurden. Sie ist die Alternative zu allem, was besteht:

„Selig sind die Armen." Wen Jesus selig gepriesen hat, den hat auf dieser Erde noch nie jemand für glücklich gehalten. „Wer Geld hat, ist glücklich." Das ist die Devise unserer Welt.

„Liebe deine Feinde", heißt es dort, und nicht: „Nieder mit dem Gegner!"

„Die Letzten werden die Ersten sein", und nicht: „Es bleibt alles beim Alten."

„Wer sein Leben um meinetwegen verliert, der wird es gewinnen." Und nicht: „Seid schön vorsichtig und riskiert bloß nichts."

Er sagte nicht zu seinen Anhängern: „Ihr seid die Creme der Schöpfung." Er sagte: *„Ihr seid das Salz dieser Erde."* Das lebenswichtige Mineral, das die Gesellschaft braucht. „Mischt euch ein, bleibt nicht in euren Kirchen hocken."

Das Hauptziel jeder Predigt war es immer, den Gedanken zu wecken, dass bei Gott nichts unmöglich ist, dass Gebete kein Reden gegen die Wand oder an die Decke sind. Dass sie eine Kraftfreisetzung bewirken, die irgendwann für jeden Betenden greifbar wird.

So wie 2006, als Führer mit Hunderten von Menschen in der Nikolaikirche für die zwei im Irak entführten Ingenieure der Bennewitzer Firma *Cryotec* betete: „*Herr, bring zurück unsre Gefangenen, wie du die Bäche wiederbringst im Südland*" (Psalm 126,4*).

Ein wunderbares biblisches Bild aus der Gegend, wo heute der Irak ist. Damals kamen auch Muslime zum Montagsgebet, die etwas gegen diese Art von Entführungen hatten. Sie wollten an der Kirche ein Plakat in arabischer Schrift anbringen, das der Pfarrer natürlich nicht lesen konnte. Nach Lenin war Vertrauen gut, aber Kontrolle besser. Jesus hätte es bestimmt umgekehrt ausgedrückt: „Kontrolle ist vernünftig, Vertrauen ist besser."

Führer vertraute darauf, dass alles im Sinne der Gewaltlosigkeit geschah. Er vertraute auch darauf, dass die Geiseln freikamen. „Und was machen Sie, wenn denen der Kopf abgehackt wird?", wurde er des Öfteren von Journalisten gefragt.

Seine Antwort blieb immer die Gleiche: „Wir beten hier nicht in die Luft oder gegen die Wand, sondern zum lebendigen Gott. Sie können sich schon mal auf einen Dankgottesdienst einstellen."

Damals organisierte er auch, dass der arabischsprachige Fernsehsender *Al Jazeera* zum nächsten Montagsgebet kam. Die arabischen Länder sollten mitbekommen, dass es noch etwas anderes gab als George W. Bush mit seinen Lenkwaffengeschwadern und martialischen Invasionen. Und tatsächlich, am Freitag, dem Feiertag der Muslime, sendete *Al Jazeera* alle drei Stunden den Beitrag aus der Leipziger Nikolaikirche. Die Menschen konnten endlich sehen, dass die Welt nicht unterteilt war in Gläubige und Ungläubige, in Christen und Muslime, sondern dass alle auch gemeinsam beten konnten. Die Reaktionen in Bagdad sowie in den Städten und Ländern, aus denen die verschiedenen islamischen Studenten kamen, war ungeheuer.

Als die Ingenieure tatsächlich freikamen, war das eine Riesensensation. Der Dankgottesdienst wurde zu einer echten

Grenzüberschreitung, eine der großen Sternstunden für beide Religionen. Mitglieder einer Ellbogengesellschaft, in der jeder nur an sich denkt und an das, was er sich als Nächstes anschafft, hatten bei Regen und Schnee Mahnwachen gehalten, ohne etwas dafür zu bekommen. Sie hatten sich für Menschen eingesetzt, die sie gar nicht kannten, und merkten dabei etwas, das leider bei den meisten verschüttet ist: dass es froh macht, selbstlos etwas zu tun, auch wenn materiell gesehen nichts dabei herauskommt.

Dieses wunderbare Gefühl hatte die Leute beisammengehalten und diesen Gottesdienst zu einem Erlebnis werden lassen, das bestimmt keiner so schnell vergessen würde. Für Christian Führer ein wichtiges Zeichen. Sie lebte noch, die Menschlichkeit, wurde nur zugedeckelt vom stumpfsinnigen Materialismus, der den Kopf und das Herz leer machte. Sie musste nur immer wieder genährt werden.

Beten und Handeln gehört zusammen. Nur gemeinsam bringen beide die Dinge voran. Denn normalerweise fällt jeder nach einer Weile wieder zurück in seinen alten Trott. Man kann die Menschen zwar schnell zu irgendeiner „geilen Aktion" bewegen, aber etwas von Dauer, wie die wöchentlichen Montagsgebete, blieben eine Besonderheit. Sie sind und waren der Auslöser für eine immer wieder neue Aufmerksamkeit für das, was gerade auf der Welt passiert.

Wenn Jesus von „Nachfolge" spricht, heißt das dranbleiben, beweglich sein. Es reicht nicht, einmal im Leben anlässlich der Konfirmation sein Glaubensbekenntnis aufzusagen. Und es reicht auch nicht, einmal zu seinem Partner gesagt zu haben: „Ich liebe dich." Nein! Alles muss immer wieder von Neuem mit Leben gefüllt werden.

Im Sommer 1988 musste sich Pfarrer Führer dem Druck staatlicher Stellen beugen und dem Ausschluss der Leipziger Bürgerinitiativen von der Gestaltung der Friedensgebete zustimmen. Erst nach zwei Monaten intensiver Protestaktionen wurde ein Kompromiss erreicht, der den Gruppen Friedensgebete unter der alleinigen Verantwortung eines Pfarrers wieder ermöglichte. Sowohl die Nikolaikirche als auch der Pfarrhof wurden nun erst recht zum offiziellen Treffpunkt für Menschen, denen das System nicht mehr passte. In der Kirche gab es Infowände, an denen Texte oder Bekanntmachungen hingen, die es sonst nirgendwo zu lesen gab.

Im Frühjahr des folgenden Jahres spitzte sich die Situation zu; Zufahrtsstraßen wurden kontrolliert und abgesperrt, Verdächtige „zugeführt". Als ein westlicher Journalist damals Kurt Masur, den Dirigenten des Leipziger Gewandhaus-Orchesters, interviewte und ihn fragte, was er zu den Geschehnissen zu sagen habe, schwieg dieser lange und sagte dann leise: „Ich schäme mich." Für wen, das konnte man auslegen, wie man wollte.

Katharina Führer, die älteste Tochter des Pfarrers, befestigte am Fenster der Nikolaikirche ein Plakat, auf dem „Freiheit für die Gefangenen" stand und das die Stasi natürlich nachts entfernen ließ. Daraufhin schrieb sie das Gleiche mit Kreide an die Kirchenmauer, was schwer zu entfernen war und bei Bedarf nachgezeichnet werden konnte.

Und wieder wurde ihr Vater vorgeladen und verwarnt. Diesmal verlangte man von ihm sogar, am Montag, dem 1. September, das Friedensgebet völlig ausfallen zu lassen, da am selben Tag die Leipziger Herbstmesse begann und sich unzählige westliche Journalisten in der Stadt aufhielten, die eine sogenannte „allgemeine Dreherlaubnis" hatten. Doch Führer ließ sich nicht beirren.

Als er dann während des Gottesdienstes im Halbdunkel der Kirche eine Kamera neben der anderen stehen sah, wurde ihm bewusst, dass sich endlich eine Chance auftat, mit der keiner gerechnet hatte: Einige Jugendliche entrollten ein weißes Laken, auf dem stand: „Für ein offenes Land mit freien Menschen."

Sie schafften es, das Ganze gute 10 Sekunden hochzuhalten, bis sie von einem Trupp Stasileuten zu Boden gestoßen wurden. Und das alles vor laufenden Kameras.

Am Abend war dieses Ereignis der Aufmacher der „Tages-schau" in der ARD. Und da viele DDR-Bürger Westfernsehen sahen, erfuhr nun auch die gesamte ostdeutsche Bevölkerung, was in der Nikolaikirche vor sich ging. Zumindest fast, denn die Abkürzung ARD stand damals in der DDR für „Außer Raum Dresden".

Von diesem Tag an kamen die Menschen zu Tausenden aus der gesamten Republik zu den Friedensgebeten und Kundge-bungen auf dem Kirchhof. Eine über Jahrzehnte atheistisch geprägten Gesellschaft nahm die Alternative, die Jesus ihnen anbot, tatsächlich an und praktizierte sie auch.

Im marxistischen Sprachduktus ausgedrückt, ergriff Jesus seine Waffen und wurde zu einer materiellen Gewalt, aber zu einer friedlichen. „Man unterscheidet im Griechischen zwi-schen *kratos*, der ‚Macht' mit dem Knüppel – daher kommt das Wort ‚Demokratie' – und *exosia*, der Kraft, die wahrer Auto-rität beruht", belehrt mich Führer. Luther übersetzte Letzteres mit „Vollmacht", um sie von der „Knüppelmacht" zu unter-scheiden. Gesunde Autorität und kalte Befehle sind zwei völlig unterschiedliche Dinge.

Die Menschen, die 1989 in die Nikolaikirche kamen, wurden von der *exosia* Jesu gepackt. Ohne Druck, ohne dass ihnen je-mand das vorschrieb. Sie waren so beeindruckt, dass der auf-rechte Gang und das Selbstbewusstsein wieder in die Kirchen zurückkehrten. Das wurde besonders deutlich, wenn die Men-schen in der überfüllten Kirche beim Montagsgebet mit erho-benem Kopf nach vorne gingen, ohne zu wissen, wie viele Spit-zel in den Holzbänken saßen, und trotzdem laut das sagten, was ihnen auf der Seele brannte. Das Wesentliche war die Überwin-dung der Angst. Der Glaube an Jesus Christus setzt Kräfte frei – die Kraft zum Aufstehen, zum Geradestehen und zum Wider-stehen.

Am Montag darauf nahm ein Heer von Polizisten willkür-lich Verhaftungen rund um die Kirche vor und knüppelte dabei rücksichtslos auf die Menschen ein. Das ging Montag für Montag so weiter. Doch die Menschen kamen trotzdem. Obwohl allein das Kommen mehr als schwierig war. Das Autobahnkreuz wurde Montagabend für die Leipziger gesperrt, und die, die keine Leipziger waren, wurden am Hauptbahnhof zurückgeschickt. Das machte sie wütend und stärkte gleichzeitig ihren Widerstand gegen das System.

Eine alte Frau, die aus Görlitz kam, erzählte Führer damals: „Wissen Sie, ich habe es gerade mal bis zum Hauptbahnhof geschafft [die Nikolaikirche ist nur fünf Gehminuten entfernt], und dann haben sie mich nicht weiter durchgelassen. Und da habe ich mich zum ersten Mal geärgert, wie feige wir sind, was wir alles mit uns machen lassen und dass wir uns so viele Jahre haben gängeln lassen. Ich will das nicht mehr! Mir wurde klar: Die in der Nikolaikirche, die halten dagegen. Da musst du unbedingt hin. Koste es, was es wolle. Ich habe einen Polizisten ausgetrickst und es tatsächlich geschafft. Als ich dann in der Kirche saß, ist mir zum ersten Mal wieder wohl geworden. Da habe ich neue Kraft geschöpft …"

Während auf den Straßen Uniformierte Gewalt ausübten und die Kirche eine dreifache Polizeikette umgab, fühlten sich die Menschen drinnen wie in einer anderen Welt. Es herrschte ein Frieden, der alle Vernunft überstieg. Ruhe und Geborgenheit trotz härtester Anspannung. Und am Ende stand stets die Botschaft Jesu der Gewaltlosigkeit, die alle mit nach draußen nahmen.

Als knapp 2.000 Menschen nach dem Gottesdienst ruhig und friedlich und ohne zu drängeln die Kirche verließen, war das für die Polizisten immer reinste Provokation. „Bürger, lösen Sie sich auf", schallte es schon nach wenigen Minuten durch das Megafon.

In Luft, oder wie?

Und wieder wurden viele festgenommen. Doch niemand wehrte sich. Keine Gewalt.

Für den nächsten Montag verabredeten sie, dass die Verhafteten, bevor sie in den Lastwagen verschwanden, laut ihren Namen rufen sollten. Wer immer sie hörte, sollte sie aufschreiben. Anschließend würden alle Namen zum Pfarramt gebracht. So war man wenigstens in der Lage, bei den staatlichen Stellen Informationen über den Verbleib der Gefangenen einzuholen. Außerdem wurden die Namen in Großbuchstaben auf DIN-A2-Blöcke geschrieben und an den Ziergittern der Kirchenfenster ausgehängt.

Schon einen Tag später fingen die Menschen an, Blumen und Kerzen auf die Bürgersteige vor diese Fenster zu stellen. Die Behörden machten Führer dafür verantwortlich und forderten ihn auf, aus „Ordnungs- und Sicherheitsgründen" unverzüglich alles wegzuräumen. Christian Führer verweigerte den Gehorsam und antwortete nur: „In diesem Land ist so ziemlich alles untersagt, aber Trauer und Schmerz lassen wir uns nicht verbieten. Räumen Sie die die Sachen doch selbst weg!"

Und tatsächlich rückte kurz darauf ein Trupp der Stadtreinigung mit Schaufeln, Besen und Schneeschiebern an. Er räumte die verwelkten Blumen weg und säuberte den Bürgersteig von Wachs und Kerzen. Mit Tränen in den Augen sah der Pfarrer vom Fenster seines Büros aus zu. Doch dann geschah das erste von vielen kleinen und großen Wundern, die in den nächsten Tagen folgen sollten: Die Arbeiter holten aus dem Kerzenhaufen alle Stumpen hervor, die noch zu gebrauchen waren, zündeten sie an und stellten sie säuberlich in die Fenster der Nikolaikirche.

Plötzlich fragten sie nicht mehr: „Dürfen wir das? Wer übernimmt dafür die Verantwortung?" Sie dachten selbst, entschieden selbst, handelten selbst. Das war etwas völlig Neues.

Die Situation stand kurz vor der Eskalation. Man drohte Führer jetzt mit der sofortigen Verhaftung, sollte er die Friedensgebete nicht augenblicklich einstellen. Doch er dachte nicht daran.

Es war der 7. Oktober 1989, der 40. Jahrestag der DDR. Die offiziellen Feierlichkeiten auf dem Marktplatz, nur ein paar hundert Meter von der Nikolaikirche entfernt, hatten bereits begonnen. Von dort kamen immer mehr Menschen auf den Kirchhof und sahen sich neugierig um. Fast so wie heute die Touristen. Plötzlich erschienen wie aus dem Nichts Uniformierte. Bereitschaftspolizei. Ohne jeden Anlass drängten sie die Menschen mit Knüppeln und Hunden vom Platz. Später rückte sogar ein Laster an und sackte jeden ein, der zufällig noch in der Nähe war.

Danach herrschte die sprichwörtliche Friedhofsruhe rund um die Kirche. An diesem Feiertag wurden über 200 Menschen verhaftet und auf das Gartenbaugelände Markkleeberg transportiert, wo sie in die Pferdeställe eingesperrt wurden. Wie viel Angst musste diesem Staat an seinem 40. Jahrestag in den Knochen stecken, wenn er schon gegen Leute vorging, die einfach nur *da* waren, nur herumstanden?

Zum nächsten Gottesdienst erschienen einige Ärzte und erzählten von unverhältnismäßig vielen Schlüsselbeinbrüchen und Schulterblattverletzungen, die sie am Abend zuvor behandelt hatten. Noch beunruhigender war jedoch die Information, dass für den kommenden Montag extra Blutkonserven für Schussverletzungen angefordert worden waren.

Und es wurden von offizieller Seite noch weitere Signale gesetzt. Die Menschen sollten am folgenden Montagnachmittag nicht auf die Straße gehen. Schulen und Kindergärten schlossen früher als üblich.

Nach diesem Montagsgebet, hieß es, werde mit der Konterrevolution endgültig Schluss gemacht. Mit allen Konsequenzen! Man hatte sogar etwa tausend SED-Genossen angeheuert, die „verdeckt" am Friedensgebet teilnehmen und so viele Bänke besetzen sollten wie nur möglich, damit die anderen keinen Platz mehr finden würden.

Bereits gegen 14:00 Uhr war die Kirche voll. Führer ließ die Emporen mit dem Argument schließen, das arbeitende

Proletariat könne erst um 16:00 Uhr kommen und bräuchte ja auch noch eine Sitzgelegenheit. Um 17:00 Uhr platzte die Kirche aus allen Nähten. Führer begann mit dem Gebet, als ob nichts Besonderes los wäre. Er vertraute auf Gott, ging auf volles Risiko.

Die Genossen der Stasi hörten wahrscheinlich zum ersten Mal Worte Jesu, die offensichtlich ihre Wirkung nicht verfehlten. Das Friedensgebet verlief tatsächlich friedlich und endete mit dem Segen des Landesbischofs, der alle, die anwesenden Genossen mit eingeschlossen, eindringlich aufforderte, sich nicht zu Provokation und Gewalt hinreißen zu lassen. Als sich die Kirchentüren öffneten, warteten auf dem Kirchhof und den umliegenden Straßen über 70.000 Menschen mit Kerzen in den Händen …

Ein Anblick, den der Pfarrer sein Lebtag nicht vergessen wird.

In die Kirche passten nur 2.000 Menschen, doch sie alle wollten dabei sein. Sie versteckten sich nicht mehr wie früher hinter den Gardinen, um abzuwarten, wie sich das Ganze entwickelte, und sich dann eventuell doch noch dazuzustellen. Nein, sie waren alle auf der Straße, alle von dem gleichen Geist ergriffen: „Ich mache jetzt mit, ich will nicht mehr erdulden!"

Und dann geschah das größte Wunder. Das Volk bezog seine „Peiniger" – Armee, Kampftruppen und Polizei – einfach mit ein und verwickelte sie in Gespräche. Die waren auf alles vorbereitet, nur nicht auf Kerzen und Gebete. Immer wieder hörte man Rufe: „Keine Gewalt!"

Ein riesiger Zug von Menschen zog durch die Innenstadt, von der Grimmaischen Straße an der Oper vorbei am Bahnhof in Richtung „Runde Ecke", wo die Stasi ihren Sitz hatte. Dort brannte kein Licht mehr. Vorsichtshalber hatte man alle Mitarbeiter abgezogen. Die Menschen stellten ihre Kerzen auf die Stufen des Eingangs. Niemand wagte es, darüberzusteigen oder sie auszutreten.

An jenem Abend gab es weder Sieger noch Besiegte. Niemand verlor das Gesicht. Keine Schaufensterscheibe ging zu Bruch. Es war die erste friedliche Revolution der deutschen Geschichte. Bei vorangegangenen Versuchen wie 1953 in der DDR, 1956 in Ungarn/Polen oder 1968 in Prag war nie die Kirche involviert gewesen, und die Demonstranten reagierten immer mit Gewalt auf Gewalt.

Später glaubten zwar manche, die Polizei hätte sich nicht getraut zu schießen, weil es so viele waren. Aber in China, auf dem Platz des Himmlischen Friedens, wie er noch immer sinnigerweise heißt, hatten nur wenige Monate zuvor über 200.000 Menschen demonstriert, und das hatte die Staatsgewalt keineswegs davon abgehalten, 2.000 von ihnen kaltblütig zu erschießen.

Zwei Kameraleuten war es gelungen, Filmmaterial aus Leipzig in den Westen zu schmuggeln. Jetzt gab es kein Zurück mehr. Selbst die DDR-Presse musste gemäßigt über den Vorfall schreiben und einige Genossen revidierten sogar öffentlich ihre Ansichten zur Kirche.

Jede Krise ist eine Chance für etwas Neues und kommt nicht umsonst daher. Diejenigen, die Macht haben, denken zwar immer, sie würden es letztendlich durch ihre starke Position schon irgendwie schaffen. Doch diesmal ging die Rechnung nicht auf.

Elf Tage später trat Erich Honecker zurück.

Der gewaltige Ruf aller hatte sich im Friedensgebet des 9. Oktober in Leipzig gebündelt. Die darauffolgenden Demonstrationen überall in der DDR hoben das alte System endgültig aus den Angeln.

Christian Führer verbindet noch heute diese Zeit mit dem Bibelvers, der zu Pfingsten in den Kirchen überall auf der Welt verlesen wird: *„Es soll nicht durch Heer oder Kraft, sondern durch meinen Geist geschehen, spricht der Herr"* (Sacharja 4,6), und mit dem Wort, das Paulus von Jesus empfing: *„Meine Kraft ist in den Schwachen mächtig"* (2. Korinther 12,9).

Jedes Mal, wenn das Evangelium wegweisend unter die Menschen kommt, ist das für Christian Führer ein „innerer Reichsparteitag". Es gibt Gott sei Dank nicht nur die vier Hebel der Politik: Geld, Militär, Wirtschaft und Medien. Wenn der friedliche Geist Jesu die Menschen ergreift, können gewaltige Veränderungen möglich werden – auch ohne zerstörende Gewalt.

Wann immer er heute gefragt wird, ob es die Friedensgebete noch gibt, antwortet Christian Führer: „Warum soll es sie nicht mehr geben? Ist die Welt etwa friedlich geworden?"

Ich fahre mit der Straßenbahn zur Nikolaikirche, um diesen historischen Ort, von dem ich bisher so wenig wusste, auf mich wirken zu lassen.

Es ist angenehm kühl. Ein lichtes Farbengemisch aus Grün- und Beigetönen. Mein Blick wandert an den Säulen nach oben. Ich erinnere mich daran, was Christian Führer vorhin über den geraden Rücken, den aufrechten Gang gesagt hat, und komme mir in Anbetracht eines riesigen Kirchenschiffes zum ersten Mal nicht klein und unbedeutend vor. „Eine gebückte Haltung ist in dieser Kirche nicht möglich", höre ich noch immer seine Worte, „sondern die Erfahrung, dass Gott uns als *Homo sapiens erectus* geschaffen hat, als wissenden, aufrechten Menschen."

Unter den Bildern und Reliefs beim Altar steht folgender Text:

Was ist EINER gegen viele?
EINER, der hofft, gegen so viel Verzweiflung.
EINER, der auf Macht verzichtet, gegen so viel Korruption.
EINER, der heilt, gegen so viel Vernichtung.
EINER, der rettet, gegen so viele Richter.
EIN Lebendiger gegen so viele Tote.
EINER kam und zeigte wie ein Blitzlicht,
einen Bruchteil der Geschichte,
was ein Mensch sein könnte.

Antwort

adeo Verlag
Dillerberg 1
35614 Asslar-Berghausen

Name / Vorname

Straße / Hausnummer

PLZ / Wohnort

E-Mail-Adresse

adeo

Unterwegs. Sein.

adeo Verlag
in der Gerth Medien GmbH · Verlagsgruppe Random House
Dillerberg 1 · 35614 Asslar-Berghausen
Telefon (0 6443) 6886 · Telefax (0 6443) 6877
info@adeo-verlag.de · www.adeo-verlag.de

Mit der Einsendung dieser Karte an den Verlag erkläre ich mich damit
einverstanden, über Neuerscheinungen informiert zu werden.
Wenn ich keine Post mehr von Ihnen bekommen möchte, reicht eine
einfache Nachricht an den Verlag.

Sehr geehrte Leserin, sehr geehrter Leser,

Sie haben das Buch _____ aus unserem Verlag
gekauft oder geschenkt bekommen. Wir hoffen, dass es Ihnen gefällt.
Gerne würden wir Ihre Meinung über das Buch hören und freuen uns, wenn Sie uns schreiben.
Hier ist Raum für Ihre Meinung:

Gerne informieren wir Sie regelmäßig über unsere Neuerscheinungen. Senden Sie uns bitte
einfach diese Karte mit Ihrer Adresse zurück, wenn Sie dies wünschen. Vielen Dank!

Ich bin auf dieses Buch aufmerksam geworden durch
☐ meine Buchhandlung   ☐ eine Empfehlung von Freunden
☐ einen Prospekt   ☐ eine Buchbesprechung
☐ die Website www.adeo-verlag.de   ☐ Ich habe das Buch geschenkt bekommen
Bei dieser Buchhandlung würde ich gerne Ihre Bücher finden: _____

Nachwort

Ich glaube, man darf inzwischen das „G-Wort" wieder in den Mund nehmen. Das war lange nicht so. Und auch heute wird man oft noch schief oder sogar mitleidig angesehen, wenn das Thema „Gott" auf den Tisch kommt.

Irgendwie hat ihn unsere Wohlstandgesellschaft ausgeblendet, so als ob sie ihn nicht mehr brauche. Vor allem nicht in den Großstädten, wo das große Geld verdient wird und wo die Medien diktieren, was im Trend liegt. Im Moment scheint es undenkbar, dass ein „Tatort"-Kommissar, der nicht mehr weiterweiß, Gott um Hilfe bittet, dass in Familienserien bei Tisch gebetet wird oder ein Manager mal nicht geldgierig ist, sondern sich vielleicht für Obdachlose engagiert. Aber vielleicht ändert sich das ja bald. Seit über 2.000 Jahren gilt Jesus Christus als das große Vorbild westlicher Kulturen und doch ist heute nichts weiter von ihm entfernt als die sogenannte westliche Kultur.

Warum meinen wir plötzlich, Gott nicht mehr zu brauchen? Weil es der Menschheit so gut geht wie nie zuvor. Zumindest scheint es von außen so. Die Schicksale der Menschen in diesem Buch erzählen eine andere Geschichte.

Ich hatte das Gefühl, dass die Menschen, die Gott begegnet sind, zuvor kein wirkliches Gegenüber fanden, kein Zuhause und dass sie sich ausgeschlossen fühlten, nicht angenommen.

Ein morgendlicher Trip in der U-Bahn Richtung Innenstadt zeigt am besten, was hier passiert: unzufriedene Gesichter, versteckt hinter Bildzeitungen mit widerlichen Schlagzeilen. Übles Gedrängel an der Haltestelle, stoßende Ellenbogen im Kreuz. Alte Menschen, die beinahe umgerannt werden. Und wenn man die Erdoberfläche wieder erreicht hat, prallt man auf stinkende, lärmende Autos und den nie enden wollenden Konsumzwang, dem sich die Menschen unterwerfen wie früher einem König. Sie hasten durch Kaufhäuser, als gäbe es etwas umsonst.

Wenn es wenigstens so wäre!

Sie haben nichts anderes im Sinn als die Jagd nach einem neuen Anzug, Sofa oder Fahrrad, die das Image aufpolieren sollen. Ist es da irgendjemandem zu verübeln, dass er sich in dieser sogenannten Zivilisation nicht wohlfühlt? Kein Gegenüber findet? Dass ihm die Vorstellung von Gott als dem Guten, nicht Lärmenden, nicht Stinkenden, nicht Gehetzten sympathisch ist? Dass ihm Sätze wie: „Geben ist besser als nehmen", lieber sind als: „Geiz ist geil!"?

Ich bin zu dem Schluss gekommen, dass unsere Gesellschaft Gott mehr denn je braucht – aber auch Menschen, die ihm vertrauen, die dem, was Jesus in so vollendeter Form vorgelebt hat, auf ihre Weise folgen. Menschen, die versuchen, dem zerstörerischen Wahnsinn, der die „Mächtigen" dieser Welt reitet, etwas entgegenzusetzen. Die eingefahrene Wege verlassen und kooperieren statt konkurrieren. Dienen statt immer nur den Profit im Auge zu haben.

Es gab noch nie den Himmel auf Erden, aber wenn sich trotzdem immer wieder ein paar Menschen auf den Weg dorthin machen, könnte das schon viel bewirken. Selbst wenn Gott für viele eine Utopie ist, eine Vorstellung, eine schöne Idee, ist es die beste, die wir haben. Und schließlich waren es immer Ideen, die die Welt verändert haben – zum Guten oder zum Schlechten.

Auch Gott wurde schon zum Schlechten missbraucht. Es hängt also alles nur an uns. An jedem Einzelnen. Unser Glauben, unsere Gedanken, unsere Vorstellung von Gott, von Gut und Böse sind dafür verantwortlich, wohin die Welt sich in Zukunft bewegen wird.

Dank

Allen, die in diesem Buch vorkommen und mir das große Vertrauen entgegenbrachten, das „G-Wort" zu benutzen, weil sie Gott zur Grundlage ihres Lebens gemacht haben. Allen, die mich dazu ermutigt haben, dieses Buch zu schreiben, auch wenn es nicht unbedingt im Trend liegt. Allen, die mir in der Zeit, in der das Buch entstand, unter die Arme gegriffen und dadurch meinen Alltag erleichtert haben … möchte ich von ganzem Herzen danken!

Und dann noch ganz besonders:

Michael Görden, Thomas Müller, Tina Rottach-Aernecke, Malte, Ingrid und Alexander Hoestmark, Klaus Erath, Tom Peschel, Brigitte Kreitmeier und Stefan Kratzert, Katja Frohnapfel, Frank Schönfelder, Holger Emmerich, Horst Huber, Steffi Stempin, Patrizia Kasimir, Angel und Marin, Saleema und Sam, Brausi, Kuchen-Werner, Yoga-Karin, Höhlen-Steffi und Interruptor.

Über die Autorin

 Susanne Aernecke, geboren in München, reiste als Kapitänstochter schon früh rund um den Globus. Nach einem Sprachstudium und einer Regieausbildung drehte sie in aller Welt Fernsehdokumentationen zu Glaubensfragen, unter anderem mit christlichen Orden. In diesem Rahmen entstanden auch sehr persönliche Bücher. Sie lebt heute in München und auf der Kanareninsel La Palma.

Lebensmut, der ansteckt.

Gebunden · 224 Seiten
Mit Schutzumschlag
ISBN 978-3-942208-20-8 · € 17,99

Als 19-Jähriger wird Felix Bernhard jäh ausgebremst. Ein schwerer Motorrad-unfall verändert sein Leben drastisch. Seitdem sitzt er im Rollstuhl. Doch er lebt nach vorne gewandt. Seine Willenskraft und seine Vision von einem anderen Leben helfen ihm auch, im Alleingang die lange Strecke auf dem Jakobsweg bis nach Santiago de Compostela zu bewältigen. Felix Bernhard nimmt Sie mit auf den Weg seines Lebens, schildert seinen Alltag, seine Träume und Pläne. Er hat noch viel vor. Doch immer wieder kommt ihm etwas in die Quere, gibt es für ihn scheinbar unüberwindliche Hindernisse. Aber egal, was auch passiert: Weglaufen ist nicht.

Felix Bernhard vermittelt eine völlig andere Perspektive aufs Leben. Und er macht Mut, auch größte Schwierigkeiten zu meistern und trotz Rückschlägen Freude am Leben zu haben.

Erhältlich im Buchhandel oder unter www.adeo-verlag.de

Unterwegs. Sein.